古典文獻研究輯刊

三七編

潘美月·杜潔祥 主編

第13冊

《商君書》綜合研究

黃　效　著

國家圖書館出版品預行編目資料

《商君書》綜合研究／黃效 著 -- 初版 -- 新北市：花木蘭文
化事業有限公司，2023〔民112〕
序 4+ 目 4+268 面；19×26 公分
（古典文獻研究輯刊 三七編；第 13 冊）
ISBN 978-626-344-476-8（精裝）
1.CST：商君書 2.CST：研究考訂
011.08   112010515

ISBN-978-626-344-476-8

古典文獻研究輯刊
三七編 第十三冊   ISBN：978-626-344-476-8

《商君書》綜合研究

作　　者　黃效
主　　編　潘美月、杜潔祥
總 編 輯　杜潔祥
副總編輯　楊嘉樂
編輯主任　許郁翎
編　　輯　張雅淋、潘玟靜　美術編輯　陳逸婷
出　　版　花木蘭文化事業有限公司
發 行 人　高小娟
聯絡地址　235 新北市中和區中安街七二號十三樓
　　　　　電話：02-2923-1455／傳真：02-2923-1452
網　　址　http://www.huamulan.tw 信箱 service@huamulans.com
印　　刷　普羅文化出版廣告事業
初　　版　2023 年 9 月
定　　價　三七編 58 冊（精裝）新台幣 150,000 元

《商君書》綜合研究

黃效　著

作者簡介

黃效，男，文學博士，1989.12.12 生，華中師範大學中國古典文獻學碩士，暨南大學中國古典文獻學博士，碩博皆師從高華平教授。曾在《暨南大學學報》（CSSCI 核心期刊）《江西師範大學學報》（CSSCI 核心期刊）《諸子學刊》（CSSCI 核心來源集刊）《先秦文學與文化》《管子學刊》等刊物發表學術文章 12 篇。博士畢業論文校外盲審全優、答辯全優。所著論文曾獲《管子學刊》2021 年度優秀論文獎。

提　　要

　　商鞅身世實際存在兩種不同的可能。他應該在秦孝公六年才正式開始第一次大規模變法，並於秦孝公十年開始第二次大規模變法。《商君書》是歷時性的產物，可能是秦始皇在推行「書同文，車同軌」時官方所編，並在魏晉南北朝時期或唐初被重新整合。它開始缺佚的時間應為韓愈之後的唐代後期。《群書治要》本《商君書》在書名、篇目、遣詞造句、文本繁簡、思想側重點等都和後世流傳的版本存在較大差異。明代眾多版本大都不外乎馮覲點評本、綿眇閣本和《范氏奇書》本這三個系統。商鞅思想中最直接、最根本的來源，是魏文侯後的魏國文化。秦孝公、秦穆公及其朝臣、秦國原來的風俗制度都曾對商鞅產生巨大影響。《商君書》中的「君臣」思想非常複雜。商學派在整體上較為重視法、公和功的觀念，這些觀念應該是整個商學派「君臣」思想的底色。《商君書》中有關「壹」的思想異常豐富，有國家層面的「壹」，也有民眾層面的「壹」。民眾層面的「壹」是對國家層面「壹」的因應，它的精華就在於「搏力」和「殺力」。《商君書》中的「定分」應該是指對權利、職責、地位、程序和規則的明確和界定。《鹽鐵輪》時期，是商鞅學說在西漢接受的轉折點，《商書君》的傳播與時代關係非常密切。

序

高華平

　　當歷史的長河從周初奔流了八百年後，於春秋戰國時期再次蓄勢前行。過往既有秩序的崩潰一方面讓人開始對自身的精神世界進行反思；另一方面，戰亂頻仍、千瘡百孔、白骨累累的社會現實又讓人不得不進行社會層面的反思與重構。內在的反思導致了「人的覺醒」，實現了雅斯貝斯所謂的「哲學的突破」；外在社會秩序的反思與重構讓社會出現了「變革」浪潮，並產生了影響中國兩千多年的封建政治制度。在精神世界，產生了以儒道為代表的思想結晶，體現到經典，當推《論語》《老子》《莊子》《孟子》《荀子》等；在實踐世界，產生了以法家為代表的思想結晶，體現到經典，當推《商君書》《韓非子》等。

　　但許多法家人物，與其說是思想家，不如說首先是政治家，因為他們的首要任務不是要在思想上有所建樹，而是要將既有的思想成果應用到社會實踐之中，以回應當時社會的普遍關切，解決當時社會面臨的迫切難題，重整社會秩序，在現實中有所作為。其中《商君書》中所體現的精神就是典型的代表，《商君書》並非完全是商鞅所作，商鞅也無意以「思想」「文章」不朽，《商君書》中的絕大部分篇章都是當時的「條上之文」，也就是今天所說的「公文」，它的落腳點不在於改造人的思想，而在於改變世界、重建社會秩序。

　　思想和現實往往脫節，甚至會產生衝突；歷史大勢合久必分，分久必合。春秋戰國時期的思想界也是如此，所以諸子百家中注重實踐和偏重精神的學派間多有分歧的地方，其中最明顯的莫過於儒道和法家之間的衝突，這點在《商君書》中也有所體現。這些衝突，往往擦出創新的火花，既構成了歷史演繹的內在張力，也讓現實與思想之間找到了某種新的平衡，各家思想在爭

鳴中完成了融合、產生了質變，社會也在變革中完成了統一、獲得了穩定。

歷史的發展，既有偶然，也有必然，但始終以必然為主。商鞅變法亦是如此，它的成功帶有某種歷史的必然性，又或者說，它至少在它發生的時候做對了什麼，不然歷史不會選擇秦國、不會選擇商鞅。因此，儘管後來人們出於各種目的，對商鞅有各種各樣的評價。但從歷史發展的結果看，商鞅主導的變法，不僅重塑了秦國，而且重塑了歷史，讓一個瀕臨滅亡的邊陲蠻荒之國，經過短短幾年，變成了當時令人恐怖的存在，最終一統六國，翦滅群雄。由此可知，商鞅也一定在他所處的年代做對了什麼。

著名學者陳寅恪曾說：「蓋古人著書立說，皆有所為而發。故其所處之環境，所受之背景，非完全明瞭，則其學說不易評論，……所謂真瞭解者，必神遊冥想，與立說之古人，處於同一境界，而對於其持論所以不得不如是之苦心孤詣，表一種之同情，始能批評其學說之是非得失，而無隔閡膚廓之論。否則數千年前之陳言舊說，與今日之情勢迥殊，何一不可以可笑可怪目之乎？」

黃效的這本《商君書研究》，立足於文獻學視角，注重運用多學科綜合性思維，包括傳播學、政治學、思想史、社會學等思維，堅持以問題為導向，對許多《商君書》的基本問題進行了較為詳細的梳理，得出了許多較為客觀，同時又有新意的結論。裏面的許多篇章，讀來讓人感到耳目一新。

在本書撰寫的過程中，作者力求在廣泛搜集相關文獻和參考前人研究成果的基礎上，有所創見。第一章中，作者提出了商鞅的身世有兩種可能，認為商鞅入秦的年齡在 25 歲較為合理，商鞅離魏入秦的原因則可能包含有逃亡因素，並對商鞅死時的具體經過、商鞅變法的具體歷程、秦孝公有無可能禪位給商鞅等都提出了自己的看法；第二章中將《商君書》的成書時間定在秦始皇時期，認為它的編者可能是當時的官方學人，並對其中的 13 個篇章的寫作時間和作者都進行重新梳理；第三章中對《商君書》明代的版本系統進行了梳理，對《商君書》文本在漢、唐兩代的流變進行了探索，將《商君書》中篇章亡佚時間提早到唐代末年，並對現傳第二十一篇篇目來源的合法性提出質疑，對《商君書》書名的流傳變化進行了深入探討；第四章認為商鞅的思想來源主要來自魏文侯時期的魏國，並關注秦穆公時期的文化特點對商鞅的影響，關注田子方、段干木、西門豹、由余等人對商鞅的影響；第五章中由於之前就極少學者對《商君書》中的「君臣」「壹」「名學」等思想進行梳理，所以第五章的結論基本都是新的；第六章由於目前筆者還未發現有

人以傳播史的視角研究《商君書》，所以其結論自然也是新的，等等，類似還有很多，在此不一一列舉。黃效書中這些看法，多屬首創，富有開拓精神。

在研究方法和思路上，本書注重歷史與邏輯的統一，如在第四章中並沒有將視野侷限於某個思想家，而是將其擴大到可能對商鞅思想產生重大影響的日常人物等，從而更為客觀、準確和詳細地呈現出商鞅思想的生成過程。特別是第五章，凡四萬多字，是本書在《商君書》研究模式上試圖創新的一個嘗試。在四、五兩章中，既注意到《商君書》思想發展的內在邏輯，也注重考察《商君書》思想與當時社會現實之間的關係，並將商鞅思想與同時代其他思想家及當時整個社會背景結合起來研究，視野開闊。

黃效的這本著作，是他在暨南大學隨我攻讀博士學位時的博士論文。近十幾年，本人一直從事先秦諸子學的研究，所以黃效選擇了先秦諸子中的法家著作《商君書》作為博士論文選題，並且很好地完成了論文，答辯前在校外專家盲評中獲全優通過。當然，本書研究也存在一定的侷限，《商君書》中一些重要思想，如有關「法」的思想沒有論及，許多篇章沒有進一步展開等等，但瑕不掩瑜，仍值得關注！

是為序。

高華平

2023.3.4 於暨南大學

目次

緒　論

一、研究的緣起

　　德國哲學家雅斯貝斯（Karl Jaspers）在其著作《論歷史的起源與目標》中指出，公元前 800 至公元前 200 年是人類文明的「軸心時代」〔註1〕。而中國恰恰是當時實現文明突破的軸心地帶之一。當時的中國社會，活躍著一大批思想的巨人，如孔、墨、孟、老、莊等等，那個時代也被史家稱為「百家爭鳴」的時代。所以，從人類文明發展的角度來看，「百家爭鳴」的時代是人類輝煌燦爛的文明中極為重要的組成部分。而所謂的「百家爭鳴」者，當然是由眾多思想家參與的，其中的法家學派就是極其重要的組成團體。對於法家學派的創始人，學界還有些爭論，但無論如何，商鞅都是早期法家中極為重要的一位，而且他對當時的秦國，乃至整個中國的歷史，都產生過極其重要的影響。正是如此，如果我們要瞭解法家學派的思想發展歷程，瞭解當時中國的歷史進程，我們就必須要瞭解商鞅、研究商鞅。但商鞅畢竟是兩千多年以前的人物，我們目前能夠憑藉的相關資料少之又少。幸運的是，先秦典籍中還遺留有一部對商鞅及其後學的思想記載得較為全面和集中的著作，這就是《商君書》。

　　《商君書》畢竟是一部兩千多年以前的文獻，兩千多年前文獻的形成和流傳情況與我們今天許多著作的產生情形非常不一樣。它一方面在寫作上具有歷時性。這個歷時性不是指一年半載，而可能是長達數十年，甚至可能更

〔註1〕　（德）雅斯貝爾斯撰，李雪濤譯，《論歷史的起源與目標》，上海：華東師範大學出版社，2018 年版第 8 頁。

長。另一方面，它的作者往往也是多個。故今天有關《商君書》的爭議非常之多，如關於《商君書》各篇的作者、寫作時間、成書過程等等。而有關商鞅以及法家的許多思想，在價值評判上也頗具爭議性，這也導致一些學者或出於個人立場，不願對其進行深入研究。故有關《商君書》的一些基本問題，如商鞅的身世、《商君書》的流傳變化、《商君書》的版本源流、商鞅思想的淵源、《商君書》某些重要思想範疇的釐定、《商君書》的思想對秦國社會的影響、商鞅思想的接受情況等等，學界尚未有過充分的探討。為了全面瞭解《商君書》的情況，更好地把握商鞅、法家，乃至先秦諸子思想、秦國社會的情況，我們都必須重新對《商君書》進行全面而詳細的研究。

二、過往研究的得失

　　《商君書》作為一部具有兩千多年歷史的文獻，雖然它在很多時候是處於歷史的邊緣地帶，但從來不乏各種著作對它進行記錄、整理和研究。下面筆者將從真偽考據、思想研究、評點注釋、語言研究、研究述評、海外研究等方面對過往研究的得失作簡單的梳理。

　　首先是真偽考據方面。自從宋黃震開始對《商君書》的真偽提出質疑後，《商君書》的作者問題逐漸引起了學界的關注。接著周端朝開始以《商君書》中個別語句為切入點，來探索《商君書》的作者問題，但是其觀點存在許多片面的解讀，故《四庫提要》謂其「據文臆斷，未能確證其非。」〔註2〕《提要》的作者試圖從商鞅的生平和其中的名物制度來論證《商君書》非商鞅所作，但其犯了以偏概全的邏輯錯誤，後胡適等人也是如此。此外，容肇祖以個別語句同異來論證篇章先後的思維更不可取。當然，除了用以偏概全來論證《商君書》非商鞅所著之外，同樣有人用以偏概全的邏輯來論證《商君書》完全或絕大部分是商鞅所作，其中的代表就是清人孫星衍，後發展到今人張覺。在這兩種較為極端的主張之外，也有人持較為執中的看法，如李茹更認為《商君書》中只有部分篇章是商鞅所作，另外一些是商鞅後學或法家者流所作，類似觀點的還有劉咸炘、郭沫若、陳啟天、張舜徽、高亨等人，後來這一派逐漸成為《商君書》作者與成書研究的主流，他們從各個角度來分析和小心翼翼地求證，以期能考出歷史的真相。這一派在一些篇章和問題上取得了共識與進展。但由上也可知，對於《商君書》的作者及各篇的成書時間問題，學界可謂眾說紛紜，有

〔註2〕 （清）永瑢等，《四庫全書總目》（卷101），北京：中華書局，1960年第848頁。

些學者雖然在《商君書》是否有商鞅遺著這個問題上觀點相似，但具體到哪些篇章是商鞅所著的問題上，分歧巨大。所以，對於《商君書》各篇的作者和成書時間的問題，我們有必要進行重新的審視。

其次是思想的研究。在思想研究的第一階段裏，胡韞玉的《商君學說》（1923）只是就《商君書》中一些較為具體的論點進行闡述。其後是支偉成的《商君書研究》（1925），雖然也寫了一些感悟，但這些感悟僅是某些思想的片段，它不成體系。陳柱的《闡商》（1935）收縮了關注範圍，轉而關注其中的幾個點而已，與其類似的還有麥孟華等人。姜龢孫的《商鞅》（1936）受西學的影響較為明顯，其主要是從商鞅如何構建獨裁政治這方面去闡述其思想，中間還將其與西方一些現代法學者（如霍納）進行比較，這相對傳統的研究是一種較新的嘗試。而這一階段對《商君書》思想研究的集大成者無疑是陳啟天，他的《商鞅評傳》（1945）將整個《商君書》的思想高度概括成三個主義。王叔岷的《先秦道法思想講稿》（1992）開始用學派交流的視角來關注《商君書》的思想。劉澤華《中國政治思想史集》（2008）重點研究了商鞅的歷史觀、耕戰和法治的思想等，但只用單一的政治視角。至於後來的張林祥、姜國柱、張維新等人，大致不能出以上範疇。全衛敏則力圖用二重證據法來取得一些突破，但就其視野而言，未必有多大的創新。

單篇論文方面，後來的單篇論文雖然在許多點上取得了一些進展，但在視角的開拓上也大致如上。故對《商君書》思想的研究，在之前的一個階段是不夠深入細緻，之後一個階段是學科界限過於清晰。這種界限的清晰往往造成視野的固定化和狹隘。古人多有將「經」視為「史」者，其實不僅「經」，「子」也是史。思想、文本和歷史在某些維度上是共通的。觀念是歷史中的觀念，歷史也是觀念中的歷史。思想的精華既從現實實踐中來，有時也要回到現實中去。由歷史事實到歷史事實的思維模式容易忽略社會觀念和思想的發展，而由觀念到觀念的思維模式則容易忽略思想發生的歷史環境。其實每種觀念都有它的現實指向，體現著時人對現實關切，而正是這種關切，才是思想的起點，才催生了新的觀念或推動觀念的發展。任何割裂這種觀念與現實的關切，都可能妨礙我們對歷史和觀念本身的認識。所以筆者認為，對《商君書》思想的研究，應該在充分釐清各篇寫作時間的基礎上，以歷史的、發展的觀念來探索《商君書》中的思想的生成環境、發展歷程及其對現實的影響，以見出《商君書》思想發展的真實情況。

最後，是有關評點注釋、語言研究、研究述評、海外研究等方面。首先是評點注釋方面，明時的《商君書》評點，多簡單粗糙，甚至是基於牟利的偽造。而其注釋，也多隻言片語。到了清時，受時代風氣的影響，《商君書》出現了許多精校、精注本，其中孫星衍、嚴可均等人的成果尤其令人矚目，民國時期朱師轍參考的版本更多，注釋更為系統和全面。新中國成立後，高亨等人又把它翻譯成白話文。周立昇等人也出了一個匯注匯校本。可以說，在《商君書》的文本整理上，學界已經做了大量的工作，但對《商君書》歷代版本的梳理，卻仍然寥寥無幾。除了張覺做過一點工作外，其他則絕少涉及。故，《商君書》的版本及其歷代源流問題，還有待我們去進一步釐清。語言研究方面，雖然也產生了一系列文章，但語言與歷史、語言與思想的聯繫等似乎也有待進一步挖掘。而海外研究方面，國內目前對海外《商書君》研究關注得相對較少，海內外的研究還缺乏進一步的溝通與交流。

三、本書的主要內容

第一章是有關商鞅的生平考述。在第一節中，我們對商鞅身世情況進行梳理，對歷史上有關商鞅身世的兩種說法進行詳細的辨析。在第二節中，我們對商鞅的生卒年及其卒時的相關情況進行梳理和考證。初步考察了商鞅約生於何時、卒於何時，及其人生最後歷程的活動軌跡問題。在第三節中，我們對歷史上存在的關於商鞅入秦的原因進行了辨析，並認為《戰國策》的奔亡說比《史記》的君臣風雲際遇說合理。在第四節中，我們對商鞅在秦國的變法歷程進行了考察，初步釐清了商鞅第一、第二次變法開始的時間，太子有無觸犯新法等問題。在第五節中，我們對秦孝公有無禪位於商鞅的可能進行了考察，並認為秦孝公不太可能會禪位於商鞅。

第二章是有關《商君書》各篇的作者、寫作時間及其成書考。在第一節中，我們詳細梳理了《商君書》各篇作者、寫作時間、成書時間的各種爭議情況，以明確我們在這章中要重點討論的主題和方向。在第二節中，我們主要考證了《商君書》各篇的作者及寫作時間。並最終將其歸結為商鞅所作或疑似商鞅所作、商鞅死後至秦昭王時期的作品、秦昭王後至秦始皇一統天下前的作品這三類。在第三節中，我們對《商君書》中各篇的標題特點進行了考察。在第四節中，我們對《商君書》結集的時間進行了考察，並認為它可能是秦始皇推行「車同軌、書同文」時結集成書的。

　　第三章是有關《商君書》的流傳變化及其版本源流的問題。在第一節中，我們詳細考察了《商君書》在歷代文獻中的著錄情況。在第二節中，我們詳細考察了《商君書》在歷代的刊刻情況。在第三節中，我們考察了《漢志》中法家類《商君》與兵權謀家類《公孫鞅》之間的關係。在第四節中，我們大致考察了《商君書》書名的變遷和篇數的變化情況。在第五節中，我們從劉向《新序》中所引用的《商君書》文本與現傳《商君書》的差異出發，考究了《商君書》在漢代的流變情況。在第六節中，我們從《群書治要》本《商君書》與明代范氏奇書本的差異出發，考察了《商君書》文本在唐代的流傳情況，並發現《商君書》的文本在唐代發生過較大和值得關注的變動。在第七節中，我們對明代眾多《商君書》的版本進行了梳理，基本理清了《商君書》的版本在明代的流變情況。

　　第四章是有關商鞅思想的淵源問題。在這章中，我們從商鞅的人生軌跡出發，考察對商鞅思想產生影響的因素。在第一節中，我們考察了衛國文化可能對商鞅思想產生的影響。在第二節中，我們主要從魏國的文化特點、李克對商鞅思想的影響、吳起對商鞅思想的影響這三個方面，考察魏國文化可能對商鞅思想造成的影響，並認為魏國文化才是商鞅思想最主要和根本的底色。在第三節中，我們主要考察了秦國文化可能對商鞅思想產生的影響。在第四節中，我們還考察了一些其他因素可能對商鞅產生的影響。最後，我們大致梳理了商鞅學說在戰國時期的傳承。

　　第五章是有關商鞅思想及其對秦國社會產生的影響問題。在第一節中，我們主要通過梳理《商君書》中「君臣」思想的範疇、特點及其流變情況來考察秦國君主專制的形成過程。在第二節中我們主要通過梳理《商君書》中有關「壹」的思想流變、範疇、特點、來源及其與「一」之間的關係等，來考察它可能對秦國社會產生的影響。在第三節中，我們主要通過梳理《商君書》中「名」學思想的範疇、流變、特點及秦國名法結合的歷程出發，來考察《商君書》中「名」學思想可能對秦國社會產生的影響。通過本章的梳理，我們對《商君書》中一些重要的思想觀念有了一個大致的把握，並對當時秦國的社會狀況有了一個更加全面和深入的瞭解。

　　第六章是有關中古及其以前商鞅思想的接受史問題。在第一節中，我們主要考察了戰國時期商鞅思想的接受情況。在第二節中，我們主要通過考察賈誼、劉安、司馬遷等人對商鞅的評價，《鹽鐵論》中有關商鞅思想的評價以及

漢代後期人們對商鞅思想的評價，來考察商鞅思想在漢代的接受情況。在第三節中，我們主要考察了三國魏晉與隋唐時期商鞅思想的接受情況。在第四節中，我們主要通過考察以王安石為首的變法派對商鞅的評價、蘇軾及其門人對商鞅思想的評價、宋代一些重要著作和人物對商鞅思想的評價，來考察商鞅思想在宋代的接受情況。

　　附錄部分主要是通過《商君書》的文本與《老子》的文本作對比，來考察《商君書》思想與道家思想的關係。在第一節中，我們主要考察了《商君書》與《老子》在辯證思維方面的特點與異同。在第二節中，我們主要考察了《商君書》與《老子》在某些思想上的異同。最後，通過兩者的對比，我們考察了道法思想的區別與聯繫。

第一章　商鞅生平考述

　　現傳有關商鞅生平的記述，主要散見於《戰國策》《韓非子》《呂氏春秋》《史記》等一些典籍及注文之中，其中以《史記》的記載最為系統和詳細。但是這些典籍所載之信息，多有語焉不詳和矛盾衝突的地方，故對商鞅的身份、人生歷程及秦孝公有無禪位給商鞅等問題，學界頗有爭議。近代以來，學者齊思和、錢穆、晁福林、全衛敏等人曾有所探索，但總體而言尚有欠缺。故對於商鞅的生平問題，還有待梳理。

第一節　商鞅的身世

　　對於商鞅的身世，最主要的說法來自司馬遷，謂商鞅為「庶孽公子」，後來元吳師道、近人齊思和（其說見後文）對此表示懷疑，但無專門討論。《史記·商君列傳》：「商君者，衛之諸庶孽公子也，名鞅，姓公孫氏，其祖本姬姓也。鞅少好刑名之學，事魏相公叔痤為中庶子。」〔註1〕那麼何謂「庶孽公子」呢？《公羊傳·襄公二十七年》：「執鈌鑽，從君東西南北，則是臣僕庶孽之事也。」何休注：「庶孽，眾賤子，猶樹之有孽生。」〔註2〕《說文》：「孽，庶子也。從子，薛聲。」〔註3〕故孽的本義是庶子。何謂庶子？《禮記·燕義》云：「古者，周天子之官有庶子官。」〔註4〕東漢鄭玄注云：「庶

〔註1〕（西漢）司馬遷，《史記》（七），北京：中華書局，2014年版第2707頁。
〔註2〕《十三經注疏》（下），上海：上海古籍出版社，1997年版第2312頁。
〔註3〕（東漢）許慎撰，清段玉裁注，《說文解字注》，上海：上海古籍出版社，1981年版第743頁。
〔註4〕（清）朱彬撰，饒欽農點校，《禮記訓纂》（下），北京：中華書局，1996年版第900頁。

子，猶諸子也。《周禮》諸子之官，司馬之屬也。」〔註5〕但是從何休的解釋及一些傳世文獻看，周後所說的庶子除了指一種官職外，還指「眾賤子」。何為「眾賤子」？從《韓非子‧亡徵》屢屢將「太子」與「庶子」對舉的實例及一些文獻的語境看〔註6〕，戰國時期的庶子觀念實可泛指所有沒有爵位繼承權的兒子，而非像現在我們一般人所理解的那樣，指妾媵所生之子。故司馬遷的本意應該是指商鞅是衛國的賤公子。

對於司馬遷的說法，元吳師道謂：「公孫，衛之公孫也，『庶孽』公子恐非，蓋因為中庶子而生此文。」〔註7〕認為司馬遷之所以會說商鞅是庶孽公子，是由於對「中庶子」的誤解所致。近人齊思和則謂：「鞅既為衛之公孫，恐不能復為衛之庶孽公子」〔註8〕。那麼何謂公孫呢？胡三省注《資治通鑒補》引顏師古曰：「公孫非姓氏，以其先出於衛。父為衛侯則稱為衛公子，祖為衛侯稱為公孫。」〔註9〕日本漢學家關修齡謂：「諸侯之子曰『公子』，公子之子曰『公孫』。」〔註10〕故按照顏師古和關修齡的說法，是否姓公孫氏，其實是不足以否定商鞅就是「庶孽公子」，因為即使是諸侯之子與妾媵所生之子也是公子之子，也可姓公孫氏。

從目前所見文獻看，司馬遷之前實無文獻稱商鞅為「庶孽公子」，那麼司馬遷又是如何知道公孫鞅是「庶孽公子」呢？前文引元吳師道謂此「蓋因為中庶子而生此文」，意謂司馬遷的「庶孽公子」說，是因為商鞅曾經是公叔痤府上的「中庶子」所致。事實上，將商鞅稱為「中庶子」的說法亦始見於《史記》，而比《史記》成文更早的《戰國策》則將他稱為「御庶子」。那麼，何謂「中庶子」和「御庶子」呢？南宋鮑彪注《戰國策‧韓卷第八》「中庶子強謂太子曰」句云：「庶子本周官，秦置中庶子為太子言。」〔註11〕又注「御庶子」云：「此公族官，別於國官及太子官。」〔註12〕元吳師道補鮑

〔註5〕（清）朱彬撰，饒欽農點校，《禮記訓纂》（下），第901頁。

〔註6〕（清）王先慎撰，鍾哲點校，《韓非子集解》，北京：中華書局，1998年版第116～120頁。

〔註7〕諸祖耿，《戰國策集注匯考》（上），南京：鳳凰出版社，2008年版第114頁。

〔註8〕齊思和，《商鞅變法考》，《燕京學報》，1947年第三十三期。

〔註9〕（宋）司馬光撰，（明）胡三省注，章鈺校記，《新校資治通鑒注》，臺北：世界書局股份有限公司，2010年版第45頁。

〔註10〕何建章，《戰國策注釋》（下），北京：中華書局，1990年版第1228頁。

〔註11〕諸祖耿，《戰國策集注匯考》（下），南京：鳳凰出版社，2008年版第1433頁。

〔註12〕諸祖耿，《戰國策集注匯考》（中），南京：鳳凰出版社，2008年版第1153頁。

注「中庶子強謂太子曰」句云：「《新序‧楚莊王淮政》云云，中庶子聞之，跪而泣曰……；《燕策》有秦王中庶子蒙嘉；衛鞅為公叔痤庶子；甘羅事呂不韋為庶子，則中庶子者，侍御左右之臣，而當時家臣亦有此名，非復周制矣。」〔註13〕由此可見，後人眼裏「中庶子」和「御庶子」一樣，都是一種官職。

那麼實際上的「中庶子」與「御庶子」是否一樣呢？「御庶子」到底是不是一種官職，它能不能和「中庶子」互換？通過詳細觀察上文引用的文獻可以發現，「中庶子」作為一種官職，文獻曾多次出現，但是把「御庶子」作為一種官職，實從漢人對《戰國策‧秦策》中商鞅身份的注釋開始，而且漢人本身對這幾個字的意義就有不同的理解。《戰國策卷第三‧秦一》東漢高誘注：

> 衛鞅，衛公子叔痤之子也。痤仕魏，相惠王。痤病，惠王視之，曰：「若疾不諱，誰可與為國者？」痤曰：「臣庶子鞅可也。」王不聽，又曰：「王若不能用，請殺之，勿令他國得用也。」鞅由是亡奔秦，秦孝公封之於商，曰商鞅。〔註14〕

高誘顯然沒有把「御庶子」理解為一種官職，而是一種沒有繼承權或庶出的兒子，後《淮南鴻烈解‧說山訓第十六》東漢許慎注謂：「公孫鞅，衛公子叔痤之子。」〔註15〕宋人黃震《黃氏日抄（卷五十二）‧讀雜史》：「魏惠王問公叔痤病，痤薦其子公孫鞅。」〔註16〕另據明董說撰《七國考》（卷一）謂：「《白貼》作公叔少子。」〔註17〕可見，由於「庶子」的詞義在當時逐漸由周時的官職轉向專指沒有繼承權的嫡出之子和庶出之子，故導致後人對「御庶子」的理解，一直有不同的看法。司馬遷既稱商鞅為「中庶子」，又稱商鞅為「庶孽公子」，可能是受了「庶子」既可指官職，也可指沒有繼承權的兒子的詞義的影響。但是按照前文引元吳師道所補鮑注的文字看，其實戰國時「中庶子」之官，未必就表示他們與服務對象之間有父子關係，如甘羅與

〔註13〕諸祖耿，《戰國策集注匯考》（下），南京：鳳凰出版社，2008 年版第 1433～1434 頁。

〔註14〕諸祖耿，《戰國策集注匯考》（上），南京：鳳凰出版社，2008 年版第 114 頁。

〔註15〕劉文典撰，馮逸、喬華點校，《淮南鴻烈集解》，北京：中華書局，1989 年版第 548 頁。

〔註16〕（宋）黃震，《黃氏日抄》，《全宋筆記第十編》（十），上海：大象出版社，2018 年第 70 頁。

〔註17〕（明）董說撰，《七國考》（卷一），北京：中華書局，1985 年版第 100 頁。

呂不韋等。但由於「庶子」表示「眾賤子」的意義在戰國以後逐漸得到加強，甚至成為主要義項後，司馬遷或對此詞的源流未加考究，又受此潮流影響，遂將商鞅稱為「庶孽公子」，其實未必正確。

那麼高誘、許慎將公孫鞅稱為公叔痤之子的說法有無可能呢？筆者認為這也是有可能的，因為與「中庶子」作為一種官職的特指不同，「庶子」在周後逐漸是指沒有繼承權或「庶出」之子，這點多見於《韓非子》《孟子》，甚至《商君書》等戰國文獻中的「庶子」，基本上都是指沒有繼承權的兒子。而《戰國策》作為一部成文於戰國策士之手和記錄戰國之事著作，其用語習慣應該與時代同步。故《戰國策》中「御庶子」中的「庶子」是有可能取沒有繼承權的兒子之意的。

又《史記·衛康叔世家》謂：「（衛）悼公五年卒，子敬公弗立。敬公十九年卒，子昭公糾立。是時三晉強，衛如小侯，屬之。昭公六年，公子亹弒之代立，是為懷公。懷公十一年，公子穨弒懷公而代立，是為慎公。」〔註18〕慎公為成侯祖父，而商鞅與成侯同輩。故由《世家》可知，商鞅祖父一輩，衛國公室曾因為權力的繼承發生過激烈的鬥爭，其鬥爭的結果，導致了部分公子流亡國外。而當時衛國又是三晉的屬國，作為屬國之民，原本就和本國公民相近，宗主國亦無需過多戒備，而這些淪落公子對制衡衛國國內的局勢又有一定的價值。故一方面這些淪落公子容易選擇宗主國作為落腳點，另一方面宗主國也樂意接收這些淪落公子，並加以優待。按照《世家》所記衛國公室權力鬥爭的時間節點，公叔痤之父極有可能就是被慎公所殺的懷公，而公叔痤可能就是在懷公被殺後流亡魏國，後又通過魏公主的裙帶關係和自身的努力在魏國實現重新崛起。所以從時間節點和當時的時代環境看，商鞅亦可能是公叔痤之子。

故對於商鞅的身世問題，歷史上實際存在兩種不同的看法：一種就像司馬遷所說的，商鞅可能是衛之庶孽公子，他應該生長在衛國，後由衛入魏，但司馬遷的這種說法也是猜測，因為沒有文獻記載商鞅曾在衛國生活過，這種說法也應該是司馬遷本人的推理。另外一種可能就是商鞅是衛國公子之後，故稱衛鞅，他可能在魏國出生，他的父親是公叔痤。

〔註18〕（西漢）司馬遷撰，《史記》（二），北京：中華書局，2011年版第1460～1461頁。

第二節　商鞅的生卒年及相關問題

上文對商鞅的身世情況作了大致的探討。那麼商鞅到底生於何年、卒於何年呢？對於這個問題，文獻鮮有提及，除《史記・秦本紀》謂其卒於秦孝公二十四年外，尚未發現有任何文獻對其生卒年的情況進行著述。學界目前對其生卒年進行討論的，除了錢穆先生外（說見後文），也極少有學者對此進行探討，但錢穆先生的說法也是有待商榷的。而對於商鞅死時的具體情形，目前也只有晁福林對其進行過詳細的討論，但是晁福林的相關說法（說見後文），同樣是有待商榷的。故對於商鞅的生卒年及其相關問題，實還有待理清。

首先，商鞅的壽元到底幾何呢？對於這個問題，錢穆估其「入秦年三十，則其生年應與孟子相先後。其壽殆過五十，而未及六十也。」〔註19〕其主要依據則是「《呂氏春秋・無義》篇：『公孫鞅以其私屬與母歸魏，襄庇不受。』是鞅敗時其母尚在，知鞅非高壽。」〔註20〕筆者認為，錢穆先生關於商鞅非高壽的說法，大致合理。但對於其把商鞅入秦時年齡定在三十歲，或太老。《史記・商君列傳》載：「會痤病，魏惠王親往問病，曰：『公叔病有如不可諱，將奈社稷何？』公叔曰：『座之中庶子公孫鞅，年雖少，有奇才，願王舉國而聽之。』」〔註21〕前文我們已經考證，《列傳》中的「中庶子」當為「御庶子」之誤，此處公叔痤雖然沒有明確點出商鞅的具體年齡，但謂其「年雖少」，如果商鞅此時已經「三十歲」，古人謂「三十而立」，應該已經算是中年男子，又何謂其年少？故筆者認為，此處或將商鞅入秦時的年齡定在二十五歲左右較為合適。加之其在秦二十四年，故其壽元當在四十九歲左右較為合理。

又，雖然現在我們根據《秦本紀》的記載知道了商鞅被誅於秦孝公二十四年，但對於商鞅被誅時的具體情況，文獻亦多有模糊的地方。《戰國策・秦策一》：

> 孝公已死，惠王代後，蒞政有頃，商君告歸。人說惠王曰：「大臣太重者國危，左右太親者身危。今秦婦人嬰兒皆言商君之法，莫言大王之法。是商君反為主，大王更為臣也。且夫商君，固大王仇讎也，願大王圖之。」商君歸還，惠王車裂之，而秦人不憐。〔註22〕

〔註19〕錢穆，《先秦諸子繫年》，北京：商務印書館，2015 年版第 266 頁。
〔註20〕錢穆，《先秦諸子繫年》，北京：商務印書館，2015 年版第 266 頁。
〔註21〕（西漢）司馬遷，《史記》（七），北京：中華書局，2014 年版第 2707 頁。
〔註22〕諸祖耿，《戰國策集注匯考》（上），南京：鳳凰出版社，2008 年版第 114 頁。

　　按《戰國策》所記，秦孝公死後，商鞅有一個告歸的行動，在他告歸的過程中，又有人在秦惠王那裡煽風點火，故等到商鞅告歸回來後，就被秦惠王車裂了。但是這裡面有幾個地方讓人充滿疑惑：一是商鞅為什麼會選擇此時告歸？二是商鞅告歸去了哪裏？為什麼又回來？三是什麼人在秦惠王那裡煽風點火？《呂氏春秋・無義》：

　　　　公孫鞅之於秦，⋯⋯於是為秦將而攻魏。魏使公子卬將而當
　　　　之。⋯⋯公孫鞅因伏卒與車騎以取公子卬。秦孝公薨，惠王立，以
　　　　此疑公孫鞅之行，欲加罪焉。公孫鞅以其私屬與母歸魏，襄疵不受，
　　　　曰：「以君之反公子卬也，吾無道知君。」〔註23〕

　　若《呂氏春秋》記載的是事實，那麼這就意味著商鞅是因為秦惠王露出了懷疑自己的徵兆，所以才選擇此時向秦惠文王告歸。而其所謂的告歸，不是要回到自己的封邑上去，而是要到魏國去，後來因為遭到魏國鄴（今河北臨漳西南）令襄疵的拒絕才作罷。又，雖然《呂氏春秋》在這裡著錄了商鞅告歸的理由和目的地等，但對於誰在秦惠文王那裡煽風點火和商鞅被殺的具體情況卻沒有交代，這個問題要到《史記》才有所交待。《史記・商君列傳》：

　　　　後五月而秦孝公卒，太子立。公子虔之徒告商君欲反，發吏捕
　　　　商君。商君亡至關下，欲舍客舍。客人不知其是商君也，曰：「商君
　　　　之法，舍人無驗者坐之。」商君喟然歎曰：「嗟乎，為法之敝一至此
　　　　哉！」去之魏。魏人怨其欺公子卬而破魏師，弗受。商君欲之他國。
　　　　魏人曰：「商君，秦之賊。秦彊而賊入魏，弗歸，不可。」遂內秦。
　　　　商君既復入秦，走商邑，與其徒屬發邑兵北出擊鄭。秦發兵攻商君，
　　　　殺之於鄭黽池。秦惠王車裂商君以徇，曰：「莫如商鞅反者！」遂滅
　　　　商君之家。〔註24〕

　　根據《史記》的記載可知，在秦惠王跟前詆毀商鞅的，是公子虔等人。本來至此商鞅被誅的經過已大致清晰，但《史記》相關記載卻引發了新的問題。因為按照《秦策》的記載，商鞅在被謠言中傷前有一個告歸的行動，謠言是在商鞅告歸的途中產生的，從《呂氏春秋・無義》篇描述其帶上老母和

〔註23〕許維遹撰，梁運華整理，《呂氏春秋集釋》（下），北京：中華書局，2009年版第604～605頁。

〔註24〕（西漢）司馬遷撰，《史記》（三），北京：中華書局，2011年版第1978～1979頁。

私屬的情形看，《無義》篇所描述商鞅在鄴地的遭遇應該就是這次告歸行動的具體情況。但是《史記》的記載沒有了這個環節，取而代之的是秦惠文立後，公子虔旋即誣告商鞅謀反，商鞅被迫逃亡魏國，被拒後起兵造反。那麼，商鞅在被誅之前到底去過多少次魏國呢？對於這個問題，晁福林認為，「《商君列傳》所載的商鞅『去之魏』與《無義》篇所載不是一回事，因為商鞅的『去之魏』根本沒有進入魏境，即被遣返，而這次至鄴則是深入魏境了的。商鞅『去之魏』曾被稱為『秦之賊』，而其首次歸魏時並非從秦逃出，其身份依然是秦相，不在秦賊之列」。〔註 25〕

筆者認為，晁福林對此認識恐有偏頗。首先，從邏輯上說，商鞅既然第一次以秦相的身份告歸魏國被拒，為什麼會在第二次流亡時仍然選擇逃亡魏國呢？為什麼非魏國不可呢？假如真如晁福林所說，商鞅第一次赴魏是以秦相身份，第二次是以流亡身份，那麼商鞅憑什麼會認為以流亡身份進入魏國的可能性會比以秦相身份大呢？這不符合常識。其次，作為一位精明能幹、善於帶兵打仗、又在高位摸爬滾打了十年以上的老政客，商鞅應該對局勢的變化有見微知著的能力。故筆者認為，《呂氏春秋・無義》中的懷疑說是可信的，或至少秦惠王表現出了一些蛛絲馬蹟，讓商鞅有所覺察，所以商鞅才會果斷選擇以告歸的名義逃亡魏國。此時，商鞅的政敵顯然也不會放過這次火上澆油的機會，於是趁商鞅逃亡時以謠言疑惑秦惠王。秦惠王冊立時本來就年少，缺乏鬥爭經驗，獨立思考的能力較弱，加之對商鞅的不信任，於是作出了搜捕商鞅的決定。而商鞅這邊的遭遇是，出於對秦國的害怕和對魏公子卬被欺騙的憤怒，鄴令拒絕了商鞅等人繼續入境，並把商鞅驅逐回秦國國境，而不是像晁福林所說的是魏國抓捕了商鞅，然後歸還秦國〔註 26〕。若商鞅逃亡時已經被魏國所捕，又被交還秦國，秦國應該直接把他鎖起來，關監獄了事，又如何會讓他逃脫到自己的封邑起兵造反呢？故這種說法於理不通。所以筆者認為，《商君列傳》謂其「既復入秦，走商邑，與其徒屬發邑兵北出擊鄭」〔註 27〕，這種說法應該是合理的。

另外，關於商鞅最後出兵的「鄭」是指哪裏和他的死地問題，字界上也存在爭議。《商君列傳》謂其北出擊鄭，最後死於鄭黽池之地。對於第一個

〔註 25〕晁福林，《商鞅史事考》，《中國史研究》，1994 年第 3 期。

〔註 26〕晁福林，《商鞅史事考》，《中國史研究》，1994 年第 3 期。

〔註 27〕（西漢）司馬遷撰，《史記》（三），北京：中華書局，2011 年版第 1979 頁。

「鄭」是指哪裏的問題，《集解》：「徐廣曰：『京兆鄭縣也。』」《索引》：「《地理志》：『京兆有鄭縣。』《秦本紀》云：『初縣杜、鄭，按其地是鄭桓公友之所封。』」〔註28〕近人馬非百〔註29〕與楊寬〔註30〕均主此說，但今人晁福林認為，商鞅出兵所擊之「鄭」不是今華縣之鄭，而是當時已經遷都並被稱為「鄭」的韓國，其理由主要有以下幾點：一、華縣之地是當時秦魏兩國重點爭奪的地方，秦國應該在此地派有重兵把守，商鞅出擊秦國的重兵之地，於情理不合；二是其地理環境就用兵而言並非上策；三是鄭縣距離黽池三百里，商鞅兵敗鄭縣，逃竄三百里似乎不太可能；四是「在韓徙都鄭以後，不唯《戰國策》改稱韓為鄭，古本《紀年》亦稱韓為鄭」，《商君列傳》中記載商鞅亡身之地黽池就是鄭國的地方。〔註31〕筆者認為，此處晁福林所辨為是，韓國實在商君封地的東北方向，故司馬遷稱之為「北擊」也對，而且澠池當時又確屬韓國無疑，韓國當時又較為弱小，以商鞅十五邑之兵攻之亦合乎邏輯。而對於《六國年表》所記：「商君反，死彤地」的說法，亦應如晁福林所說的，是誤記所致。〔註32〕

故筆者認為，商鞅被誅的具體情形應該是：秦惠王被冊立後，由於曾經觸犯新法、受過商鞅的懲罰，故心懷不滿，以致流露出對商鞅種種不信任的跡象，商鞅顯然敏銳地捕捉到了相關信息，並認為大勢已去，出於忠心又不願主動起兵，加之商鞅本來是公叔痤與魏國公主所生，故估摸著魏國會看在這層關係上，讓他入國並提供政治庇護，所以他便以告歸的名義，試圖逃亡魏國。與此同時，商鞅的政敵公子虔等也敏銳地覺察到了局勢的微妙變化，故在秦王跟前煽風點火，加之秦惠王年少，判斷能力有限，於是下令搜捕商鞅。而商鞅則因為是主動逃離，所以行動迅速，順利抵達魏境，但隨後魏國在秦間諜也聽到了相關風聲，並報知了魏國國內。魏國出於對強秦的恐懼和對商鞅曾經欺騙公子卬的憤怒，故在商鞅告歸路線的中途鄰地截住了商鞅，並把他們驅逐回秦境。商鞅到秦境後，逃過了抓捕，並立即奔回了自己的封地，隨後起兵擊韓，最後失敗被殺於黽池。

〔註28〕（西漢）司馬遷撰，《史記》（三），北京：中華書局，2011 年版第 1979 頁。

〔註29〕馬非百，《秦集史》，北京：中華書局，1982 年版第 143 頁。

〔註30〕楊寬，《戰國史》，上海：上海人民出版社，1980 年版第 193 頁。

〔註31〕晁福林，《商鞅史事考》，《中國史研究》，1994 年第 3 期。

〔註32〕晁福林，《商鞅史事考》，《中國史研究》，1994 年第 3 期。

第三節　商鞅離魏入秦原因

我們上文已經考證了商鞅的身世、生卒年及其相關問題，那麼商鞅又為何會選擇離開魏國到秦國發展呢？對於這個問題，史料記載頗有差異，但未見有學者對此進行探討。《戰國策·秦策一》謂「衛鞅亡魏入秦」，至於具體原因，則沒有交代。而《戰國策·魏策一》對此有詳細的交代：

> 魏公叔痤病，惠王往問之，曰：「公叔病，即不可諱，將奈社稷何？」公叔痤對曰：「痤有御庶子公孫鞅，願王以國事聽之也。為弗能聽，勿使出境。」王弗應，出而謂左右曰：「豈不悲哉！以公叔之賢，而謂寡人必以國事聽鞅，不亦悖乎！」

> 公叔痤死，公孫鞅聞之，亡奔，西之秦，孝公受而用之。〔註33〕

根據這段文字，商鞅之所以會離開魏國，是由於公叔痤的病亡和風聞了魏惠王與公叔痤臨終對話的緣故，但是《史記·商君列傳》的記載卻和這段文字有不小的差異，其文謂：

> 鞅少好刑名之學，事魏相公叔痤為中庶子。公叔痤知其賢，未及進。會痤病，魏惠王親往問病，曰：「公叔病有如不可諱，將奈社稷何？」公叔曰：「痤之中庶子公孫鞅，年雖少，有奇才，願王舉國而聽之。」王嘿然。王且去，痤屏人言曰：「王即不聽用鞅，必殺之，無令出境。」王許諾而去。公叔痤召鞅謝曰：「今者王問可以為相者，我言若，王色不許我。我方先君後臣，因謂王即弗用鞅，當殺之。王許我。汝可疾去矣，且見擒。」鞅曰：「彼王不能用君之言任臣，又安能用君之言殺臣乎？」卒不去。惠王既去，而謂左右曰：「公叔病甚，悲乎，欲令寡人以國聽公孫鞅也，豈不悖哉！」公叔既死，公孫鞅聞秦孝公下令國中求賢者，將修繆公之業，東復侵地，乃遂西入秦，因孝公寵臣景監以求見孝公。〔註34〕

其中論述商鞅離魏入秦的主要原因，是商鞅聽說秦孝公招賢納士的緣故。故《史記》的記載已經將《戰國策》時的驚懼奔亡說變成了一次明主賢臣的風雲際會說。此外，《戰國策》所記與《史記》所載的差異還體現在：一、《戰國策》中公叔痤對魏惠王的建議僅是，若魏惠王不能用商鞅，就應該限

〔註33〕諸祖耿，《戰國策集注匯考》（中），南京：鳳凰出版社，2008 年版第 1152 頁。
〔註34〕（西漢）司馬遷撰，《史記》（三），北京：中華書局，2011 年版第 1971～1972頁。

制他出境，但《史記》所載的是建議將他殺掉。二、《史記》與《戰國策》相比，還增加多了一段商鞅對魏惠王意圖判斷的描述，而且正是這段描述讓少年商鞅一出場就顯得比沙場老將的魏國丞相公叔痤高明了許多。三、《史記》多了許多細節描寫，其敘事情節也顯得跌宕起伏。那麼，《戰國策》與《史記》所載，哪個更為可信呢？商鞅離魏入秦到底是出於驚懼的「奔亡」，還是一次明主賢臣的風雲際遇呢？筆者認為，在此件史事的記載上，《戰國策》比《史記》的記載更為可信。

首先，《史記·商君列傳》有刻意突出少年商鞅人物形象的嫌疑。我們在上文提到，司馬遷在描述少年商鞅稟賦過人時，讓他一出場就顯得比公叔痤在把握形勢、揣摩人心等方面高明許多。但對比《戰國策》和《史記》最後魏惠王所講的話就會發現，司馬遷在《商君列傳》中對公叔痤的形象進行了刻意的淡化。通過觀察《戰國策》的記載就會發現，魏惠王對公叔痤的建議十分失望，故曰：「以公叔痤之賢，……不亦悖乎！」云云，但《史記》在記載這段話時，魏惠王稱讚過往公叔痤「賢」的評價不見了，而是將其令人失望的原因歸結到「病甚」，這與歷史事實和人的基本心理都是違背的。《戰國策·魏策·魏公叔痤為魏將章》載魏惠王稱讚公叔痤云：「王曰：『公叔豈非長者哉！既為寡人勝強敵矣，又不遺賢者之後，……』」〔註35〕故若魏惠王認為公叔痤不賢，又何以會讓他領兵打仗、又何以會封他為魏國丞相？故在魏惠王眼裏，以前的公叔痤肯定是一個不折不扣的大賢人。正是懷著這種頗高的期許，故在公叔痤臨終時問以國家大事，當公叔痤推薦一個乳臭未乾的年輕人作為自己的繼任者時，魏惠王流露出失望的情緒，故稱其「悖」。而《史記·商君列傳》因為是專門為商鞅立的傳，要突出商鞅形象，故此處隱去了稱讚公叔痤「賢」的話，而突出商鞅之賢。若《史記》在此處也認為公叔痤是「賢」，那麼少年商鞅又如何顯得有過人之處呢？太史公顯然意識到了這一點，故其在記述時，刻意改變了魏惠王對公叔痤「賢」的評價。而且，《史記》所載許多細節，應多有杜撰、想像之處，如描述魏惠王聽到公叔痤的建議後，魏惠王「嘿然」的表情反應，應為司馬遷的想像之詞。此外，《史記》記載公叔痤建議魏惠王殺掉商鞅時，是屏退左右後再說，既無第三者在場，後人又如何得知？故《商君列傳》此處肯定有虛構的成分。

其次，商鞅應是被迫出走。《史記·秦本紀》載獻公：「二十三年，與晉戰

〔註35〕何建章，《戰國策注釋》（中），北京：中華書局，1990 年版第 815 頁。

少梁，虜其將公孫痤。二十四年，獻公卒，子孝公立。」〔註36〕此處的「公孫痤」當為「公叔痤」，又公叔痤死與孝公立同年。由此可知公叔痤死前一年曾為將，並且戰敗被俘，後雖被秦國放回，但不久後便病死。堂堂丞相，變成俘虜，雖被放回，但亦生不如死，故很難說公叔痤之死沒有憂懼成分。事實上，作為一個俘虜，其在朝中的地位勢必下降、威望勢必受損，其臨終前將商鞅託付給魏惠王，或許不僅僅是為了舉薦，而更多可能是被俘後君臣之間信任程度的試探。當魏惠王拒絕其提議後，事實上代表著公叔痤及附庸在其身上的那一派政治勢力的失勢。據《史記·孫子吳起列傳》的記載，公叔痤本來就是靠排擠算計吳起上位的〔註37〕，吳起最終被迫逃往楚國。故當公叔痤在魏國失勢後，其政治對手很難會放棄這個清洗和發難的機會。商鞅顯然意識到這種局勢的變化，故其為了逃難，必然會選擇離開魏國，只不過正好此時秦孝公頒布了招賢公告，急切希望招攬人才，其才會選擇逃亡秦國。故商鞅的離魏入秦應是為了逃難，《戰國策》用「奔亡」一詞來描述商鞅離魏入秦的原因，是十分準確的。

最後需要注意的是，司馬遷的個人遭遇和人生追求使其對明主賢臣的風雲際遇特別渴望。司馬遷生逢帝國盛世，才具卓絕，渴望建功立業，因仗義執言，身遭腐刑，再也無法建立功業。故在《史記》中對人生際遇的問題十分關注。商鞅與秦孝公，一個希望大展宏圖，一個希望重振偉業，關鍵還在於他們相遇了，並且真的幹出了一番驚天動地的偉業。這種史實，很難不引起司馬遷內心的共鳴。故在刻畫青年商鞅形象時，是非常可能虛構一些情節和細節來突出這個主旨的。細節部分上文已有論述，情節部分如文中商鞅知道公叔痤建議魏惠王殺掉自己後，對形勢走向的非凡洞察力和那份超然淡定的態度。也只有這份非凡的洞察力和超然的鎮定，才能襯托出商鞅的宏才大略，也只有商鞅不是因為逃亡，而是被秦孝公的招賢誠意打動，秦孝公才算是一個明主。故在這裡，司馬遷事實上是把商鞅的逃亡理想化了，使其成為自己內心渴望的一種投射。或許是因為太史公的刻畫太過高超和令人印象深刻，故後來的一些學者逐漸對《史記》的說法產生認可。東漢高誘在注《戰國策·秦策一》章時謂：

> 痤仕魏，相惠王。痤病，惠王視之，曰：「若疾不諱，誰可與為
> 國者？」痤曰：「臣庶子鞅可也。」王不聽，又曰：「王若不能用，請

〔註36〕（西漢）司馬遷，《史記》（一），北京：中華書局，2014 年版，第 254 頁。
〔註37〕（西漢）司馬遷，《史記》（七），北京：中華書局，2014 年版，第 2638 頁。

殺之，勿令他國得用也。」鞅由是亡奔秦，秦孝公封之於商，曰商
鞅。〔註38〕

這段文字明顯是綜合了《史記》和《戰國策》的說法，如把公叔痤建議魏
惠王限制商鞅出境的說法轉為「請殺之」，並且將《史記》《戰國策》中「勿令
他國得用」的潛在意圖也直接說出，這事實上是高誘自己的理解之詞。但他仍
然認可商鞅入秦是為了「亡奔」。故綜上所述，商鞅離魏入秦最主要的原因可
能就是為了逃難，而非感動於秦孝公的招賢令。

第四節　商鞅變法的歷程

對於商鞅變法的歷程問題，學界普遍認為商鞅大概推行了兩次變法，但
是對於這兩次變法開始的時間問題，《秦本紀》與《商君列傳》的記載不盡一
致，學界亦有不同的說法。楊寬、翦伯贊認為商鞅第一次變法開始的時間應
該在秦孝公六年（說見後文），鄭良樹雖然對這個問題沒有進行詳細的考證，
但謂其第一次改革是在被任命為左庶長後開始，這事實上和楊寬、翦伯贊二
人的說法一致〔註39〕。而晁福林卻認為是在秦孝公三年（說見後文），仝衛敏
同意晁福林的說法〔註40〕。故實際上，對於商鞅何時開始變法的問題，學界
實有「三年」說與「六年」說兩種不同的說法，那麼到底何時開始才是合理
呢？

一、商鞅第一次變法的時間

對於商鞅在何時開始變法的問題，《秦本紀》謂：

> 孝公元年，……衛鞅聞是令下，西入秦，因景監求見孝公。二年，
> 天子致胙。三年，衛鞅說孝公變法修刑，內務耕稼，外勸戰死之賞罰，
> 孝公善之。甘龍、杜摯等弗然，相與爭之。卒用鞅法，百姓苦之；居
> 三年，百姓便之。乃拜鞅為左庶長。其事在商君語中。〔註41〕

故按照《秦本紀》，商鞅變法當在秦孝公三年開始。但是，類似的事情在

〔註38〕 諸祖耿，《戰國策集注匯考》（上），南京：鳳凰出版社，2008 年版第 114 頁。

〔註39〕 鄭良樹，《商鞅評傳》，南京：南京大學出版社，1998 年第 113 頁。

〔註40〕 仝衛敏，《出土文獻與〈商君書〉綜合研究》，臺北：花木蘭文化出版社，2013
年第 36～38 頁。

〔註41〕 （西漢）司馬遷撰，《史記》（一），北京：中華書局，2011 年版第 176 頁。

《商君列傳》卻有不同的記載：

> 公叔既死，公孫鞅聞秦孝公下令國中求賢者，將修繆公之業，東復侵地，乃遂西入秦，因孝公寵臣景監以求見孝公。……孝公既用衛鞅，鞅欲變法，……以衛鞅為左庶長，卒定變法之令。〔註42〕

由上可知，《商君列傳》把「卒定變法之令」的時間放在了商鞅為左庶長之年，但是按照《秦本紀》，商鞅為左庶長的時間應該在秦孝公六年。楊寬依據《戰國策・秦策一》中記載「商君治秦，法令至行，……孝公行之十八年」和《韓非子・和氏》中類似的記載，認為六年說較為合理。〔註43〕翦伯贊先生亦認為其當在秦孝公六年。〔註44〕但晁福林卻反對六年說。其理由主要有：一、《戰國策》的三個重要版本中，姚宏的續注本和鮑彪的新注本皆作「八年」，只有姚本的別本作「十八年」，故其認為《戰國策》原本應該記作八年，而非十八年。二、商鞅應該在秦孝公三年才因景監面見秦孝公，面見秦孝公後就立即開始變法。而商鞅和甘龍、杜摯等人的論戰也應該發生在同年，之後便馬上推出了《墾草令》，這就是正式變法的開始，而《墾草令》就是《商君列傳》中所提到的「初令」。三、他認為商鞅變法行之八年應是指所有變革法令頒布後行之八年。故其認為商鞅變法應該是在秦孝公三年開始〔註45〕。那麼，商鞅變法到底什麼時候開始呢？

首先，對於晁福林提到的商鞅何時因景監面見秦孝公的問題，筆者認為應該孝公元年較為合理。晁福林之所以認為商鞅應該在秦孝公三年才面見孝公，其主要理由有三點：一是秦孝公求賢若渴，他聽完商鞅的進言後會立即開始變法；二是商鞅在秦國沒有基礎，需要站穩腳跟再發展；三是《秦本紀》載秦孝公三年才開始變法，商鞅於此時進言「霸道」比較合理。〔註46〕筆者認為，晁說恐有待商榷。首先，秦孝公雖然求賢若渴，但不可能僅憑一面之詞就委以重任，萬一商鞅只是一個誇誇其談、毫無實幹能力的庸才呢？故其必然需要試用商鞅一段時間，方可見出商鞅之才和建立起相互信任的關係。而且從《秦本紀》所記兩次大規模變法的時間看，中間也隔了數年，故每次大規模變法前必然要用數年時間來考察、調查、規劃和反覆推敲等。其次，商鞅本來就是逃亡到秦

〔註42〕（西漢）司馬遷撰，《史記》（三），北京：中華書局，2011 年版第 1972 頁。
〔註43〕楊寬，《戰國史》，上海：上海人民出版社，1980 年版第 185 頁。
〔註44〕翦伯贊，《中國史綱要》，北京：人民出版社，1979 年版第 75 頁。
〔註45〕晁福林，《商鞅變法史事考》，《人文雜誌》，1994 年第 4 期。
〔註46〕晁福林，《商鞅變法史事考》，《人文雜誌》，1994 年第 4 期。

國，急切尋求強力的庇護，又如何等得了三年才去面見孝公？最後，商鞅本來是公叔痤府上的重要人物，秦魏兩國又處於交戰狀態，公叔痤又是魏國對秦戰爭的實際負責人，其本身必然對秦國的情報有所搜集和瞭解，就其知識儲備看，也不必等到三年後方面見孝公。故此處《秦本紀》和《商君列傳》所記應該可信。

其次，晁福林認為《商君列傳》中的「初令」應該是指《墾草令》，筆者認為這是有待商榷的。「墾草令」一詞最早出現在《商君書·更法》篇的末尾，其詞謂「於是遂出墾草令」，但對於這句話的出現，學界多認為是後世偽造。〔註47〕今《商君書·墾令》篇雖然不是《墾草令》本身，但應為其內容的反映，其所涉及的內容僅僅在於農業領域，而《商君列傳》對「初令」的內容論述為：

> 令民為什伍，而相牧司連坐。不告姦者腰斬，告姦者與斬敵首同賞，匿姦者與降敵同罰。民有二男以上不分異者，倍其賦。有軍功者，各以率受上爵；為私鬥者，各以輕重被刑大小。僇力本業，耕織致粟帛多者復其身。事末利及怠而貧者，舉以為收孥。宗室非有軍功論，不得為屬籍。明尊卑爵秩等級，各以差次名田宅，臣妾衣服以家次。有功者顯榮，無功者雖富無所芬華。〔註48〕

其所涉及農業，僅為「僇力本業，耕織致粟帛多者復其身」一句而已，故此處的「初令」不可能是《墾草令》。又從此處所描述「初令」的內容看，其實廣泛涉及當時社會的各個領域，故這裡的「初令」明顯是一個全面而系統的法令，而非單單是針對農業領域的《墾草令》。

復次，假如依晁福林所說，《戰國策》所記為「八年」，其年數從商鞅頒布完所有法令開始算起，按照《秦本紀》《六國年表》所記，秦孝公十四年「初為賦」是其最後的大事記，秦孝公卒於二十四年，故其亦應行之十年而非八年。而假如商鞅變法開始於秦孝公六年，那麼如果從開始變法算起至秦孝公卒時，正好是十八年，其數字剛好對上。故《戰國策》所記可能是「十八年」，而非「八年」。

〔註47〕 詳見容肇祖，《商君書考證》，《燕京學報》，1937 年第二十一期；仝衛敏，《出土文獻與〈商君書〉綜合研究》，臺北：花木蘭文化出版社，2013 年第 81 頁。等文獻。

〔註48〕 （西漢）司馬遷撰，《史記》（三），北京：中華書局，2011 年版第 1973～1974 頁。

最後，從《史記》的行文語氣看，「卒用鞅法」與「卒定變法之令」是不同的，用鞅法是對往後秦國政局走勢的一個概括，其未必就代表各種變法法令已經有了正式版，如果是採用摸著石頭過河的方式，而事實也可能是採取這種方式，那麼正式的全面系統的法令條文在三年後發布是完全可能的。廣泛的變法畢竟是一個長期、複雜的過程，需要反覆醞釀、推敲和論證，商鞅和秦孝公也可能是在看到《墾草令》取得成功後，才下定決心進行大規模變法。若無一定的探索和成功實踐，在當時群敵環視的情況下，誰敢武斷地大幹一場？故其實際情況可能是，秦孝公六年才正式開始大規模變法，但在秦孝公三年時便開始醞釀和逐步實踐。

二、商鞅第二次變法的時間

對於商鞅的二次變法，《秦本紀》載：

> （秦孝公）十年，衛鞅為大良造，將兵圍魏安邑，降之。十二年，作為咸陽，築冀闕，秦徙都之。並諸小鄉聚，集為大縣，縣一令，四十一縣。為田開阡陌。東地渡洛。十四年，初為賦。十九年，天子致伯。二十年，諸侯畢賀。秦使公子少官率師會諸侯逢澤，朝天子。二十一年，齊敗魏馬陵。二十二年，衛鞅擊魏，虜魏公子卬。封鞅為列侯，號商君。二十四年，與晉戰雁門，虜其將魏錯。孝公卒，子惠文君立。是歲，誅衛鞅。〔註49〕

由此可知，商鞅在秦孝公十年為大良造，十二年再次開展大規模變法（權且稱之為二次變法）。但是《商君列傳》對此記載有異：

> （初令）行之十年，秦民大說，……於是以鞅為大良造。將兵圍魏安邑，降之。居三年，作為築冀闕宮庭於咸陽，秦自雍徙都之。而令民父子兄弟同室內息者為禁。而集小鄉邑聚為縣，置令、丞，凡三十一縣。為田開阡陌封疆，而賦稅平。平斗桶權衡丈尺。行之四年，公子虔復犯約，劓之。……居五年，秦人富強，天子致胙於孝公，諸侯畢賀。……其明年，齊敗魏兵於馬陵，虜其太子申，殺將軍龐涓。……其明年，衛鞅說孝公曰：「秦之與魏，……，此帝王之業也。」孝公以為然，使衛鞅將而伐魏。魏使公子卬將而擊之。……會盟已，飲，而衛鞅伏甲士而襲虜魏公子卬，因攻其軍，

盡破之以歸秦。……衛鞅既破魏還，秦封之於、商十五邑，號為商
君。〔註50〕

依據上述材料，商鞅於秦孝公十六年方為大良造，十九年開始二次變法，
那麼到底是《秦本紀》記載的可靠呢，還是《商君列傳》記載的可靠？

首先，按照《商君列傳》的時間節點推算，商鞅當在秦孝公十六年為大良
造，十九年開始二次變法，二十三年公子虔再次犯約，二十四年天子致胙，二
十五年齊魏發生馬陵之戰，二十六年商鞅虜魏公子卬，並受封商君。但是按照
《秦本紀》和《六國年表》的記載，秦孝公二十四病薨，而後來的秦惠文王是
被商鞅處罰過的秦太子，不可能先封商鞅為商君，然後再將他殺害。故商鞅必
然是在秦孝公生前就受封，《秦本紀》和《六國年表》都將其記在秦孝公二十
二年，即其病亡前兩年，並且都把它放在商鞅虜魏公子之後。

那麼，商鞅又是何時虜魏公子卬呢？按《商君列傳》的時間節點推算，當
發生在秦孝公二十六年。但是《秦本紀》《六國年表》皆把其列在秦孝公二十
二年，《魏世家》：「（魏惠王）三十一年，秦、趙、齊共伐我，秦將商君詐我將
軍公子卬而襲奪其軍，破之。秦用商君，東地至河，而齊、趙數破我，安邑近
秦，於是徙治大梁。以公子赫為太子。」〔註51〕《索隱》謂：「《紀年》：『二十
九年五月，齊田朌伐我東鄙。九月，秦衛鞅伐我西鄙。十月，邯鄲伐我北鄙。
王攻衛鞅，我師敗績』是也。然言二十九年，不同。」〔註52〕按《六國年表》，
魏惠王三十一年正在秦孝公二十二年，而二十九年當在秦孝公二十年。故《竹
書紀年》所載與《商君列傳》暗合而與《秦本紀》《六國年表》《魏世家》有異。
晁福林認為，商鞅虜公子卬應在「魏惠王二十九年、秦孝公二十一年」，其主
要依據是錢穆、陳夢家兩人認為《史記》載馬陵之戰時間誤遲，故類推到商鞅
虜公子卬事〔註53〕。但據筆者檢《六國年表》，魏惠王二十九年實際對應的是
秦孝公二十年，而非二十一年，故即使是《竹書紀年》正確，也是在孝公二十
年。筆者認為，商鞅虜魏公子卬或如《竹書紀年》所記，在秦孝公二十年。但
從《魏世家》所記看，當時秦魏之戰可能尚未結束，而是陷入對峙狀態，故等
到商鞅真正撤軍回秦國，可能已經到秦孝公二十二年了，即商鞅受封於秦孝公

〔註50〕（西漢）司馬遷撰，《史記》（三），北京：中華書局，2011年版第1974～1976
頁。

〔註51〕（西漢）司馬遷撰，《史記》（三），北京：中華書局，2011年版第1657頁。

〔註52〕（西漢）司馬遷撰，《史記》（三），北京：中華書局，2011年版第1657頁。

〔註53〕晁福林，《商鞅史事考》，《中國史研究》，1994年第3期。

二十二年應該是可信的。

那麼既然孝公在二十年發動了對魏戰事，那麼其十九年開始變法的可能性極小。因為：一，商鞅不可能邊變法邊對外戰爭，這樣容易內外受敵，犯兵家大忌。二，所謂的變法不是簡單地頒布兩道法令，而是要觸動許多既得利益者，其眾多法令也不可能一下子就實施，而是要循序漸進，故變法本身也需要兩三年來推進。《秦本紀》中謂秦孝公十二年「作為咸陽，築冀闕，秦徙都之。並諸小鄉聚，集為大縣，縣一令，四十一縣。為田開阡陌」；十四年「初為賦」〔註54〕。《六國年表》謂秦孝公十二年「初聚小邑為三十一縣，令為田開阡陌」；十三年「初為縣，有秩史」；十四年「初為賦」〔註55〕。故無論其真正開始於何年，《秦本紀》《六國年表》中所記時間跨度是合理的。三，國內的民眾也要像第一次變法那樣有三年左右的適應期，對魏戰爭的物資、戰略、兵源的準備至少也要一年半載。這些時間加起來，沒有五年以上的時間是不太可能的。故商鞅的二次變法在秦孝公十五年以前開始，《秦本紀》《六國年表》謂其在秦孝公十二年開始，這個時間是有可能且合理的。

又《商君列傳》謂商鞅在秦孝公十六年才被任命為大良造，而《秦本紀》《六國年表》謂在秦孝公十年。從時間節點上看，秦孝公十年也比十六年合理。因為秦孝公十年是商鞅正式開始變法的第四個年頭，其中變法的政策有效無效都應該得到檢驗，按《秦本紀》《商君列傳》的敘述看，第一次變法顯然取得了極大的成功，故在變法四年後因功擢升也是情理之中。又據《秦本紀》和《商君列傳》的記載，商鞅為大良造後曾出兵圍魏國安邑，故獲任大良造後不可能馬上開始第二次變法，而是用對外戰爭的勝利來進一步宣示變法的成功，為第二次變法的開啟的合理性增強基礎。綜合考慮以上種種跡象，商鞅二次變法正式開始時間應該就是《秦本紀》所記載的秦孝公十二年，《商君列傳》所記的時間較為錯亂。

三、太子有無觸犯新法

對於當時太子有無觸犯新法的問題，《戰國策》《史記》皆有記載。錢穆先生雖然對《史記》記載此事發生的時間產生過懷疑，但並不否認此事的存在（說見後文）。後來晁福林曾兩次對這個問題進行討論，第一次探討時，他

〔註54〕（西漢）司馬遷撰，《史記》（一），北京：中華書局，2011 年版第 176 頁。
〔註55〕（西漢）司馬遷撰，《史記》（一），北京：中華書局，2011 年版第 654～655頁。

也對《史記》記載此事發生的時間產生懷疑，但並不否認事情的存在；第二次討論時，卻認為這是「子虛」之事（說見後文）。那麼，當時的太子有無觸犯新法呢？若有，觸犯的時間當在何時？

《戰國策·秦策一·衛鞅亡魏入秦》載：「商君治秦，法令至行，公平無私，罰不諱強大，賞不私親近，法及太子，黥劓其傅。期年之後，道不拾遺，民不妄取，兵革大強，諸侯畏懼。」〔註56〕按其文意，事發當在商鞅變法初期。《秦本紀》謂：「鞅之初為秦施法，法不行，太子犯禁。鞅曰：『法之不行，自於貴戚。君必欲行法，先於太子。太子不可黥，黥其傅師。』於是法大用，秦人治。」〔註57〕但是對於此事發生在何年，司馬遷則沒有明確，據其「初為秦施法」的描述看，其應發生在商鞅第一次開始變法時。又《商君列傳》：「令行於民期年，秦民之國都言初令之不便者以千數。於是太子犯法。衛鞅曰：『法之不行，自上犯之。』將法太子。太子，君嗣也，不可施刑，刑其傅公子虔，黥其師公孫賈。明日，秦人皆趨令。」〔註58〕按照我們前文考定的商鞅第一次大規模變法正式開始於秦孝公六年計，其當發生在秦孝公七年。但是對於太子犯法是否存在和應該發生在何年的問題，學界有質疑的聲音。錢穆謂：

> 鞅為左庶長在孝公六年，其時位尚微，何能遽刑及於太子之傅？
> 且孝公是年不過二十七歲，太子尚幼，不能犯法。鞅亦何不稱太子
> 幼弱，而云君嗣不可刑，知太子非幼弱矣。然則刑公子虔自在十六
> 年，而史公誤為在前，遂稱公子虔復犯約。〔註59〕

錢穆認為，秦孝公七年不可能發生太子犯法的事，而是應該發生在秦孝公十六年，因為秦孝公七年時太子年歲尚幼。晁福林曾經兩次對此事進行考證，但其結論卻是矛盾的。一次謂「商鞅變法遭舊貴族反對，應當是情理中事，太子犯法而商鞅刑其師、傅之事也當有之，但絕對不會是在秦孝公七年。從《商君列傳》的相關記載分析，此事有可能在秦孝公十四年（前348年）」〔註60〕。另一次則認為這是子虛烏有的事，其之所以會出現太子犯禁的說法，非常可能是因為公子虔是太子傅，故誤傳為太子犯禁。而且公子虔可能

〔註56〕諸祖耿，《戰國策集注匯考》（上），南京：鳳凰出版社，2008年版第114頁。
〔註57〕（西漢）司馬遷撰，《史記》（一），北京：中華書局，2011年版第177頁。
〔註58〕（西漢）司馬遷撰，《史記》（三），北京：中華書局，2011年版第1974頁。
〔註59〕錢穆，《先秦諸子繫年》，北京，商務印書館，2015年版第265～266頁。
〔註60〕晁福林，《商鞅變法史事考》，《人文雜誌》，1994年第4期。

只犯了一次法，但被司馬遷誤分為兩處記。〔註61〕其得出以上結論的主要依據有兩個方面：一是據《秦本紀》載，秦惠文王立後三年方舉行冠禮，而且「行冠禮者的年齡亦隨時代的發展而變化。諸侯行冠禮者的年齡，在春秋戰國時期有十二、十九、二十二等不同的說法」，而且他還採取折衷的辦法，將秦惠文王行冠禮的年齡定在十七歲，並以此推斷秦惠文王在秦孝公七年時尚未出生；若按二十二歲推算，秦孝公七年時，秦惠王才兩歲，故其不可能犯法，云云。〔註62〕另一方面是依據趙良見商鞅時說公子虔「已杜門不出八年矣」，推斷商鞅刑公子虔當在秦孝公十七年。〔註63〕那麼，事情是否真的如錢穆和晁福林所說的那樣呢？筆者認為這是有待商榷的：

首先，對於錢穆所說的商鞅是否有權處置公子虔的問題，筆者認為此次變法本來就是醞釀已久的事，秦孝公要求變法的決心非常之大，加之此次對公子虔和公孫賈的處罰較輕，只是要求在臉上刺字，意義性大於傷害性，故阻力不會極大。

其次，假如按照《秦本紀》記載，秦惠王立後三年方行冠禮，而且行冠禮的時間是二十二歲以前，晁福林的說法可能是正確的。但需要注意的是，《秦本紀》還記載秦孝公立時已經二十一歲了，作為諸侯公子，其結婚本來就可能在這個年齡之前，而其所謂太子者，往往是嫡出長子，這就意味著秦惠文王完全有可能在秦孝公繼位前已經出生。也就是說，《秦本紀》關於秦惠王立後三年方舉行冠禮的記載可能有誤，而非《秦本紀》《商君列傳》中關於太子犯法的記載有誤。而且從記錄的頻率看，太子犯法在《戰國策》中出現了 1 次，《史記》中出現了 2 次，而秦惠文王冠禮的記錄只在《史記》中出現了 1 次，3 次記錯的可能性也比 1 次小。

再次，《商君列傳》對此次事件的原始記錄是「以衛鞅為左庶長，卒定變法之令。……令既具，未布，恐民之不信，……卒下令。令行於民期年，秦民之國都言初令之不便者以千數。於是太子犯法。」〔註64〕商鞅任左庶長是在秦孝公六年，但這個記錄本身就包括了商鞅在變法過程中制定法令、取信於民、正式實施後群眾不滿等過程，其過程當在一年以上，故這樣到太子犯

〔註61〕晁福林，《商鞅史事考》，《中國史研究》，1994 年第 3 期。

〔註62〕晁福林，《商鞅史事考》，《中國史研究》，1994 年第 3 期。

〔註63〕晁福林，《商鞅變法史事考》，《人文雜誌》，1994 年第 4 期。

〔註64〕（西漢）司馬遷撰，《史記》（三），北京：中華書局，2011 年版第 1973～1974 頁。

禁時，實際距離正式開始變法已經一年有餘，這時的太子已經是八九歲大的孩子了。這個階段孩子的性情特徵是頑皮乖戾，且欠缺獨立判斷的能力，故此時受公子虔和公孫賈等人的鼓動去搞破壞，也是非常合理的事。若到錢穆所說的秦孝公十六年，已經十七歲左右了，以其後來亦不失為一代明君看，此時或已具備基本的判斷能力，其嚴重犯法的可能性較小。

最後，公子虔杜門不出八年其實並不必然代表他就是在八年前受刑，他可能在之前已經受刑，後來氣不過才不出門；也可能是在第二次受刑後才不出門的。因為第一次受刑只是在臉上刻字，他沒必要不出門。第二次受刑是割掉鼻子，器官受殘，已不方便出門。而且從秦惠文王立後第一年即誅殺商鞅看，秦惠文王對商鞅的印象可能一直就不太好，其原因可能就在於他少年時曾觸犯新法，被商鞅懲罰過。故筆者認為秦太子在商鞅正式變法之初犯禁的事是存在的。

通過上文的考索，商鞅居秦經歷已經大致清晰。概而言之，就是商鞅於秦孝公元年由魏國奔亡秦國，恰逢秦孝公招賢納士、發憤圖強，故通過景監面見秦孝公三次，最終獲得秦孝公賞識。後來，在變法的不斷實踐中，他逐漸獲得秦孝公信任，並於秦孝公六年獲任命為左庶長，正式開始大規模變法。在變法開始時，曾受到當時秦國貴族的阻撓，秦國太子也曾觸犯新法，但在商鞅以法懲處了太子傅師後，變法得以順利推進。由於此次大規模變法獲得空前成功，故商鞅於秦孝公十年獲任命為大良造，成為秦國的丞相。在獲得任命後，他又於秦孝公十二年開始第二次變法，直至秦孝公十四年。隨著秦國國力的不斷強大，他發動了一系列對魏戰爭，並最終擊敗魏國，並於秦孝公二十年俘獲魏公子卬，對魏戰爭結束後，他因功獲封於商。

第五節　秦孝公有無打算禪位於商鞅

《戰國策·秦策一》謂：「孝公行之十八年，疾且不起，欲傳商君，辭不受。」〔註65〕此事不見於《秦本紀》，亦不見於《商君列傳》或其他典籍。可見，除《戰國策》的作者外，後人多認為此事不可信。但是晁福林卻認為，此事應該是可信的，其理由主要有以下幾個方面：一是商鞅有相當濃厚的權力欲，這主要體現在趙良說商鞅當時頗有威勢，而且「南面而稱寡人」「日繩貴

〔註65〕諸祖耿，《戰國策集注匯考》（上），南京：鳳凰出版社，2008 年版第 114 頁。

公子」等。二是商鞅有關於治國的全面規劃，見於《商君書》各篇。三是戰國時期的王權觀念已經與春秋時期有異，當時不少君主是暴發戶，並非是祖傳之業；而且從孟子理論看，誰得民心，誰就應該為王；《商君書》中未見表達王位要世襲等等。四是秦孝公的個人品質超塵脫俗，繼位時就宣稱要給能出奇計者裂土封侯，商鞅是秦國歷史上少數幾個能真正裂土封侯的人等等。〔註66〕後來仝衛敏對此亦認同，仝衛敏還對《秦策一》中的「傳」字的不同文本進行辨析，此外還關注到了出土文獻中的「禪讓」思潮，其他理由與論證角度和晁文大致相同。〔註67〕那麼，此事到底可不可信呢？筆者認為此事或許不可信，其理由如下：

第一，就商鞅個人而言，商鞅固然有濃厚的權力欲，但這與秦孝公有沒有計劃禪位沒有直接關係。因為就目前所掌握的史料而言，商鞅在秦國雖然地位尊崇，權勢薰天，但還沒有一則史料提到秦孝公失去了秦國朝政的控制權，也就是說，秦國的大權仍然牢牢掌握在秦孝公手中。而且商鞅變法本身就包含有「尊君」的傾向，《韓非子》多次稱讚商鞅為忠臣，《和氏》篇謂商鞅變法：「孝公行之，主以尊安，國以富強。」〔註68〕鄭良樹認為《商君書》中包含有尊君思想〔註69〕，等等，證明商鞅從來沒有過非分之想，否則大可不必尊君。此外，秦孝公對商鞅有知遇之恩、且信任有加，商鞅之所以會離魏入秦，本為逃亡和一展抱負，秦孝公恰恰為其提供了實現人生價值的舞臺，故即使從個人感情看，也不可能有非分之想。

至於晁福林所說有關商鞅的幾個方面理由也不太成立。第一，趙良是一位策士，其在論說時難免會有誇張的成分，而且作為秦國一人之下萬人之上的丞相，有點威勢不是再正常不過的事嗎？而且，後來范睢還稱讚商鞅「極身毋二」「義之至」「忠之節」，蔡澤對此表示認同〔註70〕。可見在戰國人眼裏，商鞅就是大忠臣。第二，商鞅既已受封於商，號商君，本來就是秦國諸侯，南面而稱寡人本身就是和身份地位相匹配的行為，而且當時的南面與寡

〔註66〕晁福林，《商鞅史事考》，《中國史研究》，1994 年第 3 期。

〔註67〕仝衛敏，《出土文獻與〈商君書〉綜合研究》（上），新北市：花木蘭文化出版社，2013 年第 38～45 頁。

〔註68〕（清）王先慎撰，鍾哲點校，《韓非子集解》，北京：中華書局，1998 年第 104 頁。

〔註69〕鄭良樹，《商鞅及其學派》，上海：上海古籍出版社，1989 年第 238～242 頁。

〔註70〕何建章，《戰國策注釋》（上），北京：中華書局，1990 年版第 205 頁。

人又不似後世專屬於帝王的特權。如蔡澤勸范睢功成身退時說其可以「長為應侯，世世稱孤」〔註71〕。由此可知，稱孤、稱寡在當時受封侯爵的人那裡是再正常不過的事。第三，商鞅變法一開始就反對貴族特權，故對違反變法的貴族公子進行處罰也是十分正常的事。而且當時對秦孝公君權威脅最大的應該是擁有特權的貴族，而非權臣。故只有法律森嚴，制約貴族勢力，秦孝公君主地位才會得到凸顯。第四，商鞅本來就是受命主持全國變法的人、是秦國的宰相，因此有全面治國的規劃不是再正常不過的事嗎？而且即使不像商鞅這樣主持全國變法的策士，如孟子、韓非等人，不也一樣有全面治國的規劃嗎？難道就能據此認為他們也有篡奪政權的野心？晁福林據此猜測，恐不妥當。

　　第二，就戰國時期王權觀念而言，雖然當時不斷有新思潮出現，但事實上動搖不了西周以來王權世襲的觀念。晁福林認為那時君主多是暴發戶，王位不是靠祖傳得來的說法恐非歷史事實。因為當時固然發生了三家分晉和田氏代齊的事件，但這種情況只是偶發性的，而且這些權臣在奪權之後仍然實行世襲制。至於孟子的言論在當時本來就不受各國君主的待見，當時君主對他的思想並不認同。而且無論是孟子的言論，還是全衛敏所謂「禪讓思潮」的出現，其主要依據的是儒家文獻，有較大侷限性。從《商君書》所載的思想看，商鞅對儒家的許多思想並不認同，也不太可能推崇儒家式的賢聖。按照《商君書》標準，以法為準繩，嚴格依法辦事者才可能是聖賢君主。而且即使是儒家，本質上也不反對王位的世襲，孔子強烈的宗室觀念就是明證。如果儒家反對王權世襲，孔子又何必擁護周王室和周禮，何必罵魯國權臣「八佾舞於庭，是可忍孰不可忍」？其實三王五帝禪讓的事情早就在一些典籍中出現，不必在戰國掀起一股「思潮」。況且，就像全衛敏所注意到的那樣，戰國時期唯一出現禪讓實踐的是燕王噲，但這場鬧劇的本質是策士的權謀，最終以失敗收場，且受到當時輿論廣泛的批評。故雖然當時偶有文獻對禪讓思想有所提及，但事實上絕大部分的人都沒有把它當真，各國的政權依然在公室之間流傳。故當時雖然出現了一些王權新論，但實際上非常微弱，改變不了人們根深蒂固的觀念。如果當時的王權新論屬於時代主流，那麼即使其部分文獻被埋地下，還會有其他文獻流傳，其一埋就基本失傳，其實也說明其過於微弱。

〔註71〕何建章，《戰國策注釋》（上），北京：中華書局，1990年版第206頁。

第三，如果說秦孝公超凡脫俗到要把祖宗基業傳與異姓，更是匪夷所思。且不說當時宗族觀念依然根深蒂固，一個重要的事實是，秦孝公自始至終立有太子。若秦孝公有意傳賢不傳子，他又何必要立太子？並且這個太子還曾觸犯商鞅頒布的法令，如果秦孝公真的把變法事業看得比祖宗基業還重要，他何不在太子犯令時將其廢黜，反而對他一再容忍呢？而且從秦孝公的招賢令中稱讚秦穆公「為後世開業，甚光美」的態度看，其顯然是重視秦國基業的傳承，而非像晁福林和仝衛敏分析的那樣，超脫到要將祖宗的江山拱手讓人。

綜上所述，《戰國策·秦策一》中的記載不太可靠。其之所以會產生這種說法，根源或許就像《秦策一》後面所論述的那樣，因為變法大獲成功、對外戰爭接連獲勝、商鞅裂土封侯，聲名如日中天，功高震主。秦惠文王被冊立時不過一十來歲的少年，手無寸功，難免會感受到商鞅的威脅。加之秦孝公死後，商鞅作為臣子，失去了根本的依靠和信任，其政敵必然會在此時有所行動，而散佈謠言、離間君臣無疑是最好的手段之一。而且，如果商鞅真有不臣之心，何不在秦孝公死後主動奪權，反而要受制於人呢？加之其被通緝時的倉皇出逃和起兵，或也證明其從來沒有過非分之想，否則為何會如此倉促應對？這根本就不像一個擁有宏才大略、思維周密的變革者所為。故，除非拿出更有力的證據，否則說商鞅有推動秦孝公禪讓的動機，筆者認為斷不可接受。

小　結

綜上所述，歷史上商鞅身世實際存在兩種不同的看法：一種就像司馬遷所說的，商鞅是衛之庶孽公子，他生長在衛國，後由衛入魏，但司馬遷的這種說法也是推測，因為沒有文獻記載過商鞅曾在衛國生活。另外一種可能就是商鞅是衛國公子之後，故稱衛鞅，他出生在魏國，父親是公叔痤。

而對於商鞅的生卒年及相關問題，商鞅在入秦時應該在二十五歲左右，並卒於秦孝公二十四年。關於他被誅的具體情形應該是，在秦惠王被冊立後，由於他曾經觸犯新法、受過商鞅的懲罰，故心懷不滿，以致流露出對商鞅種種不信任的跡象。商鞅顯然敏銳地捕捉到相關信息，認為大勢已去，又不願主動起兵，故假借告歸的名義，試圖逃亡魏國。與此同時，商鞅的政敵公子虔等也覺察到了局勢的微妙變化，故在秦王跟前煽風點火，加之秦惠王年少，判斷能力有限，於是下令搜捕商鞅。而商鞅因為是主動逃離，所以行動迅速，

順利抵達魏境，但隨後魏國在秦的間諜也聽到了相關風聲，並報知了魏國國內。魏國出於對強秦的恐懼和對商鞅曾經欺騙公子卬的憤怒，故在商鞅告歸路線的中途鄸地截住了商鞅，並把他們驅逐回秦境。商鞅到秦境後，逃過了抓捕，並立即奔回自己的封地，隨後起兵擊鄭，失敗後被殺於黽池。

　　至於商鞅離開魏國的原因，從當時的歷史情景、《史記》文本的具體情況和司馬遷本人的人生經歷、思想特點看，《戰國策》的奔亡說要比《史記・商君列傳》的君臣風雲際會說合理，也就是說，公叔痤死後，商鞅是為了逃難才離魏去秦，而非感動於秦孝公的招賢令。

　　商鞅居秦的經歷也是清晰的。概而言之，就是商鞅於秦孝公元年由魏國奔亡秦國，恰逢秦孝公招賢納士、發憤圖強，故其通過景監面見秦孝公三次，最終獲得秦孝公賞識。後來，在改革的不斷成功中，他逐漸獲得秦孝公信任，並於秦孝公六年獲任命為左庶長，正式開始大規模變法。此次大規模變法獲得空前成功，故其於秦孝公十年獲任命為大良造，成為秦國的丞相。在獲得任命後，他又開始第二次變法，直至秦孝公十四年。在第二次變法中，太子和公子虔都可能觸犯了法令，並受到相應的處罰。隨著秦國國力的不斷強大，於是他發動了一系列對魏戰爭，並最終擊敗魏國，於秦孝公二十年俘獲魏公子卬，對魏戰爭結束後，他因功獲封於商。

　　最後，從商鞅個人的情況、秦孝公的個人情況、時代觀念的情況等綜合看，秦孝公應該沒有打算禪位給商鞅的可能。禪位說的產生，可能是當時策士誇張的說法或商鞅政敵散佈的謠言所致。

第二章　《商君書》各篇的作者、
　　　　寫作時間及其成書考

第一節　複雜多樣的爭議

　　先秦學術著作的作者問題十分複雜，像《論語》雖然記錄了孔子和其弟子的許多言語和事蹟，但是《論語》的成書，孔子和他的弟子們都沒有參與。《老子》一書也並非由老子所作，有學者認為它是歷時性形成的，應該成書在秦始皇時期，〔註1〕老子這個人在歷史上到底存不存在也是個問題。《墨子》《孟子》《莊子》《韓非子》《荀子》等著作都包括了門人及其後學們的作品。至於《管子》的情況更為複雜，其中篇目多為偽託，只是可能存在一些管子的言論而已。那麼《商君書》的情況又是如何呢？《漢書‧藝文志》法家類：「《商君》二十九篇。」班固注云：「名鞅，姬姓，衛後也。相秦孝公，有列傳。」〔註2〕這是最早明確將《商君》的作者歸於商鞅的著錄。在唐代之前，大家對此並無異議。但到了宋代以後，各種觀點逐漸增多：一是對此持懷疑和否定的態度。黃震謂：

　　　　《商子》者，⋯⋯其文煩碎不可以句，至今開卷於千載之下，
　　猶為心目紊亂，況當時身披其禍者乎！⋯⋯或疑鞅亦法吏有才者，

〔註1〕高華平，《先秦〈老子〉文本的演變──由〈韓非子〉等戰國著作中的〈老子〉引文來考察》，《中州學刊》，2019 年 10 月。
〔註2〕張舜徽，《漢書藝文志通釋》，武漢：湖北教育出版社，1990 年第 160 頁。

其書不應繁亂至此，真偽殆未可知。〔註3〕

開始對《商君書》進行懷疑，但是黃氏所說，頂多算是一種較為籠統的說法，還未對它的真偽性作出判斷，其文辭的煩碎也未必能作為偽出的確鑿證據。後馬端臨在《文獻通考》中引宋人周端朝的說法謂：

> 商鞅書亦多附會後事、擬取他辭，非本所論著也。其精確切要處《史記列傳》已盡，今所存大抵泛濫淫辭無足觀者。……今云使「商無得糴，農無得糶。農無糶，則窳惰之農勉；商無糴，則多歲不加樂。」夫積而不糶，不耕者誠困矣，力田者何利哉？暴露如丘山，不時焚燒，無所用之。管子謂：「積多而食寡，則民不力。」不知當時何以為餘粟地也。「貴酒肉之價，重其租，令十倍其樸，則商估少而農不醉」，然則酒肉之用廢矣。……秦方興時，朝廷官爵豈有以貨財取者？而賣權者以求貨，下官者以冀遷，豈孝公前事耶？（《周氏涉筆》）〔註4〕

這是目前所見最早懷疑《商君書》真偽的觀點。周氏的說法後來被馬端臨〔註5〕、姚際恒〔註6〕、馬國翰〔註7〕等多人所引。對於周氏的說法，陳啟天認為，「商無得糴，……則多歲不加樂」，是周氏不明其義所致；「貴酒肉之價，……則商估少而農不醉」這句，商鞅本來是為了抑制奢侈，不是要廢了酒肉的作用，因此不能據此來懷疑其真偽性；賣官鬻爵的說法見於《農戰》篇，《農戰》篇本非商鞅所作，乃戰國時法家者流所作，但亦不能說孝公前就沒有賣官鬻爵的事。〔註8〕筆者人為，陳啟天所駁，大體合理，周氏的證據頗顯勉強。後來紀昀等人所編的《四庫全書總目提要》雖然亦稱引《周氏涉筆》的說法，但謂其「據文臆斷，未能確證其非」，故其列舉了新的證據：

> 今考《史記》稱秦孝公卒，太子立，公子虔之徒告鞅欲反，惠

〔註3〕（宋）黃震，《黃氏日抄》（卷五十五），《文津閣四庫全書・子部・儒家類》，上海：商務印書館，2005 年第 426 頁。

〔註4〕（元）馬端臨，《文獻通考》，《宋元明清書目題跋叢刊》（三），北京：中華書局，2006 年第 247 頁。

〔註5〕（元）馬端臨，《文獻通考》，第 247 頁。

〔註6〕（清）姚際恒，《古今偽書考》，《中國目錄學名著》（第一集第五冊），上海：世界書局，1967 年第 19 頁。

〔註7〕（清）馬國翰，《玉函山房藏書簿錄》（卷一二子編法家類），《宋元明清書目題跋叢刊》（十八），北京：中華書局，2006 年第 271 頁。

〔註8〕陳啟天，《商鞅評傳》，北京：商務印書館，1935 年第 92 頁。

王乃車裂鞅以徇。則孝公卒後鞅即逃死不暇，安得著書？如為平日
所著，則必在孝公之世，又安得開卷第一篇即稱孝公之謚。殆法家
者流掇鞅餘論以成是編。〔註9〕

　　然《提要》所稱的謚號，實僅見於《更法》和《定分》兩篇，其他篇中
並未提及孝公的謚號，所以即使這兩篇為偽作，也不能得出其他篇就是偽作
的結論。民國時期，胡適舉《徠民》篇說及魏襄、秦王和長平三事來證明「今
世所傳《商君書》二十四篇，乃是商鞅死後的人所假造的書」「商君是一個實
行的政治家，沒有法理學的書。」〔註10〕但胡適和紀昀等人一樣犯了以偏概
全的錯誤，即使《徠民》篇不是商鞅所作，就能證明《商君書》中沒有商鞅
的作品嗎？

　　胡適之後，容肇祖將書中各篇分為 11 組，並詳細考證每組篇章的成書
及產生時間，其最終結論認為：「《商君書》的著成，自首末二篇為後來加入
外，（其他各篇）大體約成於秦昭王晚年之時。」〔註11〕但容氏的考證方法似
乎存在極大的缺陷，因為他只是簡單地依據各篇有一定相似的地方，便開始
將其認定為同一時期的作品，但文中相似的地方至多能說明各篇存在一定的
借鑒和傳承，並不必然說明其產生於相同的年代。蔣伯潛認為《商君書》乃
後學拾掇而成，至於是拾商鞅的遺著，還是拾隻言片語，還是只是拾掇了一
些思想，則其沒有明確。〔註12〕羅根澤對其真偽及成書年代都作了探究和推
斷，推定此書非商鞅所作且成書在商鞅死後百年左右的戰國末年，其作者應
該是一群秦國人或一些為秦謀的客卿，但其思想的來源應該是商鞅。〔註13〕
但是，羅根澤的證據實只涉及《更法》《定分》《徠民》《境內》數篇而已，對
於數篇以外的篇章則沒有作詳細的探討，故其實際上也是以偏概全。勞思光
在《新編中國哲學史》中沒有論證和分析便認為今本《商君書》「內容乖舛極
多，顯為後人偽託」，比較武斷。〔註14〕類似的還有蒙文通在《古學甄微》中

〔註9〕（清）永瑢等，《四庫全書總目》（卷 101），北京：中華書局，1960 年第 848
　　　　頁。

〔註10〕胡適，《中國哲學史大綱》，上海：上海古籍出版社，1997 年第 261 頁。

〔註11〕容肇祖，《商君書考證》，《燕京學報》，1937 年第二十一期。

〔註12〕蔣伯潛，《諸子通考》，杭州：浙江古籍出版社，1985 年第 494 頁。

〔註13〕羅根澤，《諸子考索》，北京：人民出版社，1958 年第 500～510 頁。

〔註14〕勞思光，《新編中國哲學史》（一），北京：生活・讀書・新知三聯書店，2015
　　　　年第 262 頁。

直接將《商君書》稱為偽書，〔註15〕等等。

二是有學者退回到了唐代以前，認為《商君書》完全是商鞅所作，但這種觀點非常少見。清孫星衍在問經堂本《商子校本序》中即對《商君書》進行全盤肯定，並謂：「《商子》書中屢稱『臣竊以為』『臣之所謂』云云，蓋此二十九篇是見秦孝公所上書，故後魏《刑法志》稱商君以《法經》六篇入說於秦，設參夷之誅，連相坐之法，所稱《法經》，似即此書，非李悝《法經》也。後人以其前有《更法》一篇，疑為編次者襲《史記》之文，謂其非先秦書。……蓋由商子既死，為其學者哀其師而次其文，紀其遇合始末於卷端，如今世之序錄者，不得以此疑其非古書也。」〔註16〕孫氏的看法有其合理的一面，比如認為《商君書》中的部分文章是條上之文和把《更法》篇看成是序文。但他認為《商君書》完全是商鞅所作的看法實是一種倒退，因為早在孫星衍之前，學界已經在《商君書》中找到了多處後出的證據。類似的還有今人張覺，他認為，「前人對《商君書》各篇的懷疑大多不能成立。我的結論是：《商君書》大部分是商鞅遺著，但其中也被編入了少許他人之作。」〔註17〕

三是認為《商君書》中含有商鞅的遺著，但同時也承認它包含著法家者流的作品。李茹更謂：

> 《商子》文甚沉奧，定是戰國文字。黃氏謂煩碎不可句，政由訛舛多爾。至謂真偽不可知，大抵真偽無常，期於有合。商子以後為法家言者非一人，或潤色為之耳。故《商子》之書，不必盡出商子；即不盡出於商子，亦不害為《商子》也。〔註18〕

其意謂雖然《商君書》的行文煩碎不可句，但：一，《商君書》是戰國文字；二，商鞅的作品可能被它的後學「潤色」過；三，雖然《商君書》不一定全部出自商鞅，但一定是商鞅思想的體現。顯然，在李茹更眼裏，《商君書》包含著商鞅和商鞅後學的著作。類似觀點如劉咸炘認為，《更法》《定分》為後人

〔註15〕 蒙文通，《蒙文通文集・古學甄微》（第 1 卷），成都：巴蜀書社，1987 年第 285 頁。

〔註16〕 （周）商鞅，（清）倫明錄，（清）嚴可均校，《商子五卷》，《子藏・法家部・商君書卷》，北京：國家圖書館出版社，2015 年第 524～525 頁。

〔註17〕 張覺，《商君書校疏・附錄五・商君書全譯前言》，北京：知識產權出版社，2012 年第 429 頁。

〔註18〕 （周）商鞅，《商子五卷》（明萬曆三十年縣眇閣刊），《子藏・法家部・商君書卷》（第 1 冊），北京：國家圖書館出版社，2015 年第 136 頁。

所記，《墾令》《境內》或為商鞅條上之文，《去強》以下有溢入門人文章的部分，不得謂全書是商鞅所作，也不得謂無商鞅所作。〔註19〕惜其和李茹更一樣，缺乏具體分析，只是直觀的感覺。郭沫若認為，「現存《商君書》除《境內》篇殆係當時功令，然亦殘奪不全者外，其餘均非商鞅所作」，並懷疑是韓非的門人偽作此書。〔註20〕但也只分析了《徠民》《弱民》兩篇，而對於為什麼說《境內》篇是商鞅所作則沒有分析。陳啟天則認為《墾令》《說民》《開塞》《戰法》《立本》《兵守》《境內》《慎法》等篇為商鞅所作或可視為商鞅所作，余為戰國末期法家者流或漢人所作。〔註21〕張舜徽先生認為商鞅「其初本有遺文傳世，至六國時，又有人拾掇餘論以補充之」。〔註22〕也只是推測之詞，沒有證據和論證。

　　高亨也認為《商君書》中有部分是商鞅所著，如《墾令》《靳令》《外內》篇，《開塞》《農戰》篇疑為商鞅所著，《更法》《錯法》《徠民》《弱民》《定分》五篇是商鞅死後的作品，其他篇章已不可考等等。〔註23〕鄭良樹則認為《墾令》《境內》這兩篇應為商鞅自撰，《戰法》《立本》兩篇疑是商鞅自撰或其學派所寫，餘應為商鞅後學所著。〔註24〕李存山則認為，商鞅自撰的篇目有《境內》《墾令》兩篇，疑自撰的有《戰法》《立本》《外內》《修權》五篇，餘十七篇為商鞅後學所作。〔註25〕劉澤華認為，《商君書》的大部分篇章非出自商鞅之手，其全書大體可以分為三類：第一類如《墾令》《外內》《開塞》《耕戰》等是出自商鞅之手；第二類如《更法》篇是記載商鞅的言論；第三類是由商鞅後學寫成的，可惜只有觀點，沒有論證。〔註26〕張林祥則認為，《更法》《定分》篇是商鞅言行的追記；《墾令》《境內》篇是商鞅遺著；《開塞》《農戰》《靳令》《戰法》《立本》《兵守》六篇疑為商鞅所著；《畫策》《修權》是戰國晚期商鞅後學的政論文；《算地》《徠民》《錯法》《賞刑》

〔註19〕劉咸炘，《子疏·商君書》，《子藏·法家部·商君書卷》（第8冊），北京：國家圖書館出版社，2015年第291頁。
〔註20〕郭沫若，《十批判書》，北京：東方出版社，1996年第339頁。
〔註21〕陳啟天，《商鞅評傳》，商務印書館，1935年第171～188頁。
〔註22〕張舜徽，《漢書藝文志通釋》，武漢：湖北教育出版社，1990年第160頁。
〔註23〕高亨，《商君書注譯》，北京：清華大學出版社，2011年第20～25頁。
〔註24〕鄭良樹，《商鞅及其學派》，上海：上海古籍出版社，1989年第139～156頁。
〔註25〕李存山，《商鞅評傳——為秦開帝業的改革家》，南寧：廣西教育出版社，1997年第72～79頁。
〔註26〕劉澤華，《中國政治思想史集》（第1卷），北京：人民出版社，2008年第144～145頁。

《君臣》《慎法》《禁使》是商鞅後學獻給國君之書。〔註27〕仝衛敏認為除《畫策》《錯法》《徠民》《賞刑》《慎法》是出自商鞅的再傳弟子、《定分》一篇是拾掇商鞅餘論的法家者流的作品外,其餘應該都是商鞅自著或親聞商鞅之教的徒屬和門客所為。〔註28〕這類觀點雖然承認《商君書》中有商鞅遺著,但具體對於哪些篇章是商鞅所作,則又莫衷一是。

四是一些人只是承認它是戰國文字,而對於他是不是商鞅所作,則不置可否。梁啟超謂:「《管子》及《商君書》皆先秦作品,非後人偽造者可比,可以用作研究春秋、戰國時事的資料。……《商君書》亦戰國時法家的雜著……」。〔註29〕只是指出了它屬春秋戰國時的資料,至於它是不是商鞅所作,則沒有說。同樣,呂思勉則謂:「今《商君書》精義雖不逮《管》《韓》之多,然要為古書,非偽撰,全書宗旨,盡於一民於農戰一語。其中可考古制,及社會情形者頗多,亦可貴也。」〔註30〕也只是肯定了它的歷史價值。

由上可知,對於《商君書》的作者及各篇的成書時間問題,學界可謂眾說紛紜,有些學者雖然在《商君書》是否有商鞅遺著這個問題上觀點相似,但具體到哪些篇章應該是商鞅所著的問題上,分歧巨大。所以,對於《商君書》各篇的作者和成書時間的問題,我們有必要進行重新審視。

第二節 《商君書》各篇的作者及寫作時間問題

一、商鞅所作或疑似商鞅所作的作品

目前學界意見比較統一的是,《商君書》中《墾令》《境內》兩篇應該是商鞅所作。筆者對此沒有異議。《農戰》一篇儘管遭到陳啟天、容肇祖和鄭良樹的質疑〔註31〕,但也應如司馬遷、張覺、張林祥、仝衛敏等人所

〔註27〕張林祥,《商君書的成書與思想研究》,北京:人民出版社,2008 年第 67～105 頁。
〔註28〕仝衛敏,《出土文獻與〈商君書〉綜合研究》,臺北:花木蘭文化出版社,2013 年第 225 頁。
〔註29〕梁啟超,《古書真偽及其年代》,《梁啟超全集》(卷十七),1927 年第 5016 頁。
〔註30〕呂思勉,《呂思勉講歷史·先秦史》,北京:中國工人出版社,2015 年第 200 頁。
〔註31〕陳啟天認為此篇是「商鞅死後戰國時人推衍商鞅的主張而成」。見陳啟天:《商鞅評傳》,第 124 頁。容肇祖認為此篇和《開塞》篇同出一手。見容肇祖:《商君書考證》,《燕京學報》,1937 年第二十一期。鄭良樹雖然認為此篇非鞅親撰,但應去其不遠。說見鄭良樹:《商鞅及其學派》,第 25～29 頁,第 145 頁。

言〔註32〕，極有可能是商鞅的作品。因前人已有詳細的辯駁，此不再重複。《戰法》《立本》《兵守》《立法》篇學界也多懷疑是商鞅所作，筆者對此也認可。除此之外，筆者認為《墾令》篇的性質還值得探討，《開塞》《君臣》篇也有可能是商鞅作。具體情況分析如下：

1.《墾令》

對於此篇的作者，學界一般認為是商鞅所作，筆者對此沒有異議。但是對於這篇文章的性質，各家說法卻有許多不同，前人對此卻少有論及，仝衛敏還將各家說法混為一談〔註33〕。事實上，他們對此文性質的看法，只是看似相同，實質上差異甚大。劉咸炘認為：「《墾令》或本鞅條上之文。」〔註34〕但劉氏此處並未說明這篇文章是否是令，如果不是令，它與《墾草令》又有什麼關係。陳啟天贊同劉氏的條上之說，並謂：「本篇名為《墾令》，而文中又前後疊說『草必墾矣』二十次之多，似乎本篇就應是所謂《墾草令》。但仔細一讀，又覺得不像一種令文，而像令文的一種說明或條文。」〔註35〕已經開始懷疑這篇不是令，而是對令的說明。蔣禮鴻則認為：「此篇所言，乃墾令所從出，非即令也。篇題蓋後人所加。」〔註36〕其意顯然不同陳氏所說的，是「令文的一種說明」，而是令文產生的依據。說明是產生在令文之後，依據則是在令文產生之前，兩者的性質顯然不同。鄭良樹認為，《墾令》篇與《算地》篇較相似，都就各種制度提出建議，像一條條「草案」。〔註37〕張林祥認同「草案」說。〔註38〕張覺則認為它應該是「草案」的意見書，而不是「草案」本身。〔註39〕

筆者認為，「草案」雖然不是法令，但其體例應該大致上和法令相同，就

〔註32〕 司馬遷曾謂：「余嘗讀商君《開塞》《耕戰》書，與其人行事相類。」說見《史記·商君列傳》。張覺說見其著《商君書校疏》，北京：知識產權出版社，2012年，第38～39頁。張林祥說見其著《商君書的成書與思想研究》，北京：人民出版社，2008年。仝衛敏說見其著《出土文獻與〈商君書〉綜合研究》，臺北：花木蘭文化出版社，2013年第98頁。

〔註33〕 仝衛敏，《出土文獻與〈商君書〉綜合研究》，臺北：花木蘭文化出版社，2013年第82頁。

〔註34〕 劉咸炘，《子疏·商君書》，《子藏·法家部·商君書卷》（第8冊），北京：國家圖書館出版社，2015年第291頁。

〔註35〕 陳啟天，《商鞅評傳》，商務印書館，1935年第123頁。

〔註36〕 蔣禮鴻，《商君書錐指》，北京：中華書局，2006年第6頁。

〔註37〕 鄭良樹，《商鞅及其學派》，第20～21頁。

〔註38〕 張林祥，《商君書的成書與思想研究》，北京：人民出版社，2008年。

〔註39〕 張覺，《商君書校疏》，北京：知識產權出版社，2012年第16頁。

《墾令》篇的行文來說，它肯定不是法令的本身，因為它包含著許多論證的部分，作為要向社會直接公布的法令，它是完全沒有必要把論證過程一起公布的，所以它只能是法令的說明、法令產生的依據或是「草案」的意見書。但是所謂的「意見書」者，本身應該有同意與否的判斷，應該指出可行與不可行的地方和應該改進的地方等等。而且，意見書也沒有必要論證。故就《墾令》的內容來看，它顯然不是「意見書」。所以，它要麼是令的一種說明，要麼就是令產生的依據。如果它是一篇說明，那麼它產生的年代和作者，就有待商榷了。因為這篇說明，不僅商鞅可以寫，後人也可以根據商鞅所頒布的法令條文進行推衍。《韓非子・五蠹》：「今境內之民皆言治，藏商、管之法者家有之。」證明商鞅之法在戰國時期非常流行，那麼在流行的過程中，一些人以法為經，對其進行解讀，也不是不可能的。像禮，本身也是規則條文，但後人以此為經，對其進行傳疏解讀，於是就成了《禮記》。

但是筆者認為，它最有可能的，還是如蔣禮鴻所說的，是《墾草令》所產生的依據。因為如果本篇是後人對《墾草令》所作的傳，那麼它就非常可能會混入後人的思想觀念，像《禮記》中的篇章一樣，有許多破綻。但《墾令》篇沒有，它通篇都和商鞅的思想契合。當然它也可能是商鞅自己所作的說明。但是所謂的說明者，似乎不會止這區區二十條。我們知道，《墾令》篇二十條，涉及到社會的方方面面，領域十分廣泛，其每一個方面，都應該有多個條例才是。像它的第一個方面，談的是「無宿治」，但如何才能「無宿治」呢？這必定會涉及到繳糧納稅、辦案、文書、吏治、辦公的時間、程序等各項規章條文，若真要對此進行說明，只有用比原來條文還多的文字才可能實現，如果篇幅比原來的條文還少得多，又如何達到說明的效果呢？故筆者認為《墾令》篇是商鞅就如何擴大秦國的開墾規模和提高秦國的農業水平而寫給孝公的一篇對策，這二十條是商鞅給出的輪廓性改革建議及可行性論證，在得到孝公認可後，商鞅才根據這二十個方面逐一制定各項具體的改革措施和法令。這可能也是目前所能得出最符合本篇行文特點的解釋了。

2.《開塞》

對於此篇作者，劉安、司馬遷、陳啟天、高亨、仝衛敏、張覺等人明確為商君所作〔註40〕，但是容肇祖、鄭良樹根據文中出現的「治國刑多而賞少，故

〔註40〕劉安說見何寧撰：《淮南子集釋》，北京：中華書局，1998 年第 1424 頁。司馬遷：《史記》（七），北京：中華書局，2014 年第 2718 頁。陳啟天：《商鞅評傳》，

王者刑九賞一，削國賞九而刑一」與《去強》篇倡導的「重罰輕賞」「王者刑九賞一，強國刑七賞三，削國刑五賞五」相似；此篇還敵視「仁」「義」等，斷定此篇當非商鞅所作。〔註41〕張林祥則認為肯定與否定的理由都不充足，故疑為商鞅所作。〔註42〕對於「多」「少」與「重」「輕」的區別，張覺認為一個是強調「量」，而另一個是強調「度」，兩者不能等同。〔註43〕筆者認為張氏所辨在理，而且值得注意的是，《開塞》篇並沒有《去強》篇中強國刑賞觀的論述，有關削國的刑賞觀與《去強》篇也不一致。在後文，我們將論證《去強》篇是商鞅後學對商鞅著作的摘錄或感悟，同時還可能混入有後學的思想。照此看來，《去強》篇的作者可能也見過《開塞》篇，並誤把刑賞中多與少的關係發展為重與輕的關係。此外，《開塞》篇謂「今世強國事兼併，弱國務力守，……故萬乘莫不戰，千乘莫不守」，其所描述的正是戰國時期的景象。而文中倡導的告姦、刑名等觀念也和商鞅本人的觀念契合，故此篇還是極有可能是商君所作的。

3.《君臣》篇的作者問題，學界分歧較大

陳啟天認為：「本篇是一篇奏疏……主旨在『緣法而治，按功而賞』，使民不得遊食談說而去農戰，其說與商鞅的思想完全相合。然行文清暢，究為商鞅所作，抑為戰國末期『法家者流掇鞅餘論以成』，未能斷定，只可視為商鞅所作。」〔註44〕容肇祖則認為本篇和《慎法》《農戰》兩篇同出一人之手。但其依據依然只是文中有些地方重複互見。〔註45〕鄭良樹則認為儒家的思想重點是分階段性的，「到孟子時代，才把思想重點放在『義』字上，而『誠』字的宣揚卻要到《中庸》的成書時代，這是人人皆知的事實。」因此《商君書》對儒家的批判也是分層次的，本篇只言「義」不及「仁」，因此可能與《徠民》《修權》篇相似。〔註46〕張林祥從此篇的文風出發，認為此篇的成書應該不會太早，並指出鄭良樹對儒家思想重點的劃分是非常牽強的，蔣禮鴻認為

第 127 頁。高亨：《商君書作者考》，《商君書譯注》，第 11 頁。仝衛敏：《出土文獻與〈商君書〉綜合研究》，第 137 頁。張覺：《商君書校疏》，第 107 頁。
〔註41〕 容肇祖，《商君書考證》，燕京學報，1937 年第二十一期。鄭良樹說見《商鞅及其學派》，第 59～60 頁；第 153 頁。
〔註42〕 張林祥，《商君書的成書與思想研究》，北京：人民出版社，2008 年第 81～82 頁。
〔註43〕 張覺，《商君書校疏》，第 107 頁。
〔註44〕 陳啟天，《商鞅評傳》，第 133 頁。
〔註45〕 容肇祖，《商君書考證》，燕京學報，1937 年第二十一期。
〔註46〕 鄭良樹，《商鞅及其學派》，第 121～123 頁，第 155 頁。

此篇中的「義」通「儀」。仝衛敏則從本篇的思想特色出發，認為本篇的思想符合商鞅的思想特點，故應是商鞅所作。〔註47〕

筆者認為，此篇極有可能是商鞅所作。因為：一，鄭良樹對儒家思想發展重點的理解可能未必準確，事實上「義」的思想從孔子時代開始，就一直佔有重要地位，但即使到了孟子時，也不會超過「仁」，否則孟子提倡的就應該是「義政」而非「仁政」。二，鄭良樹認為，《中庸》篇的成書似乎應該在孟子之後，但有關《中庸》的成書問題一直爭議較大，學界多有認為其是子思的作品，對此筆者已有文章考證。〔註48〕三，當時的各國都面臨著加強中央集權和強化王權的任務，秦國也不例外。在孝公之前，秦國的皇室十分混亂，貴族之間持續進行爭權奪利，以致王權的交接也經常出現波折，孝公父親獻公的廢立經歷就是例證。商鞅作為孝公朝的變革者，其上書提醒孝公注意「依法行政」，以革除前朝弊端，應是「變法」的題中之義。故綜合考慮篇中的思想特色和篇外的現實需要，《君臣》篇也極有可能是商鞅所作。

二、商鞅死後至秦昭王時期的作品

除了上述篇章可能是商鞅自著的作品之外，《商君書》中還應存在一類不是商鞅自著的作品，它們的作者應該是商鞅後學或戰國時期受商鞅影響的法家者流所作。這部分的作品大概可以分為兩類：一類是商鞅死後至秦昭王時期的作品；另一類是秦昭王後至秦始皇統一天下前的作品。這部分主要討論的是前一類。

其中，《更法》篇雖然從《四庫全書》開始便質疑其非商鞅所作，但其所記的內容應該是真實可信的，對此仝衛敏已有詳論，筆者同意其認為本篇是戰國時期秦國的史官所作的說法〔註49〕，但認為其應該是在「孝公」死後的追記。《賞刑》篇雖然學界多認為其非商鞅所作，但對於其是否受《韓非子》的影響，鄭良樹、張林祥、仝衛敏等人有不同的意見。其中鄭良樹認為此篇中的無賞、無刑、無教等思想可能受《韓非子》影響〔註50〕，張、仝則不以為然，

〔註47〕仝衛敏，《出土文獻與〈商君書〉綜合研究》，第206頁。
〔註48〕黃效，《再論〈中庸〉的成書及作者問題》，《先秦諸子研究論文集》，南京：鳳凰出版社，2018年第163～180頁。
〔註49〕仝衛敏，《出土文獻與〈商君書〉綜合研究》，第211頁。張覺，《商君書校疏》，第69～81頁。
〔註50〕鄭良樹，《商鞅及其學派》，第66頁，第109～113頁。

認為鄭氏所說的思想在《商君書》中的其他篇章早已出現，如「以刑去刑」「以戰去戰」「以言去言」等。而且他們都注意到了，與《墾令》《農戰》等篇中將賞罰歸於農、戰不同，《賞刑》篇只重視「戰」，故他們結合《畫策》等內容將其判定為秦昭王時期的作品。〔註51〕筆者認為他們的判斷較為合理。其他各篇的具體分析如下：

1.《去強》《說民》《弱民》

關於《去強》篇的作者問題，陳啟天認為是戰國末年和漢初「法家者流」研究商韓的讀書雜志。〔註52〕容肇祖認為它和《說民》《弱民》篇可能是出自同一手，成於秦昭王時期。〔註53〕而鄭良樹認為其因襲了《農戰》篇許多觀點，故成書要比《農戰》晚，又因文中主張「重刑輕賞」，故把它推定為商鞅後學中異議者所作。〔註54〕張林祥則注意到了它不僅因襲了《農戰》篇中的觀點，也與《開塞》《靳令》《錯法》中的觀點有重疊，並認為「重刑輕賞」不能說明什麼問題，最後將它判定為雜錄。〔註55〕仝衛敏則力排眾說，將它視為商鞅所作，並認為它雖然成書比《墾令》篇晚，但應該在商鞅變法期間，張覺的觀點與之類似。〔註56〕仝和張還對前面眾人的觀點都有所批駁，但略顯牽強。

筆者認為，《去強篇》篇是商鞅著作的雜錄的可能性較大。這是因為：一、從行文的特點看，《去強》篇整體上是無序的狀態，像是摘錄或片段式的感悟。二、從其和《農戰》一文的關係看，兩篇類似的地方很多。但在這兩篇誰因襲誰的問題上，很可能像鄭良樹所說的，是《去強》篇因襲了《農戰》篇，而非《農戰》篇因襲了《去強》篇。因為《農戰》一文邏輯連貫，文風混融，應該是成於一人一時之手。我們上文已經說明，它應該是商鞅所作，而《去強》篇邏輯雜亂，故更像是後學從多處著作中摘錄而來。那麼，《去強》篇既然與《農戰》篇有部分重疊，這是否就說明它全篇的內容都成書較早呢？這個可能未必。據蒙季甫先生的研究，《說民》《弱民》篇應該是《去強》篇

〔註51〕張林祥，《商君書的成書與思想研究》，北京：人民出版社，2008 年。仝衛敏，《出土文獻與〈商君書〉綜合研究》，第 179～183 頁。

〔註52〕陳啟天，《商鞅評傳》，第 125 頁。

〔註53〕容肇祖，《商君書考證》，燕京學報，1937 年第二十一期。

〔註54〕鄭良樹，《商鞅及其學派》，第 25～30 頁，第 35～40 頁。

〔註55〕張林祥，《商君書的成書與思想研究》，北京：人民出版社，2008 年第 101 頁。

〔註56〕仝衛敏，《出土文獻與〈商君書〉綜合研究》，第 109～119 頁。

的傳，〔註57〕這種說法獲得了學界普遍的認可。同時，學者們注意到了《弱民》篇提到了商鞅逝世六十年後秦國攻破楚國鄢、郢之事。故《弱民》篇不可能為商鞅所作，《說民》篇也應類似。如果我們注意到這兩篇傳的特點就會發現，雖然它們同為《去強》篇的傳，但其解說的範圍卻沒有重疊，《弱民》篇對應的是《去強》篇前面部分；《說民》篇對應的是《去強》篇後面部分，故這兩部分極有可能成於不同人之手，但因其風格體制相差不大，故或在成書時間上相差不遠。而從《弱民》篇提到商鞅死後六十年的事看，《去強》篇與之對應的部分應該成書較早，或出自各篇商鞅所作的作品，《說民》篇對應的部分可能比之稍晚，但也不會太遲，也有可能是同時期的作品。故《去強》篇這兩個部分的成書應該整體上比較早。但是，《去強》篇末尾「舉民眾口數」「粟死而金生」「強國知十三數」等部分，並未見於《說民》《弱民》篇。對此，鄭良樹認為這些都是後人附益的部分，應該是秦始皇即位以前加入的，「編撰者既將前後兩篇誤合為一，又雜抄另四段文字於篇末，才形成今天《去強》篇的樣子」。〔註58〕筆者認為此說不無道理。三、就像鄭良樹所注意到的那樣，《韓非子·定法》篇認為商鞅主張「賞厚而信，刑重而必」，《史記》也記載他變法之初曾重賞徙木者，但此文卻主張「重罰輕賞」。雖然張林祥、全衛敏、張覺等人對此多有辨析，但筆者認為「厚」與「輕」應該是不同的，故《去強》篇包含著商鞅後學發揮的部分。四、摘錄式的文章在先秦並非沒有先例，《郭店楚簡》中的幾篇《語叢》就是各家學說的雜錄，故《去強》是雜錄也並非不可能。所以，筆者傾向於認為它是一篇雜錄，而且這篇雜錄的形成具有歷時性。至於《說民》《弱民》兩篇的成書時間，因為它們都是《去強》篇的傳，體例又大致相同，故應該相差不遠或處於同一時期，根據《弱民》篇提到商鞅死後六十年的事，我們大概可以將它們斷為秦昭王時期的作品。

2.《徠民》

關於此篇的作者，雖然學界歷來都認為它不是商鞅所作，但對於它的作者究竟是誰的問題，還是眾說紛紜。明代袁了九謂：「此篇（《來民》）似《管子》，又似魏公子無忌之文。」〔註59〕同時代的王維楨也懷疑此篇「酷似無

〔註57〕蒙季甫，《商君書說民弱民篇為解說去強篇刊正記》，《圖書集刊》，1942 年 3 月第一輯。

〔註58〕鄭良樹，《商鞅及其學派》，148 頁。

〔註59〕（明）陸可教選，（明）李廷機訂，《新鐫商子玄言評苑》，《子藏·法家部·商

忌諫魏王書。」〔註60〕但他們只是停留在感覺和猜測。清代沈欽韓謂:「第十五《來民篇》云:『今三晉不勝秦四世矣。自魏襄王以來,野戰不勝,攻城必拔。』又云:『周君三勝,華軍之勝,秦斬首而東之。』又第二十《弱民篇》云:『秦師至鄢郢,⋯⋯』皆秦昭王事,非商君本書也。」〔註61〕清汪中:「《商子·徠民》篇稱其君曰王。案:孝公子惠文王即位十四年始更元年,其稱王實在此時。」〔註62〕劉汝霖大致同意沈欽韓的說法,並進一步根據篇中所載「周軍之勝」而將其推斷為前 255～251 年間所作。〔註63〕陳啟天認為「周軍之勝」「華軍之勝」「長平之勝」雖然都是秦昭王時期的事,但其「通篇針對時事講話,不像偽作」,故認為此篇「疑是秦孝文王或莊襄王時的大臣或客卿如呂不韋等所作,而為後人誤編入《商君書》中,未必是後人假託商君所作。」〔註64〕徐勇則認為《徠民》篇「今三晉不勝秦,四世矣」中的「四世」,應該指的是魏襄王至景湣王這四代國君,故將此篇推定為尉繚所作,並列了十條理由。〔註65〕全衛敏注意到了劉汝霖、陳啟天和徐勇的說法,但其並不同意徐勇有關「四世」的解讀,認為仍指秦孝公開始到秦昭王,其最後根據《徠民》篇的思想特點、秦昭王時期的形勢等將其判斷為商鞅後學所作。〔註66〕

那麼,此篇的作者到底是誰呢?首先,從文中「夫秦之所患者,興兵而伐,則國家貧;安居而農,則敵得休息。此王所不能兩成也,故三世戰勝,而天下不服。」這兩句話的語氣來看,此篇陳述的對象應該不是魏王。另外,魏無忌是魏安釐王時期人,雖然在時間上有可能作此文,但他是魏國的公子,曾兩次擊敗秦軍,是東方六國對抗秦國的主要人物,故其不可能向秦王獻計來削弱三晉。故明人袁了九、王維禎的說法經不起推敲。

其次,對於「四世」的具體所指問題,筆者認為這「四世」應該還是指秦國方面。無獨有偶,《荀子·強國》篇記載荀子見秦昭王時謂:「故四世有勝,

君書卷》(第 5 冊),北京:國家圖書館出版社,2015 年第 288 頁。

〔註60〕同上,第 291 頁。

〔註61〕蔣伯潛,《諸子通考》,第 362～363 頁。

〔註62〕(清)汪中撰:《舊學蓄疑》,文海出版社,1983 年版。

〔註63〕劉汝霖,《周秦諸子考》,1929 年第 286～287 頁。

〔註64〕陳啟天,《商鞅評傳》,第 130～131 頁。

〔註65〕徐勇,《〈商君書·徠民〉篇的成書時代和作者蠡測》,《松遼學刊》(社會科學版),1991 年第 2 期。

〔註66〕全衛敏,《出土文獻與〈商君書〉綜合研究》,第 173～178 頁。

非幸也，數也。」〔註67〕故在秦昭王時期，秦國的「四世」之勝可能是當時社會的共識。那麼既然這裡的「四世」是指秦國的方面，為什麼後文中又出現了一個「三世」呢？對於這裡的「三世」，我們在上文中已經指出，它應該也是指秦國方面。那麼文中的「四世」和「三世」是否存在矛盾呢？筆者認為可能並非如此。如果我們詳細體會「三世」所出現的語境就會發現，此處的「三世」強調的是「天下不服」，而作者可能要上書的正是「四世」中的第四世秦昭王。前面三世，天下不服，是歷史事實，是已經過去了的事，故可以下定論，但秦昭王的第四世還在進行時，其能不能使天下服，還不知道。正因為如此，作者上書獻計的目的就是要使天下服。綜合考慮上面前人所指出的史實和此處所暗示的時間線索，此篇應該是秦昭王時期的作品無疑。

再次，從文章的論述內容看，它也符合秦昭王時期的社會特點。當時的三晉地區應該還有一定的實力，所以要使用計謀來作長遠打算，如果雙方的實力懸殊，強大一方直接將弱方吞併即可，何必彎彎曲曲玩計謀。所以綜合考慮，其還是最可能出現在秦昭王時期，至遲不會到秦始皇時期。因為秦始皇時期秦國已經十分強大，不需要這種來回迂曲之道。至於它可能是何人所作的問題，從內容看，作者無非也是主張農戰，只不過與商鞅的農戰思想不同的是，商鞅的農戰思想只注重對國內的人力和農業的資源的開發，此文的作者卻注重對它國資源的利用，但其歸根結底是為了農戰，所以他們兩者在主要思想上有一致性。從這點看，說此文的作者是商鞅的後學也不為過。

3.《外內》

關於此篇的作者問題，向來爭議較大。其中重要的原因，是由於《韓非子‧南面》中曾謂：「人主者明能知治，嚴必行之，故雖拂於民心，必立其治。說在商君之內外而鐵殳，重盾而豫戒也。」〔註68〕羅根澤謂：「商君之《內外》者，即《商君書‧外內》篇也。」韓非所謂「鐵殳重盾而豫戒」是說使民持殳操盾準備戰爭。〔註69〕容肇祖亦同意羅氏的說法，並謂：「這《外內》篇以為外事輕法不可以使，內事輕治不可以使，與《南面》所說『嚴必』行

〔註67〕（清）王先謙撰，王嘯寰、王星賢點校，《荀子集解》（上），北京：中華書局，1988 年第 303 頁。

〔註68〕（清）王先慎撰，鍾哲點校，《韓非子集解》（第五卷），北京：中華書局，1998 年第 120 頁。

〔註69〕羅根澤，《諸子考索》，北京：人民出版社，1958 年第 506 頁。

之相合」，故斷定《外內》篇為最早《商君書》所有〔註70〕，仝衛敏同意這種說法〔註71〕。但是，陳奇猷等人卻認為，此處的「內外」應作「出入」解，不能作為《商君書》的篇名。因為他看到了《史記·商君列傳》載趙良對商君曰：「君之出也，後車十數，從車載甲，多力而駢脅者為驂乘，持矛而操闒戟者旁車而趨。此一物不具，君固不出。……」這種情況指的就是「商君之內外而鐵殳，重盾而豫戒」。〔註72〕鄭良樹對此也進行了辨別，並認為是《徠民》之後的作品。〔註73〕張林祥同意陳氏的說法，〔註74〕張覺雖然仍然認為《外內》篇為商鞅所作，但其不同意羅根澤、容肇祖等人的說法，而是同意陳奇猷的說法。〔註75〕

那麼，《韓非子·南面》中的「內外」應作何解呢？筆者認為這首先需要從《韓非子》本身的情況出發，其次才是求證於《韓非子》之外，而且不能用外在的聯想推理來否定其內在的邏輯。具體到這個問題，有兩個方面內容值得注意：一是這句話的上下文關係。目前主張「內外」屬篇名的人大多只注意到了前文中出現了「嚴必行之」這句話，認為這和《商君書·外內》中的不可「輕法」「輕治」的思想相似。事實上，這句話的後面一句同樣重要，其謂「故郭偃之始治也，文公有官卒；管仲始治也，桓公有武車：戒民之備也。」〔註76〕所謂「故」者，其表承接之意非常明顯，後文也非常明確地說文公之官卒、桓公之武車，是為了「戒民」，而不是為了準備戰爭，故羅根澤的戰爭說或有待商榷。而這裡作「戒民」也是非常符合文意的，因為上文說「主者明能知治，嚴必行之，故雖拂於民心，必立其治」。其意謂，只要能治國安邦，即使違背民心也一定要實行。故這裡的「鐵殳」「重盾」「官卒」「武車」是為了防止內部民怨，其意甚明。二是「說在……之……」的句型在《韓非子》中很多見，全部有15條，其大多表示某人某事：

　　1. 其說在侏儒之夢見灶（《大體》）

〔註70〕容肇祖，《商君書考證》，燕京學報，1937年第二十一期。

〔註71〕仝衛敏，《出土文獻與〈商君書〉綜合研究》，第200頁。

〔註72〕陳奇猷，《韓非子新校注》，第337頁。

〔註73〕鄭良樹，《商鞅及其學派》，第115～120頁。

〔註74〕張林祥，《商君書的成書與思想研究》，北京：人民出版社，2008年第104～105頁。

〔註75〕張覺，《商君書校疏》，第252～253頁。

〔註76〕（清）王先慎撰，鍾哲點校，《韓非子集解》（第五卷），北京：中華書局，1998年第120頁。

2. 其說在董子之行石邑（《大體》）

3. 其說在文子稱「若獸鹿」（《大體》）

4. 其說在「索鄭」與「吹竽」（《大體》）

5. 其說在昭侯之握一爪也（《大體》）

6. 其說在老聃之言失魚也（《內儲說下》）

7. 其說在衛人之夫妻禱祝也（《內儲說下》）

8. 其說在楚兵至而陳需相（《內儲說下》）

9. 其說在狐突之稱「二好」（《內儲說下》）

10. 其說在秦侏儒之告惠文君也（《內儲說下》）

11. 其說在田鳩對荊王也（《外儲說左上》）

12. 說在文公之先宣言（《外儲說左上》）

13. 說在宋人之解書（《外儲說左上》）

14. 說在文公之攻原與箕鄭救餓也（《外儲說左上》）

15. 說在申子之言「六慎」，與唐易之言弋也（《外儲說右上》）

從這 15 條類似的句型可知，雖然這種句型都是來源的說明，但其更多是指某人某事或說過某話，而非文章之出處。而且此處的「內外」與篇名的「外內」，語序也不同。故《南面》中的「內外」，據此恐也不能指篇名。

那麼這篇文章到底是不是商鞅所作呢？認為「內外」指篇名的一派基本都認為這篇文章應該是商鞅所作，其主要理由除了《韓非子‧南面》中提到了這個篇名外，還有就是這篇文章的思想也符合商鞅的特色。而否定「內外」是篇名一派，除張覺外，基本都認為它不是商鞅所作。陳啟天認為文中提到「邊利」，應該是漢後晁錯的作品。但後來許多學者也指出了，「邊利」的思想不是漢代才有，而是早已有之。除陳啟天外，他們並不否定這篇文章的思想符合商鞅的思想特色，而是認為這篇文章的行文思路邏輯嚴謹、文章清暢，故不似商鞅所作。

事實上，就是思想也未必符合商鞅的思想特點。就拿勸農的思想來說，文章似乎只把市利與勸農聯繫起來，但在《墾令》篇，糧食是禁止買賣的，正所謂「使商無得糴，農無得糶」，不是讓利那麼簡單。而且《墾令》篇與勸農相關的有 20 多個方面，這裡卻只有一個方面。商與技巧之人也不僅僅涉及到勸農，也涉及到樂戰的問題，但文中沒有提及。所以，本質上它把商鞅的思想簡單化了，也淡化了。它之所以那麼重視市場對農業的調節，則可能

與商鞅之後，秦國的商業活動和對外貿易日益發展有關。鄭良樹認為其將外
內的利益劃分得十分清楚，和《徠民》篇的思維比較相似又較之深刻，故將
其判為在《徠民》篇之後。筆者認為，其深刻未必有過《徠民》篇，但注重
調節內外資源的思維相似，故成書也應在同一時段。

4.《慎法》

對於此篇的作者情況，陳啟天謂這是一篇奏疏，或即是商鞅上孝公的書。
其首節和次節重在破勝黨人，節去言談，任法而治；末節重在說明耕戰為國
力之本，須「劫以刑，驅以賞」，使務耕戰。末節與前兩節不相屬，或是兩篇
合成一篇。本篇的議論全與商鞅思想相合。〔註77〕容肇祖則認為此篇與《農
戰》《君臣》應該同出一人。〔註78〕鄭良樹則根據篇中對「義」的仇視和它不
提「搏力」「殺力」的觀念，認為此篇應成於秦始皇統一中國的前夕，是秦始
皇元年至秦始皇統一天下前的作品。〔註79〕張林祥則認為這篇的成書線索不
明顯，但根據其行文特點，應該比較晚出。〔註80〕全衛敏則反對陳啟天的末
節與前兩節不相屬說，也反對鄭良樹的說，其根據文中出現的反對「尚賢」
的觀念，認為這與《開塞》篇類似，又根據「忠臣孝子」的獨特觀點，認為
其應該成書在墨子之後、孟韓之前，故應該是商鞅所作。〔註81〕

筆者認為，判斷此篇的成書，不能單單求之於思想的論證，鄭氏的說法，
全氏等人已有所批駁，但是全氏的說法也是站不住腳的。因為就反對「尚賢」
這種觀念而言，它不單止是《開塞》篇反對，《商君書》中其他篇章也反對。而
「忠臣」這個詞最早在文獻中出現的時間事實上也很難考究，因為先秦文獻大
部分已經缺佚，其參考的語料相對於整個先秦的語言生態而言，實隻鱗片爪。
故此篇的作者問題還有待探索。筆者注意到了此篇中有「民倍主位而向私交，
則君弱而臣強。」《韓非子·定法》謂：

> 公孫鞅之治秦也，……無術以知奸，則以其富強也資人臣而已
> 矣。及孝公、商君死，惠王即位，秦法未敗也，而張儀以秦殉韓、魏。
> 惠王死，武王即位，甘茂以秦殉周。武王死，昭襄王即位，穰侯越韓、
> 魏而東攻齊，五年而秦不益尺土之地，乃城其陶邑之封。應侯攻韓八

〔註77〕陳啟天，《商鞅評傳》，第134頁。
〔註78〕容肇祖，《商君書考證》，《燕京學報》，1937年第二十一期。
〔註79〕鄭良樹，《商鞅及其學派》，第126～127頁；第154頁。
〔註80〕張林祥，《商君書的成書與思想研究》，北京：人民出版社，2008年第99頁。
〔註81〕全衛敏，《出土文獻與〈商君書〉綜合研究》，第213～216頁。

　　年，成其汝南之封。自是以來，諸用秦者，皆應、穰之類也。故戰勝，

　　則大臣尊；益地，則私封立：主無術以知奸也。〔註82〕

　　《韓非子·定法》中的張儀、甘茂、穰侯、應侯等人，可能就是「民倍主位而向私交，則君弱而臣強」的真實寫照，故《慎法》篇應該不似全衛敏所說的是商鞅所作。那麼它又應該出於何人何時之手呢？我們上文中已經論證《君臣》篇可能是商鞅所作，在《君臣》篇中，作者希望通過法制來明君臣之義，鼓勵農戰，以達到兵強主尊的效果。而《慎法》篇同樣提倡法和農戰，只不過其更多的是針對「黨人」而非一般的「君臣之義」。故從思想上看，此篇的作者應該是商鞅後學無疑。那麼它又是何人所作呢？筆者注意到文中出現的「耕戰」一詞，在整部《商君書》中只有《說民》和《慎法》篇出現了此詞，其他篇章都作「農戰」，故從文章的用語習慣看，兩篇可能作於同一時期。我們在上文中已經指出，《說民》篇應該是昭王時期的作品，《慎法》篇也大概在這時期。

三、秦昭王後至秦始皇統一天下前的作品

　　上文我們討論了《商君書》中商鞅死後至秦昭王時期的作品，下面我們再來看看秦昭王後至秦始皇統一天下前的作品。其中，《定分》篇則當如鄭良樹所言，是《商君書》中成書最晚的作品。〔註83〕其他篇章的情況如下：

　　1.《算地》

　　陳啟天謂此篇，論其主張，如「為國之數，務在墾草；用兵之道，務在一賞」等，極像商鞅的說法。但再三談到「數者臣主之術」「法術之患」「失術」「立術」等道理，又像申不害的說法。故斷定此篇是申商後戰國「法家者流」衍述申商的說法。〔註84〕容肇祖則認為此篇與《徠民》應該同出一手，大約成書在秦昭王晚年，其主要依據是《算地》篇首段「先王之正律」的文字與《徠民》篇「先王制土分民律」這段相似。〔註85〕這種邏輯缺陷是明顯的，單憑相似不足判為同，因為前後行文既可以有相互借鑒的關係，也可以是這段話是當時的熱點，誰都可以引用。鄭良樹則認為此篇大概和《農戰》同時或稍後，不

〔註82〕（清）王先慎撰，鍾哲點校，《韓非子集解》（第十七卷），北京：中華書局，1998 年第 398 頁。

〔註83〕鄭良樹，《商鞅評傳》，南京：南京大學出版社，1998 年第 248 頁。

〔註84〕陳啟天，《商鞅評傳》，第 126 頁。

〔註85〕容肇祖，《商君書考證》，《燕京學報》，1937 年第二十一期。

會太晚,是商鞅後學所作。因為他發現此篇和《農戰》相似,同時篇中強調了「術」的想,保存了「君子」「小人」的原始意義。〔註86〕筆者認為,就像上面指出容氏的邏輯缺陷一樣,鄭氏這裡也是如此,相似並不一定能證明它們同時。張林祥大致同意鄭氏的說法。〔註87〕仝衛敏對以上諸家都有所批駁,並認為即使商鞅也講「勢」「術」,此篇思想還是商鞅的思想比較切合,故應該是商鞅所作。〔註88〕

筆者認為,此篇應該成書在韓非前後。因為,上文我們已經注意到了,《韓非子‧定法》謂「無術以知奸」是商鞅之法較為明顯的缺陷。今觀《算地》一文,其有「今世主欲闢地治民而不申數,臣欲盡其事而不立術,故國有不服之民,主有不令之臣」云云,已關注到了用術來知奸的方面,而且它對於申不害政令多出的缺點也有所糾正,主張「操權一正以立術」,故其觀點更像是綜合了申商韓三家,但以商學為主的作品,其成書或在韓非前後。

2.《錯法》

有關此篇的作者,目前學界有多種說法:一是容肇祖的說法。他認為此篇的作者與成書和《弱民》篇應該同出一手。〔註89〕其中的邏輯缺陷,上文已有辯駁,此不再重複。二是陳啟天的說法。他認為此篇應該是戰國末期的「法家者流掇鞅餘論以成編」。其主要依據是本篇文字行文明暢,又曾提及烏獲,故決非鞅作。〔註90〕烏獲是秦武王時力士,去商鞅死時有二十九年,商鞅實不及見烏獲。三是鄭良樹的說法。鄭良樹認為此篇應作於秦始皇元年到天下統一期間。其主要理由是此篇出現了「德明教行」「教流成」的字眼,主張教化百姓,與《墾令》的反智思想不同,故應該在「百姓可智可愚」的《壹言》篇之後。〔註91〕四是仝衛敏的說法。仝衛敏認為此篇應該是秦武王時期的商鞅後學所作,其主要依據是文中出現了烏獲此人,此篇的思想也和商鞅的思想相似。〔註92〕

筆者認為,此篇可能是戰國末年秦國的法家者流所作,未必是商鞅的後

〔註86〕鄭良樹,《商鞅及其學派》,第144~145頁。
〔註87〕張林祥,《商君書的成書與思想研究》,北京:人民出版社,2008年第94~95頁。
〔註88〕仝衛敏,《出土文獻與〈商君書〉綜合研究》,第124~131頁。
〔註89〕容肇祖,《商君書考證》,《燕京學報》,1937年第二十一期。
〔註90〕陳啟天,《商鞅評傳》,第128頁。
〔註91〕鄭良樹,《商鞅及其學派》,第69~74頁,第151~153頁。
〔註92〕仝衛敏,《出土文獻與〈商君書〉綜合研究》,第143~146頁。

學。理由如下：一，此篇中出現了秦武王時期的人物「烏獲」，由此可知其不能是商鞅所作，只能是秦武王時期或以後的人物。二，商鞅的思想，雖然也重視法、爵，但一般會歸結到農戰上，賞與刑也會並重，甚至刑有時重過賞。但此篇重視的是法和爵，雖然仍然強調強兵，但重農和刑罰的思想基本沒有了。所以它可能是法家者流的作品，但未必會是商鞅後學的作品。三，「德明教行」，中的「德」和「教」不是指儒家類的仁義，但思維和秦始皇石刻中的思維存在一定的相似性。比如會稽石刻中的「聖德廣密，六合之中，被澤無疆。」「大治濯俗，天下承風，蒙被休經。皆遵度軌，和安敦勉，莫不順令」等〔註93〕，這些都應該是「德明教行」的體現。故此文極有可能是成於戰國末年的法家者流之手。

3.《壹言》

關於此篇作者，陳啟天認為「大約是戰國末期『法家者流掇鞅餘論以成編』，也足以發揮商鞅的思想。」同時又認為它「論旨多與他篇相同，而行文又極明暢，是否出於鞅手，未能斷定」。〔註94〕可見，其雖然傾向它不是商鞅所作，但事實上拿不出實在的證據，只是根據文章風格所作的猜測。容肇祖則認為此篇與《農戰》篇相似，故應該是商鞅所作。〔註95〕鄭良樹則根據「壹」字意義的流變，將其判為成書於戰爭開始頻仍或正在頻仍的時期。〔註96〕仝衛敏對鄭氏的說法有所批駁，並認為其成書應該較早，是親炙商鞅的門客或弟子所為。〔註97〕

筆者認為，《壹言》篇確可能如陳氏所說的，是戰國末年的作品。首先，文中一開始便將「制度」「治法」「國務」「事本」這四種事務分別開來，但通過觀察《更法》篇我們可知，商鞅與孝公對話之時，禮與法其實就包括了這四個方面內容，甚至禮與法在那時還常常混合應用，其行文將「變法」與「更禮」對著講就是這種觀念的體現，故假如《壹言》篇將這四種事務區分開來，就有後出的嫌疑。其次，《壹言》謂：「故聖人之為國也，不法古，不修今，因世而為之治，度俗而為之法。故法不察民之情而立之，則不成；治宜於時而行之，

〔註93〕《史記》（一），第333頁。

〔註94〕陳啟天，《商鞅評傳》，第127頁。

〔註95〕容肇祖，《商君書考證》，《燕京學報》，1937年第二十一期。

〔註96〕鄭良樹，《商鞅及其學派》，第61～65頁，第73～74頁，第150頁。

〔註97〕仝衛敏，《出土文獻與〈商君書〉綜合研究》，第140～143頁。

則不干。」〔註98〕不僅強調要宜於時，而且強調要「因世」和「度俗」。《更法》篇商鞅是強調了不法古，不修今，但並沒有強調「因世」「度俗」。《更法》篇甘龍在反對商鞅變法時說：「因民而教者，不勞而功成；……今若變法，不循秦國之故，更禮以教民，臣恐天下之議君，願熟察之。」公孫鞅反駁道：「子之所言，世俗之言也。……」〔註99〕第一句話便充滿了對「世俗」的蔑視，而且商鞅變法本身就革除了許多俗習。可見，「因世」「度俗」無疑與甘龍的主張更為接近。因此筆者據此推斷此篇應該是後學所作。至於為什麼說它可能是戰國末年的作品，因為：一，本文開篇即謂「凡將立國」云云，證明可能針對的是即將新生的政權；二，文章非常強調「壹」和「制度」等等，可能為大統一局面即將到來所作的理論探索。故綜合以上種種，筆者認為此篇應該成書於秦統一的前夕。

4.《靳令》

由於此篇與《韓非・飭令》有很大篇幅是重複，故歷來學界有關此篇的爭議就比較大。首先，朱師轍、羅根澤、陳奇猷、高亨、周勳初、鄭良樹等人認為是《韓非子》抄錄了商學派的文章。〔註100〕其中鄭良樹從文句、用字、文章的連貫程度及其與《商君書》其他各篇的關係等方面辨之甚詳。其次，陳啟天等人認為是《靳令》抄錄了《飭令》，他認為此篇乃「漢人雜湊充數之文，決非鞅作，也非純粹的『法家者流』推衍商鞅議論而成。」「其一部分全襲《韓非子・飭令》篇；又一部分用本書他篇語穿插其間，致不能成章；更有一部分為雜湊者所妄加，致與商鞅思想根本衝突。簡書於此篇襲取《韓非子》考證甚詳。我想本篇既纂襲又雜亂的原故，大概由於漢時徵書，應徵者雜取充數，以求多得賞金；既收藏於秘閣後，校書者未加細審，又以一併編入耳。」〔註101〕據筆者分析，《靳令》一文其實整體上語氣還算連貫，說其為雜湊，或太過。最後，值得關注的還有容肇祖的說法。容肇祖認為《靳令》「本是一種法家者流的餘論，其較完整者，掇入於《商君書》；其較刪節者，掇入於《韓非子》，而實在則不知為何人所作，大約既非商君所為，又非韓非所著的呵！」〔註102〕

〔註98〕蔣禮鴻，《商君書錐指》，北京：中華書局，1986 年第 62～63 頁。
〔註99〕蔣禮鴻，《商君書錐指》，北京：中華書局，1986 年第 3～4 頁。
〔註100〕鄭良樹，《商鞅評傳》，第 238 頁。
〔註101〕陳啟天，《商鞅評傳》，第 129 頁。
〔註102〕容肇祖，《商君書考證》，《燕京學報》，1937 年第二十一期。

事實上，儘管先秦許多重複的篇章難以確定孰先孰後，它們可能是當時流行的共同話語，但要是具體到《靳令》與《飭令》等篇，筆者還是認為鄭良樹等人的分析比較合理。那麼《靳令》又大概成書於何時呢？

筆者認為，雖然可能是《飭令》抄錄了《靳令》，但兩者的成書時間應該相差不大。《靳令》謂「六虱：曰禮、樂；曰《詩》《書》；曰修善；曰孝悌；曰誠信；曰貞廉；曰仁、義；曰非兵；曰修戰。」〔註103〕一些學者注意到了，「非兵」「修戰」等觀念是墨家學派的思想主張，故此處的「六虱」，學派間的思想交鋒味道很濃。而《去強》篇謂：「三官者生虱官者六：曰『歲』，曰『食』，曰『美』，曰『好』，曰『志』，曰『行』。」〔註104〕其所針對的，大多是人們日常生活觀念和習慣。我們上文已經論證，《去強》大部分應該是商鞅作品的摘錄，這部分的成書也應該較早，而商鞅變法之時，其主要針對的是秦國當時某些陳舊落後的觀念，而非學派觀點。故《去強》篇「六虱」的觀念應該較為接近商鞅的觀念，而《靳令》篇的「六虱」，應該是戰國末年各學派思想發展成熟後的觀念。其次，《靳令》篇最後一段非常強調「賞罰以壹」與「仁義」的結合，並涉及到了「心」與「力」、「德」與「力」的關係。據筆者觀察，此種思路和秦始皇統一中國後的石刻文思路較為接近。琅琊石刻文謂：

> 聖智仁義，顯白道理。……皇帝之功，勸勞本事。……普天之下，摶心揖志。……匡飭異俗，……皇帝之德，存定四極。誅亂除害，興利致福。……莫不受德，各安其宇。〔註105〕

刻文中將宣揚秦始皇的仁義道德與勸農、摶心揖志、匡飭異俗、誅亂除害等相結合，這與《靳令》篇最後一段有相似之處，《靳令》篇可能為此先聲。故《靳令》篇應成書在戰國末年。

5.《修權》

關於此篇的作者，學界主要存在兩種觀點：一是將其視為商鞅所作。陳啟天認為此篇所說觀點和商鞅的思想非常相似〔註106〕，因此可視為商鞅所作，容肇祖、鄭良樹、全衛敏、張覺等人對此認同。容肇祖認為此篇中的「堯舜之位天下也，非天下之利也，為天下位天下也，論賢舉能而傳焉」，是法治

〔註103〕蔣禮鴻，《商君書錐指》，北京：中華書局，1986年第80頁。
〔註104〕蔣禮鴻，《商君書錐指》，北京：中華書局，1986年第28頁。
〔註105〕《史記》（一），第314～315頁。
〔註106〕陳啟天，《商鞅評傳》，第129～130頁。

的極端主張，符合商鞅的思想特色。此外，他還將此篇中肯定禪讓的思想和
《戰國策》中記載孝公臨死前欲讓位於商鞅一事聯繫起來，證明其或出商鞅
之手。〔註107〕鄭良樹多承其意，並且把《修權》裏的「權」字都解讀為「權
衡」的意思，認為其用法和《墾令》《農戰》《算地》中的用法不同。〔註108〕
全衛敏、張覺兩人雖然不同意鄭氏對「權」字的解讀，但其仍然認為這篇當
如容氏所說，是商鞅所作。〔註109〕

二是認為此篇應該不是商鞅所作。張林祥即持此種說法，其主要依據是
《修權》篇主題過於集中，還肯定了先王，肯定了「論賢舉能而傳」這種公天
下的觀念等，這些都不是商鞅的思想特色，因此，他推定此篇應該是戰國末年
比較同情儒墨思想的法家所寫。〔註110〕筆者認為商鞅作為改革家，其所主張
的一切都應該以是否合時、便事、富國強兵和維護王權為目的，而不會考慮先
王的做法，也不會致力於破壞王權的家族傳承，故張祥林於此處應該辨析得較
為合理。但其進而否定禪讓思潮在戰國的存在則不盡正確，只是這不在《商君
書》的考證範圍內，故筆者對此不作細辨。

6.《畫策》

對於此篇的作者，歷來存在多種說法：一，籠統地指出非商鞅所作。陳啟
天認為，這是一篇論著，它不是商鞅所作，而是「法家者流掇鞅餘論以成」。
其主要依據是文中有「明主在上，所舉必賢，則法可在賢」的話，似非極端任
法的商鞅所肯說。又有「所謂義者，為人臣忠……此乃有法之常也」的話，是
以「法」釋「義」，與《開塞》篇「刑」「義」完全相反的論調不同。且本篇文
義在全書中最為流暢。〔註111〕二，當在秦昭王晚年時完成。容肇祖認為《畫
策》和《算地》《去強》《靳令》《說民》《徠民》《弱民》《墾令》篇都有關係，
故當是出於同一手，同成書於秦昭王晚年。而細考其所謂「關係」者，無非是
兩者在某些內容片段上有相似性。〔註112〕三，成於秦始皇元年到天下一統期
間。鄭良樹認為此篇內容與《賞刑》篇相似，「所謂明者，無所不見，則群臣

〔註107〕容肇祖，《商君書考證》，《燕京學報》，1937年第二十一期。
〔註108〕鄭良樹，《商鞅及其學派》，第105～107頁。
〔註109〕全衛敏，《出土文獻與〈商君書〉綜合研究》，第163～168頁。張覺說見《商
　　　　君書校疏》，第164頁。
〔註110〕張林祥，《商君書的成書與思想研究》，北京：人民出版社，2008年第91～94頁。
〔註111〕陳啟天，《商鞅評傳》，第131頁。
〔註112〕容肇祖，《商君書考證》，《燕京學報》，1937年第二十一期。

不敢為奸，百姓不敢為非。是以人主處匡床之上，聽絲竹之聲，而天下治」這段「無為而治」的思想應受《韓非子》影響；本篇的上古帝系與《更法》篇有差異；末段連用幾個「必」字的語氣也和其他篇不同，故非商鞅所作。又篇中不僅敵視「仁」也敵視「義」，故此篇應該是秦始皇元年至大統一時的作品。〔註113〕全衛敏對以上觀點作了逐一辨析，認為此篇的「賢」也可指的是法律和農戰方面的賢人；容肇祖的論證是用局部來代替整體；本篇只是不貴義，並非仇義等，大致合理。其又根據此篇「在具體內容上有很多觀點與全書中成書較早的篇章極為相似」，故將此篇斷為下限在秦惠文王時期，「作者是一位非常熟悉商鞅學說的人物。」〔註114〕

筆者認為，此篇還是有可能如鄭良樹所說的，是秦始皇元年至大一統時期的作品。首先，從思想內容上看，這篇應該是商鞅後學的作品，對商鞅學說有所繼承是非常自然的事，並不能因此斷定其成書時代，故全衛敏的說法未必準確。其次，鄭良樹的部分懷疑是正確的，如指出它的上古帝系與《更法》篇不同等，但其中一些不合理的地方也是顯而易見的，有些全衛敏已有所辨析。此外，所謂的「無為而治」或「垂拱而治」的思想其實《論語》《老子》等儒道經典中都存在，其不必然受《韓非子》的影響，也可能是《韓非子》受其影響，或當時的共同思潮如此。再次，從思想上看，此篇最推崇的是明主和極端的法治。其最後一段實際上是把「法」和「法治」極端理想化了，認為這是「必然之理」，並且一連用了幾個「必」。這種極端的法治思想其實和《修權》篇所提倡的「公天下」的極端法治有相似性。最後，其末段以「聖人」相期、「以法釋義」的思維方式和後來秦始皇石刻中的思維十分相似，如「大聖作治，建定法度，顯箸綱紀。外教諸侯，光施文惠，明以義理」。〔註115〕故此篇可能是秦石刻思維的先聲，故其成書還是非常可能在秦始皇元年至天下一統前的。

7.《禁使》

有關此篇的作者及成書時間的問題，學界歷來也是眾說紛紜。陳啟天謂：

> 本篇是一種奏疏，……文中所謂「勢數」「持其勢」「託其勢」
> 和「貴勢」等語，好像與慎子所謂「勢」相近。然仔細一考，則「別

〔註113〕鄭良樹，《商鞅及其學派》，第113～115頁；第152頁。
〔註114〕全衛敏，《出土文獻與〈商君書〉綜合研究》，第185～190頁。
〔註115〕《史記》（一），第319頁。

其勢，使其難匿」以便「稽驗」，又與申子所謂「術」相近。商鞅曾為秦相，對於察吏的方法，當有所考究，此篇究為何人所作，雖難斷定，就其主旨說，也可視為商鞅所作，或「法家者流掇鞅餘論以成」。〔註116〕

由上述材料可知，陳啟天對此篇應是何人所作的問題沒有明確的判斷。鄭良樹則認為本篇中提到的丞、監的官職可能要到秦始皇統一天下後才設置的，故此篇也應作於秦始皇統一天下以後。而其篇中的比喻甚多，有的甚至和《荀子·勸學》篇相似，故可能作於荀卿之後。〔註117〕全衛敏承認此篇中的「勢」論與慎到的「勢」論是一致的，也承認此篇中的「術」論與申不害的「術」論是一致的，但她認為商鞅距申、慎不遠，或許對「勢」「術」早有認識。此外，她還論證了「御史」這類的監察官在戰國早已有之，不必等到秦始皇統一天下後，此篇中論功察罪應謹慎的觀點也與《算地》篇相似等等，故其將此篇斷為商鞅所作。

筆者認為：首先，商鞅的思想一般以農戰和法作為主體，即使它對察吏的方法有所感悟，也應該首先重「法」，而不會通篇不提「法」，只提「勢」「術」，如《君臣》篇。上文中我們也曾提到過《韓非子·定法》篇謂商鞅之法的最大缺點是「無術以知奸」。故除非有確鑿的證據表明商鞅已經深悟「勢」「術」的思想，否則全衛敏此處的猜測是很難服人的。其次，所謂的比喻甚多雖可作為懷疑此篇非商鞅所作的依據，但不能作為其出於荀卿之後的依據。因為用寓言和形象思維來說理是戰國時期思想家們的一個普遍的特點，像孟子、莊子、韓非子等儒道法的思想家們都有這個傳統，因此不能用來確定作文的時間，加之戰國時期本有許多社會關注的熱點，故在話題上有一定的相似性也不能說明誰先誰後，鄭良樹的出於荀卿之後的說法非常勉強。再者，就像陳啟天、全衛敏兩人所注意到的，本篇應該至少包含了申不害、慎到和商鞅三人的思想，故非常有可能是成於法、勢、術三家逐漸開始融合之時，而韓非子向來被學界視為法家的集大成者，故其成書應該在韓非前後。

由上述可知，《商君書》的成書情況十分複雜，它不是一時一人之作，應該是歷時性產物。具體而言，《商君書》中的《墾令》《境內》《農戰》這三篇都應該是商鞅所作。其中《墾令》篇可能是商鞅變法前夕，商鞅給秦孝公上的

〔註116〕陳啟天，《商鞅評傳》，第 133～134 頁。
〔註117〕鄭良樹，《商鞅及其學派》，第 123～126 頁。

對策，是《墾草令》產生的依據而非說明，故要比《農戰》《境內》篇早。《戰法》《立本》《兵守》《開塞》《君臣》《立法》六篇雖然找不到確鑿的證據，但也極有可能是商鞅所作。《更法》《去強》《說民》《弱民》《賞刑》《徠民》《慎法》《外內》這八篇大約成書在商鞅死後到秦昭王之間，為商鞅後學或當時崇尚商鞅學說的法家者流所作。其中《說民》《弱民》篇與《去強》篇有清晰的經傳關係。《算地》《錯法》《壹言》《靳令》《修權》《畫策》《禁使》《定分》這八篇應該是戰國末期至秦始皇統一天下前的作品，其中《定分》篇可能是《商君書》中最晚的作品。

第三節 《商君書》各篇標題的特點

《商君書》各篇的標題，大概可以分為兩大類：

一、題從文出。這類篇章題目的特點是，其標題能夠從原文的開頭一字不差地找到，或從文章的第一句話中選出具有代表性的兩個字而來作為標題。如《農戰》《去強》《錯法》《戰法》《靳令》《弱民》《賞刑》《境內》《君臣》《禁使》這 10 篇。雖然如此，它們在統領全篇的功能上也是有差異的。這 10 篇之中，似乎只有《農戰》這篇的標題是能夠總領文意，《錯法》《靳令》《賞刑》《君臣》《禁使》這五篇只是部分地概括文意，而《去強》《戰法》《說民》《弱民》《境內》這四篇的標題和文意只有較為微弱的聯繫，故後九篇則完全像是隨機選取的行為。但值得注意的是，《去強》《戰法》《境內》這三篇本來就是「雜論體」，主旨不好提煉，而《說民》《弱民》篇學界多認為是《去強》篇的傳，情況也與之類似。

二、由文章的內容概括而來。除上面提到的篇章外，剩下的《更法》《墾令》《算地》《開塞》《壹言》《立本》《兵守》《修權》《徠民》《畫策》《外內》《慎法》《定分》《立法》諸篇都應該是如此。但需要注意的是，這些題目對文意的概括也未必準確，如《墾令》《算地》《兵守》這三篇。《墾令》篇所講的也不是令，而是令產生的依據；《算地》篇對地的劃分等僅是開篇數段，其絕大部分內容在於如何利用人性的弱點等；《兵守》篇雖然有一半左右的篇幅是講「守」的問題，但後面一半是對「三軍」的解釋，故它們對文意的概括也不全面。

所以，就《商君書》標題所展示的情況而言，其標準也不盡一致。而如果

結合上文對各篇的成書和作者的考證情況來看，篇題與文意的對應與否，似乎和它的作者和成書時間沒有必然的聯繫，商鞅所作的未必就文意對題，不是商鞅所作的也未必文不對題。那麼這些標題是從何而來的呢？有些可能是原來就有，而有些可能是後來的編者所加。其標題的複雜無章，或許也一定程度上說明了《商君書》產生過程的歷時性和複雜性。

第四節　《商君書》的成書時間和編者

先秦古書大多都不是一人一時所作，其往往是先有篇，後有書。從上文對《商君書》中各篇的作者和成書時間的考證情況來看，《商君書》也應該如此。那麼，《商君書》大概在什麼時候成書？它又是由誰輯錄成書的呢？對於第一個問題，劉汝霖認為應該成書於公元前 260 至前 251 年之間。〔註 118〕其主要依據是《徠民》篇明確提到了公元前 260 年的長平之戰，這是目前從《商君書》中發現的最為直接和有力的時間線索，假設其他晚出的篇章判斷錯誤，此篇也極少可能出錯，故它的成書最早也不能早於此，這也是成書的上限。容肇祖認為《商君書》「自首末二篇為後來加入外，大體約成於秦昭王晚年之時」。（說見上文）羅根澤則認為應該成書於公元前 260 年至公元前 233 年。〔註 119〕據《史記·秦始皇本紀》載，韓非就死於公元前 233 年。《韓非子·五蠹》中謂：「藏管、商之法者家有之。」羅根澤應該將這裡的「管、商之法」理解為管、商之書，故將其斷定為成書的下限。另外，劉汝霖、容肇祖、鄭良樹還根據《定分》篇言及丞相、御史、時等將其推斷為秦始皇統一後的作品（說見上文），黃雲眉、陳啟天等還認為《商君書》中混入了漢人的成分。〔註 120〕海外學者方面，H. Maspero 認為《商君書》可能成書於三世紀。但後來《商君書》的原本缺佚了，現在的《商君書》可能是六朝人編造。〔註 121〕J.J.-L.DUYVENDAK 對此表示認同。〔註 122〕臺灣馮樹勳認為：「《商君書》在漢代初年有不少單篇的行本在學界中流行，但不一定在西漢初年已形成如今本之巨型結集；因為西漢學者群對『農戰』和『耕戰』兩詞的特定

〔註 118〕劉汝霖，《周秦諸子考》，文化學社，1929 年第 286～289 頁。

〔註 119〕羅根澤，《諸子考索》，北京：人民出版社，1958 年第 500～510 頁。

〔註 120〕黃雲眉，《古今偽書考補正》，濟南：山東人民出版社，1959 年第 151 頁。陳啟天，《商鞅評傳》，第 171～188 頁。

〔註 121〕H. Maspero. La Chine antique（1927），pp. 520～1.

〔註 122〕J.J.~L.DUYVENDAK. THE BOOK OF LORD SHANG（1928），p.86～87.

用法，與東漢初年的班固作對比，可以推測《商君書》的編成，當在東漢初年。」〔註123〕故其下限實在眾說紛紜，現在學界觀點比較一致的是，至遲到劉向校書時，《商君書》應該已經有了定本。

而對於它應該是何人所編的問題，學界也爭議頗多。傳統觀點一直認為它是商鞅所著，如《漢志》，但這種觀點已經越來越站不住腳了。《四庫全書總目提要》認為「殆法家者流掇鞅餘論以成是編」（說見上文）。清人還有一種觀點，認為「《商子》二十四篇，詞多重複，疑後人割裂以充篇數。」〔註124〕這種觀點未必正確，因為《商君書》中雖然有些句子重出，但絕大部分文風比較圓融，所以「割裂以充篇數」的說法恐不能成立。A.Ivanov 認為《商君書》是完好無損，沒有重要的重複和溢入。〔註125〕Dr. A. Forke 則認為《商君書》並非商鞅所作，這其中的一部分可能是他的言論，帶有「臣」字的篇章可能是他的條上之文，另外一些則是後人的溢入。它可能是商鞅的忠實信徒們在他死後搜集而成的。〔註126〕陳啟天則認為此書乃劉向所編。蔣伯潛則謂：「《商君書》，亦猶《管子》《晏子》，為後人所輯集，非鞅自著。」〔註127〕高亨、鄭良樹等人也持類似的觀點（說見上文）。郭沫若懷疑是韓非的門人偽作此書（說見上文）。張舜徽認為《商君書》「其初本有遺文傳世，至六國時，又有人拾掇餘論以補充之」（說見上文）。張覺則認為劉向並未留下校《商君書》的敘錄，故《商君書》可能在劉向之前即保存完好，無需劉向校訂。但是劉向的敘錄並未完整流傳下來，我們根本不知道有沒有《商君書》的敘錄，故他此點不足為據。接著，他又注意到了古代弟子編自己老師的書時，往往改其師為「子」，而現傳本《更法》《定分》篇都將其稱為「公孫鞅」，故此書不可能是商鞅的弟子或再傳弟子們所編。他認為，此書當為秦國主管圖書檔案的御史所編，所以才會把檔案性質的《更法》排在第一篇。〔註128〕張林祥對張覺的說法提出異議，其認為檔案應該是實錄，《更法》篇不似實錄，故不能認為是御史所編，而且商鞅的「弟子」，不能和儒家的弟子相提並論，故《商

〔註123〕馮樹勳，《從商君書輯定年代看古籍整理的幾項要素》，《書目季刊》，第 38 卷第 3 期。

〔註124〕《商子五卷》（清道光間金山錢氏依《借月山房記抄》刊版），《子藏・法家部・商君書卷》（第 3 冊），北京：國家圖書館出版社，2015 年第 127 頁。

〔註125〕A. Ivanov. Materialy po kitajskoj, filosofii, vvedenie škola fa（1912），p. XV.

〔註126〕Dr. A. Forke. Geschichte der alten Chinesischen Philosophie（1927），p. 454.

〔註127〕蔣伯潛，《諸子通考》，杭州：浙江古籍出版社，1985 年第 494 頁。

〔註128〕張覺，《商君書雜考糾繆》，《古籍整理研究學刊》，1994 年 9 月。

君書》依然可能是商鞅的後學所編。其在戰國時期即有本子在流行，到劉向時方有定本。〔註129〕

　　由上可知，目前學界對這兩個問題所能達成的共識是，《商君書》不是商鞅自著，是後人所編。但對於是何人所編的問題，則有韓非門人、法家者流、商鞅後學、秦國御史這四種說法；而對於是何時所編的問題，則有戰國、秦朝、東漢和六朝這四種說法。那麼，到底是何人何時所編的呢？筆者認為極有可能是秦始皇統一六國後開始推行「書同文，車同軌」時官方主導下所編。

　　第一，司馬遷在《史記‧秦本紀》中論述商鞅變法時謂「其事在商君語中」〔註130〕，這裡的「商君」二字固然有可能指商鞅本人而非指書，但通觀全文，指人的用法與《秦本紀》的行文風格不符。《秦本紀》在論述商鞅變法時「商君」二字只使用了兩次，除了在這裡用了一次外，後面介紹他的封號時又用了一次，說他「號商君」，其餘提到商鞅時一律作「衛鞅」或「鞅」。結合後來《漢志》謂「《商君》二十九篇」，可知西漢時《商君書》被稱為「商君」，故《本紀》中的「商君」應是指書無疑。故可以推定的是，司馬遷之前，《商君》一書已經存在，東漢、六朝的說法不成立。又司馬遷在《商君列傳》中說他曾讀《開塞》《耕戰》書，考之今本《商君書》，即有《農戰》《開塞》兩篇，但「耕戰」與「農戰」雖然詞意相近，用字卻有別。故司馬遷所見，未必就是後來的《商君書》，《商君書》此時可能尚未有固定的版本。而對《商君書》完整著錄者最早見於《漢志》，《漢志》是在劉向等人所編的《別錄》的基礎上刪補而來的，劉向等人曾對當時的書籍進行過大規模的整理，現傳書籍的許多篇章目錄都是由他們刪訂增補而來的，故《商君書》可能直到劉向時才有固定的版本。

　　第二，由上文中對全書各篇的考證可知，《商君書》其實一直處於不斷發展的過程。《去強》篇和《說民》《弱民》篇存在的經傳關係清楚表明此書形成過程的歷時性。而且，為什麼只有《去強》篇有傳，而其他篇章沒有呢？難道是因為《去強》篇的思想特別深奧和特別精闢嗎？可能並非如此，很大可能是由於商鞅及其後學的著作一直在單篇流傳，其所見者獨有此篇，故對其作傳。而且鄭良樹已經指出，目前《去強》篇末所不見於《說民》《弱民》的部分，

〔註129〕　張林祥，《〈商君書〉的成書與命名考辨》，《古籍整理研究學刊》，2007 年 3 月。
〔註130〕　《史記》（一），第 275 頁。

很可能是在秦始皇時期溢入的，故其文本可能一直處於變化發展之中。當然，這只是就單篇的情況而言。除此之外，《商君書》中的許多篇章學界目前多認為其成書較晚，像《算地》《徠民》《定分》等篇，應該成書比《說民》《弱民》篇更晚。這就說明在時間上，《商君書》也具有多層次性。最原始的應該是商鞅的作品，其次是《去強》中有傳的部分等，再到《說民》《弱民》等，再到《算地》《徠民》等，最後到《定分》。到《定分》篇，應該已經到了秦始皇時期。在這個過程中，有些作品或許會受到法家者流的關注和收集，但誰有這個能力將其編定為一個大家都願意接受的版本呢？戰國時期，各家學說彼此攻訐，人人自謂握靈蛇之珠，家家自謂抱荊山之玉，即使學派的內部，也是分歧不斷。這樣的情況下，除非像《論語》那樣，只收與開宗立派者有關的言論，後學者如子思、孟子、荀子等自立門戶、各自著述，否則很難讓大家信服和將其奉為教材。故其成書於戰國時期的可能性也是微乎其微。

　　第三，至於是何人編成的問題，筆者認為高華平先生在論述《老子》一書的成書時一段話頗具啟發性，其謂：「到《韓非子》引《老子》時代為止，……《老子》文本似一直處於一個不斷被添加的過程。這也說明，在文獻的『抄寫時代』，以任何個人之力都是難以形成真正意義的《老子》『定本』的。要形成一個全國統一的《老子》『定本』，必須借助國家意志，以法定的形式推行。」〔註131〕縱觀《商君書》的成書情況，也應該和《老子》類似。而且張覺已經指出，《商君書》中並沒有將商鞅稱為「商子」，故《商君書》的編定，不似是商鞅後學所為。而商鞅後學之外其他的法家學派，似乎也沒有這個必要去編一本和自己師承無關的《商君書》。故《商君書》的編定很可能是秦始皇統一中國後的官方所為。史書記載，秦始皇統一中國後，曾頒布法令來推動全國實現「書同文，車同軌」，而且當時的秦朝，十分推崇法家思想，主張「以法為學，以吏為師」「別白黑而定一尊」，對其他學說大為貶斥。有學者認為，秦朝建立後曾一度嘗試構建新的歷史敘事模式，這在秦始皇石刻中體現得非常明顯。以上這些都需要有引以為據的思想資源，而商鞅作為法家學說的重要開創者和實踐者，也正是法家的商鞅才使秦國變得日益強大，最後統一了中國，這樣一位偉大的歷史功臣，他的學說和思想很難不進入秦朝當局的視野。而且，《商君》而非《商子》，用具有行政性的官爵而非學術

〔註131〕高華平，《先秦〈老子〉文本的演變──由〈韓非子〉等戰國著作中的〈老子〉引文來考察》，《中州學刊》，2019年10月。

性的「子」作為書名，或也說明它應該是官修之書。故，綜上所述，秦朝的官方是最有可能編定了《商君》一書。

小　結

　　《商君書》的成書情況十分複雜，不是一時一人之作，而是歷時性的產物。具體而言，《商君書》中的《墾令》《境內》《農戰》《戰法》《立本》《兵守》《開塞》《君臣》《立法》這九篇都應該是商鞅所作。其中《墾令》篇是商鞅變法前夕，商鞅給秦孝公上的對策，是《墾草令》產生的依據而非說明，要比《農戰》《境內》篇早。《更法》《去強》《說民》《弱民》《賞刑》《徠民》《慎法》《外內》這八篇大約成書在商鞅死後到秦昭王之間，為商鞅後學或當時崇尚商鞅學說的法家者流所作。其中《去強》篇可能經過長期的累積而成的，《說民》《弱民》篇與《去強》篇有清晰的經傳關係。《算地》《錯法》《壹言》《靳令》《修權》《畫策》《禁使》《定分》這八篇應該是戰國末期至秦始皇統一天下前的作品，其中《定分》篇是《商君書》中最晚的作品。而且，它各篇標題的命名標準及其代表的意義也不一致。而對於何人將它結集成書的問題，它顯然不會是商鞅自著，最有可能是秦始皇統一六國後開始推行「書同文，車同軌」時官方主導下所編。

　　　　本章內容曾在《管子學刊》2021 年第一期上發表，有刪改。

第三章 《商君書》的流傳變化
及其版本源流考

　　《商君書》作為先秦時期的重要典籍之一，本應該和其他各類先秦的典籍一樣得到學界的重視，但是由於各種原因，漢代以後直到清朝之前，學界對《商君書》的研究一直相對較少，以致此書的許多基本問題都還沒有得到很好的釐清。一些學者如張覺〔註1〕等人雖然對它在歷朝歷代的流傳作過梳理，但對於《漢志》法家類《商君》與兵權謀家《公孫鞅》之間的關係，《商君書》的成書、篇數的變動、開始亡佚的時間等問題，現代學界少有詳細的探討，因此這些基本的問題還存在較大疑問。筆者為此查閱了大量的相關資料，並試作梳理如下。

第一節　《商君書》的歷代著錄情況

　　對《商君書》的記載和徵引，最早見於《韓非子》。《韓非子・五蠹》：「今境內之民皆言治，藏商、管之法者家有之。」《韓非子・內儲說上》謂：「公孫鞅曰：『刑重其輕者，輕者不至，重者不來，是謂以刑去刑。』」〔註2〕此句見於今本《商君書・靳令》。

　　到了漢代，《淮南子》曾提到過《商君書》中《啟塞》篇，所謂「啟」者，與「開」字同〔註3〕。司馬遷在《史記・秦本紀》中提到過《商君》一

〔註1〕 張覺，《前言》，載方勇編《子藏・法家部・商君書卷》（第一冊），北京：國家圖書館出版社，2015 年版第 1～13 頁。
〔註2〕 （清）王先慎，《韓非子集解》，北京：中華書局，1998 年版第 451、225 頁。
〔註3〕 何寧，《淮南子集釋》（卷二十），北京：中華書局，1998 年版第 1424 頁。

書〔註4〕，《商君列傳》中對《商君書》的內容也多有化用，其在末尾云：「余嘗讀商君《開塞》《耕戰》書，與其人行事相類。」〔註5〕劉向在《新序》中對商鞅的事蹟多有論及，在《善謀》篇中更有對《更法》篇的大幅引用。〔註6〕《漢書·藝文志》法家類：「《商君》二十九篇。」班固注云：「名鞅，姬姓，衛後也。相秦孝公，有列傳。」又兵權謀家類：「《公孫鞅》二十七篇。」另外，《漢志》農家類中載「《神農》二十篇。」顏師古注曰：「劉向《別錄》云，疑李悝及商君所說。」〔註7〕由此可見，漢時商君學說實廣泛涉及法、兵、農諸領域，漢後的著錄主要見於法家一類。

魏晉南北朝時期，由於目錄學著作多已失傳，所以今天能見到有關《商君書》的著錄比較少。《三國志·蜀書·先主傳》裴松之引《諸葛亮集》謂劉備在遺詔中叮囑劉禪云：「閑暇歷觀諸子及《六韜》《商君書》，益人意智。」〔註8〕將《商君書》和諸子及兵書《六韜》並列。魏時鄭默著《中經》，後晉人荀勗因之而作《中經新薄》，將《漢志》中的「七分法」變為「四分法」，並將《漢志》中諸子、兵書、術數等並為乙部，又將諸子分為「古諸子」和「近世諸子」兩類，故此時《商君書》被收錄，應該是被列入乙部，至於是被列入乙部中的「古諸子」還是「兵書」類，還是兩者都有，由於文獻缺失不得而知。《晉書·庾峻列傳》：「唯有處士之名而無爵列於朝者，《商君》謂之六蝨。」〔註9〕可見時人或對《商君書》較為熟悉。劉宋時王儉撰有《七志》，其體例仿《漢志》，設有「諸子志」和「軍兵志」等七類，漢時商鞅著作分屬法家類和兵權謀家類，由於文獻失傳，不知王氏是否收錄或將其歸屬何類。梁時阮孝緒又撰有《七錄》，復將諸子與兵書合為「子兵」一類，故若此時《商君書》被阮氏收錄，其應入列「子兵」一類。又梁庾仲容《子抄》法家類：「《商子》五卷。」〔註10〕由上述可知，雖然此時能見到對《商君書》

〔註4〕（西漢）司馬遷，《史記》（卷一），北京：中華書局，2014年版第275頁。

〔註5〕（西漢）司馬遷，《史記》（卷七），北京：中華書局，2014年版第2718頁。

〔註6〕（西漢）劉向，《新序》，北京：中華書局，1985年版第141～143頁。

〔註7〕以上諸條詳情參見張舜徽：《漢書藝文志通釋》，武漢：湖北教育出版社，1990年版第160、236、190頁。

〔註8〕（晉）陳壽，《三國志》，《百納本二十四史》（第4冊），臺北：臺灣商務印書館，2014年版第444頁。

〔註9〕（唐）房玄齡，《晉書》，《百納本二十四史》（第5冊），臺北：臺灣商務印書館，2014年版第367頁。

〔註10〕（唐）高似孫，《子略》，北京：中華書局，1985年版第61頁。

的著錄較少，但是也一直有流傳。

隋唐時期，《隋書‧經籍志》法家類謂：「《商君書》五卷。秦相衛鞅撰。」〔註11〕其書名沿用《三國志》中裴松之注的記載，卷數則和《子抄》相同，但也只有卷數而並未言及篇數，因此五卷本《商君書》到底有多少篇仍然是疑問。另外，《群書治要》中輯錄了《六法》《修權》《定分》三篇，並謂其來自《商君子》〔註12〕。而大概介於《隋志》和《唐志》之間的《日本國見在書目》謂：「《商君書》三卷。」〔註13〕可見，《商君書》大概在唐朝時已經流傳到了海外，並且在卷數上和《子抄》《隋志》的五卷本有差異。無獨有偶，馬總《意林》謂：「《商君書》四卷。」〔註14〕並對《商君書》的內容有所摘引，其卷數亦不同於《子抄》和《隋志》，可見「五卷」並非隋唐時固定卷數。此外，《北堂書鈔》《藝文類聚》《文選注》《長短經》等都有對《商君書》的徵引，且均謂來自「商君書」，可見隋唐時《商君書》主要以「商君書」一名行世。五代劉昫《舊唐書》謂：「《商子》五卷，商鞅撰。」〔註15〕又將《商君書》稱為「商子」，五代以後，《商君書》則主要以「商子」一名行世。

宋時，歐陽修所編的《新唐書》謂：「《商君書》五卷。」注云：「商鞅，或作《商子》。」〔註16〕《崇文總目》：「《商子》五卷。商鞅撰。」〔註17〕《中興館閣書目輯考》：「《商子》五卷，戰國時公孫鞅撰……今是書具存共二十六篇，本二十九篇，今三篇亡。」〔註18〕《藝芸書舍本郡齋讀書志》：「《商子》五卷，右秦公孫鞅撰。……鞅封於商，故以名其書，本二十九篇，今亡

〔註11〕（唐）魏徵，《隋書》，《百衲本二十四史》（第 13 冊），臺灣商務印書館，2014年版第 461 頁。

〔註12〕（唐）魏徵，《群書治要》，《宛委別藏叢書》（第 76 冊），臺灣商務印書館，1981 年版第 1846～1853 頁。

〔註13〕孫猛，《日本國見在書目詳考》（中），上海古籍出版社，2015 年版第 1086頁。

〔註14〕（唐）馬總，《意林》（卷四），北京：中華書局，1991 年版第 86 頁。

〔註15〕（五代）劉昫等，《舊唐書》，《百衲本二十四史》（第 16 冊），臺灣商務印書館，2014 年版第 554 頁。

〔註16〕（宋）歐陽修等，《新唐書》，《百衲本二十四史》（第 17 冊），臺灣商務印書館，2014 年版第 409 頁。

〔註17〕（宋）王堯臣等撰，錢東垣等輯釋，《崇文總目》（卷三），《宋元明清書目題跋叢刊》（一），中華書局，2006 年版第 85 頁。

〔註18〕（宋）陳騤等，趙士煒輯考，《中興館閣書目輯考》（卷四），《宋元明清書目題跋叢刊》（一），中華書局，2006 年版第 420 頁。

者三篇。」〔註19〕《直齋書錄解題》:「《商子》五卷,秦相衛公孫鞅撰,或稱商君者,其封邑也。《漢志》二十九篇,今二十六篇,又亡其一。」〔註20〕由上可知,宋時《商君書》主要被稱為「商子」,且篇數已由《漢志》法家類的二十九篇減少到了二十六篇,《直齋書錄解題》謂南宋時又佚一篇,故宋末時實僅存二十五篇而已。《遂初堂書目》:「《商子》。」〔註21〕未標卷數作者,並將其歸入雜家類,不知何據。另《黃氏日鈔》:「《商子》者,公孫鞅之書也。始於《墾》章,督民耕戰,其文煩碎不可以句,至今開卷於千載之下,猶為心目紊亂,況當時身披其禍者乎!」〔註22〕今本《商君書》以《更法》為第一章,《墾令》為第二章,黃氏所稱其始於《墾》章,不知其所據何本。除了以上著作之外,《太平御覽》《文苑英華》《冊府元龜》《古今考》《事類備要》《玉海》等眾多類書也多有對《商君書》進行徵引。

金元時期,元脫脫《宋史·藝文志》謂:「《商子》五卷。衛公孫鞅撰。」〔註23〕馬端臨《文獻通考》:「《商子》五卷。」〔註24〕此外,元時《韻府群玉》等對《商君書》亦有較多的徵引。

明時,《文淵閣書目》謂:「《商子》,一部一冊,闕。」〔註25〕《秘閣書目》:「《商子》一。」〔註26〕《萬卷堂書目》官制類:「《商子》一冊。」〔註27〕《晁氏寶文堂書目》:「《商子》。」〔註28〕《脈望館書目》:「《商子》一本,又四

〔註19〕 (宋)晁公武,姚應績編,《藝芸書舍本郡齋讀書志》(卷一一),《宋元明清書目題跋叢刊》(二),中華書局,2006年版第342頁。

〔註20〕 (宋)陳振孫,《直齋書錄解題》(卷一〇),《宋元明清書目題跋叢刊》(一),中華書局,2006年版第664頁。

〔註21〕 (宋)尤袤,《遂初堂書目》,《宋元明清書目題跋叢刊》(一),中華書局2006年版,第488頁。

〔註22〕 (宋)黃震,《黃氏日抄》(卷五十五),《文津閣四庫全書·子部·儒家類》,商務印書館,2005年版第426頁。

〔註23〕 (元)脫脫等,《宋史》,《百納本二十四史》(第20冊),臺灣商務印書館2014年版,第2413頁。

〔註24〕 (元)馬端臨,《文獻通考》(經籍考三九),《宋元明清書目題跋叢刊》(三),北京:中華書局,2006年版第247頁。

〔註25〕 (明)楊士奇等,《文淵閣書目》(卷七),《宋元明清書目題跋叢刊》(四),北京:中華書局,2006年版第67頁。

〔註26〕 (明)錢溥錄,《秘閣書目》,《宋元明清書目題跋叢刊》(四),北京:中華書局,2006年版第223頁。

〔註27〕 (明)朱睦㮮,《萬卷堂書目》(卷二),《宋元明清書目題跋叢刊》(四),北京:中華書局,2006年版第288頁。

〔註28〕 (明)晁瑮,《晁氏寶文堂書目》(上),《宋元明清書目題跋叢刊》(四),北京:

本。」〔註29〕《世善堂藏書目錄》:「《商子》五卷。」〔註30〕《玄賞齋書目》:
「《商子》。」〔註31〕《澹生堂藏書目》:「《商子》一冊,五卷。范氏叢書本,
漢魏叢書本、廿子全書本。」〔註32〕《徐氏家藏書目》:「《商子》五卷,軼。」
〔註33〕《笠澤堂書目》:「《商子》一冊。」〔註34〕《國史經籍志》:「《商君書》
五卷,漢十九篇,今亡三篇。」〔註35〕(筆者按,《漢志》法家類《商君》二
十九篇,此處「十九」當為「二十九」,脫漏一個「二」字。)縱觀明人的著
錄情況,主要有以下幾個特點:一,有些著作不錄作者、卷數、篇數,只是列
個書名而已;而有些雖列冊數,但篇數、作者都無,且以一冊本居多。二,在
歸類上出現了新的現象,《萬卷堂書目》把《商君書》列入「官制」類,這在
歷史上還是首次。三,《澹生堂藏書目》出現了版本的記載,這在所見資料上
也屬首次。另外,《諸子辨》:「《商子》五卷,秦公孫鞅撰。……予家藏本二十
六篇,其第二十一篇亡。」〔註36〕《少室山房筆叢》:「二《商子》。一《商鞅》
二十九篇;一《商子逸書》亦號『商子』。」〔註37〕此處所謂的《商子逸書》
應是指《宋史·藝文志》中載的「商孝逸《商子新書》三卷」〔註38〕一書,而
不是在明代另外出現了一部關於商鞅學說的著作。此外《問奇類林》《山堂肆
考》《丹鉛總錄》等對《商君書》亦有徵引。

中華書局,2006 年版第 627 頁。

〔註29〕 (明)趙琦美,《脈望館書目》,《宋元明清書目題跋叢刊》(四),北京:中華
書局,2006 年版第 943 頁。

〔註30〕 (明)陳第,《世善堂藏書目錄》(卷上),《宋元明清書目題跋叢刊》(五),北
京:中華書局,2006 年版第 12 頁。

〔註31〕 (明)董其昌,《玄賞齋書目》(卷五),《宋元明清書目題跋叢刊》(五),北京:
中華書局,2006 年版第 93 頁。

〔註32〕 (明)祁承㸁,《澹生堂藏書目》(卷六),《宋元明清書目題跋叢刊》(五),北
京:中華書局,2006 年版第 203 頁。

〔註33〕 (明)徐㶿,《徐氏家藏書目》(卷三),《宋元明清書目題跋叢刊》(五),北京:
中華書局,2006 年版第 331 頁。

〔註34〕 (明)王道口,《笠澤堂書目》,《宋元明清書目題跋叢刊》(五),北京:中華
書局,2006 年版第 545 頁。

〔註35〕 (明)焦竑撰,《國史經籍志》(卷四下),《宋元明清書目題跋叢刊》(五),北
京:中華書局,2006 年版第 828 頁。

〔註36〕 (明)宋濂,《諸子辨》,北京:樸社出版社,1926 年版第 29 頁。

〔註37〕 (明)胡應麟,《少室山房筆叢》(卷三),《文津閣四庫全書·集部·別集類》,
北京:商務印書館,2005 年版第 522 頁。

〔註38〕 (元)脫脫等,《宋史》,《百納本二十四史》(第 20 冊),北京:臺灣商務印書
館,2014 年版第 2414 頁。

　　清時，《四庫提要》云：「《商子》五卷。兩江總督採進本。……陳振孫《書錄解題》云《漢志》二十九篇，今二十八篇，已亡其一。晁公武《讀書志》則云，本二十九篇，今亡者三篇。《讀書志》成於紹興二十一年，既云已闕三篇，《書錄解題》成於宋末乃反較晁本多二篇。」〔註39〕《皕宋樓藏書志》兵家類：「《商子》五卷，明天一閣刊本，秦商鞅撰；《商子》五卷，嚴可均手抄本，秦商鞅撰。」〔註40〕著錄了兩個版本，並將其歸之為兵家類。《善本書室藏書志》：「《商子》五卷，明刊本。秦商君公孫鞅著，明錢塘馮觀晉叔點評。《漢志》稱《商君》，《隋志》始稱《商子》，皆載二十九篇。今篇目二十有六，與晁氏《讀書志》合，而第二十六、二十一兩篇已有目無書。元刊外有范欽本、秦四麟本，此為吾鄉馮氏評本，前附《史記·商君傳》及嘉靖己未小海道人馮觀自序。天啟丙寅，觀之孫贊始序而刊行，觀有廉訪使者木印，其評點皆尚筆氣文法，而其間錯誤不能句讀者，或圈以隔之，豎以斥之，與乾隆時西吳嚴萬里枝本往往多合。」〔註41〕《鐵琴銅劍樓藏書目錄》與之類似：「《商子》五卷，舊抄本。《漢志》稱《商君》，《隋志》始稱《商子》，皆載有二十九篇。今篇目有二十六，與晁氏《讀書志》合，而第十六、二十一篇已有目無書。此邑人馮知十所錄，以宋本校過。（卷首有『彥淵』『馮知十讀書記』，二朱記。」〔註42〕《抱經樓藏書志》：「《商子》五卷，明天一閣刊本，顧王霖舊藏，秦商鞅撰。」〔註43〕《藝風藏書續記》：「《商子》一卷。」〔註44〕《鄭堂讀書記補逸》：「《商子》五卷，范氏二十種奇書本。……是今本較陳氏時又亡其一篇。而中間缺字甚多，以□代之，是書首末二篇，俱稱孝公問，公孫鞅答，使商君自著，安得在孝公後著書，及稱其諡，此必其徒所追述，而附合者所亦不免。故其間之事，有《史記》所不載云。」〔註45〕

〔註39〕　（清）永瑢等，《四庫全書總目》（卷101），中華書局，1960年版第848頁。

〔註40〕　（清）陸心源，《皕宋樓藏書志》（卷四二），《宋元明清書目題跋叢刊》（五），中華書局，2006年版第467頁。

〔註41〕　（清）丁丙，《善本書室藏書志》（卷一六），《宋元明清書目題跋叢刊》（九），中華書局，2006年版第580頁。

〔註42〕　（清）瞿鏞，《鐵琴銅劍樓藏書目錄》（卷一四），《宋元明清書目題跋叢刊》（十），中華書局，2006年版第205頁。

〔註43〕　（清）沈德壽，《抱經樓藏書志》（卷三四），《宋元明清書目題跋叢刊》（十二），中華書局，2006年版第235頁。

〔註44〕　（清）繆荃孫，《藝風藏書續記》（卷二），《宋元明清書目題跋叢刊》（十四），中華書局，2006年版第261頁。

〔註45〕　（清）周中孚，《鄭堂讀書記補逸》（卷二一），《宋元明清書目題跋叢刊》（十

《玉函山房藏書簿錄》:「《商子》五卷。……漢志二十九篇,宋佚其三,今有錄無書者又二篇。」〔註46〕由上可知,清人對《商君書》的作者、篇數和版本出處等情況考究得比較多,對文本的真偽、句讀情況等也多有關注,各種信息的記錄比較完整和詳細。就其卷數而言,除了「五卷」本外,還有「一卷」本,而篇數則在清時又亡一篇,故今僅餘二十四篇,現行本《商君書》就是承清人二十四篇而來。

第二節 《商君書》的刊抄情況

一、明 前

因為年代久遠,所以今天我們能見到明前刊刻的版本非常至少。目前所見最早的刊刻本是唐代《群書治要》所著錄的《商君子》本。現在所見的《治要》本,是 1919 年上海商務印書館《四部叢刊》影印的日本天明七年(1787)刊《群書治要》本(現傳各本《商君書》的具體情況皆參考方勇所編的《子藏·商君書》影印本,下同)。這個本子將《商君書》稱為「商君子」,無目錄,每篇有標題。正文用正楷大字排印,字跡清晰,稍顯綿密。每頁 9 行,每行 18 個字。這是我們所能見到的最早的《商君書》的節選本。另據清人嚴可均謂其曾見過一個元本:「元鐫本,始《更法》,止《定分》,為篇二十六,中間亡篇二:第十六、第二十一。實二十四篇,與今所行范欽本正同,後又得秦四麟本,頗能是正謬誤,最為善本,其篇次亦同。」〔註47〕但是這個元本後來應該又失傳了,故今天我們尚未見到相關書籍。

二、明

(一)全本的刊刻

《商君書》流傳下來的明刻本相對較多,約有 19 個版本,下面筆者將大致按照時間順序對此作逐一介紹。

五),北京:中華書局,2006 年版第 493 頁。

〔註46〕 (清)馬國翰,《玉函山房藏書簿錄》(卷一二),《宋元明清書目題跋叢刊》(十五),北京:中華書局,2006 年版第 271 頁。

〔註47〕 (清)孫冶讓錄,(清)孫星衍、(清)嚴可均、(清)錢雪枝批校,《商君書五卷》,方勇等編《子藏·法家部·商君書》(卷三),國家圖書館出版社,2015年版第 232～233 頁。

1. 清戈宙襄跋，明嘉靖間刊《范氏奇書》本

此本《商子》為五卷本，第十六篇《刑約》只存標題，第二十一篇題與文並亡。清戈宙相襄跋。無首頁、無目錄，每頁9行，每行18字。卷首以「商子卷第一」引起，接著有「四明范欽訂」。正文用正楷大字刊刻，稍顯綿密。版心標有書名、卷數、頁數和刻工名字。通過觀察可知，此本為胡秀文等人所刻。此外，此本正文中有幾個地方值得注意：

一是原文遺漏的地方。如果是遺漏的字數較少，一般用比正文小一倍的字在其遺漏處直接補出；如果遺漏得較多，則在篇尾進行說明和補全。如果是無法補全的，則用方框□在文中標出。

二是文中出現了大量的○符號。對此，張覺認為「這種○符號大概有兩種涵義：一是表示缺文，二是表示被刪除的衍文。」〔註48〕經筆者將其出現的地方和它本作詳細的對照，其意義當如張覺所說的表示闕文和衍文。

三是文中出現了多處藏印。按照出現的順序，由上而下：第一處是「無竟先生獨志堂物」之印。此處的「無竟先生」即張其鍠。張氏生於1877年，卒於1927年，字「子武」，號「無竟」，廣西桂林市人，清朝末年進士。第二處是「邢之襄印」和「南宮邢氏珍藏古本」印。這第一個印字跡清晰，辨認容易。第二個印的第二、三、六、七個字已經十分模糊，但第二個「宮」字還勉強可辨。故可知其印為「南宮*氏珍**本」，邢之襄剛好是南宮縣人，且第三個字和第一個印中的「邢」字甚似，結合其他殘文的形狀和印的位置等信息，可以推出其印文應為「南宮邢氏珍藏古本」，這兩枚印應同屬邢之襄所有。邢之襄（1880～1972）字贊廷，一作贊亭，一作詹亭。直隸南宮（今屬河北邢臺）西唐蘇村人，現代藏書家。第三處是「北京圖書館藏」印。這處印文清晰，不難辨認。第四處是「古潭州袁臥雪廬收藏」印。此印「潭州」二字，字跡模糊，已經十分難辨認。但根據可以辨認的文字可以推知這枚印應該是清朝大藏書家袁芳瑛之印。袁氏生於1814年，卒於1859年，清著名藏書家。第五處是「戈襄私印」和「小蓮」之印。這裡的「戈襄」和「小蓮」應該都是指戈宙襄。戈宙襄，生於1765年，卒於1827年，清藏書家，字小蓮，江蘇元和（今蘇州）人。第六處是「戈載印」和「順卿」之印。這兩處印應該都是戈載之印。戈載，生於1786年，卒於1856年，字順卿，一字瞍甫、孟博，號寶士，又號潤卿，雙紅詞客、山塘詞隱。吳縣（今江蘇蘇州）人。

〔註48〕張覺，《〈商君書〉明刻本考述》，《諸子學刊》，第七輯。

由以上六處印信的考究可知，此本的流佈歷程頗為清晰。此本在嘉靖年間刻就後，經過輾轉落到了藏書家戈宙襄之手，戈宙襄後傳於其子戈載，戈載後傳到袁芳瑛，袁芳瑛後傳到張其鍠，張其瑝後傳到邢之襄，最後應該由邢之襄轉贈於北京圖書館，因為邢之襄解放後曾任職於北京圖書館，並曾贈書於北京圖書館，故此本最後的私人收藏，應該就是邢之襄。

最後，此本的最後還有兩行戈宙襄所作的記，其云：「辛酉八月廿一日讀一過，錯落太多。有不能讀者，俟得善本校定再讀。戈襄記。」由此可知，此本也非明嘉靖年間的原本，而應該是經過戈宙襄校對過的本子。它雖然是以明嘉靖年間的本子為底本，但也應有戈氏補漏刪取的部分。文中大量出現的補漏和〇形符號就是明證。由上也可知，此本為精校的足本、古本，雖然注文稍少，但亦堪稱善本。

2. 明馮覲點評，明觀妙齋刊本

觀妙齋是明馮紹祖的室名。馮紹祖，字繩武，馮覲之孫，明萬曆間武林（杭州）人。此本的首頁如上圖所示，映入眼簾的首先是「商子」這個書名，書名的右上方標有「馮晉叔先生點評」，故不難知道這是馮覲點評本。左下方標有「觀妙齋藏板」。頁面上還布滿了各種印章。首頁之後便是馮覲所作的《點評商子序》，其文末的落款是「嘉靖己未重九日小海道人馮覲書於聊桂堂」，可知此本為嘉靖年間本。在《序》後是《商子目錄》，分五卷，共二十六篇，其中《刑約》第十六篇亡，二十一篇篇目與篇文皆亡。在《目錄》後是附錄的司馬遷所作的《史記·商君傳》。在《附錄》後再附有兩人的評語，其文為：

> 董份曰：「衛鞅非說以帝王之道，蓋先以迂闊人遠之事使秦王之心厭，以益堅其用伯之志。見伯之效速爾。」

> 楊慎曰：「敘商鞅變法，備載廷臣論難，與趙武靈王變胡服事同一書法。」〔註49〕

接著是此本的正文。此本的正文開始先標明卷數，接著在每一卷開始的時候都會標有「秦商君公孫鞅著　明錢塘馮覲晉叔點評　魯孫馮玉鳳愫全校閱」。每頁九行，每行二十個字，有句讀。篇題後和正文中時有注文，頁眉也有注文。文中有多種批點符號和標記。

〔註49〕（明）馮覲點評，《商子五卷》，方勇等編《子藏·法家部·商君書》（卷四），國家圖書館出版社，2015 年版第 506 頁。

關於此本還有幾個問題需要作詳細的解讀和說明。第一個問題是有關此本的印章的問題。按照由上而下，由右往左的原則。

第一個印章的第二和第四個字已經模糊，第一和第三個可以看出是「交」和「文」字。按照第二和第四個字形，結合藏書家的相關知識，筆者推測，應該是「交趾文庫」。此章應該是我國著名目錄學家、印刷史專家張秀民所有。張秀民，男，中國目錄學家、印刷史專家。譜名榮章，字滌瞻，浙江嵊州市嵊縣崇仁鎮人。第二個印章字跡較為清晰，上面刻有「武林馮衙鳩工精梓翻刻必究」。所謂「武林」者，乃「杭州」的別稱，「馮衙」是指馮家，「鳩工」意為「組織工人」，連起來就是「杭州馮家組織匠工進行精心刊刻，翻刻必究」。第三個印章字跡模糊，已不可考。第四個印章刻有「長嘯若懷人」，此句是出自南北朝顏延之所作的《阮步兵》一詩，至於這枚印章屬於誰則不得而知。第五個印章位於馮覲所作的《點評商子序》的標題之下，其印文為「北京圖書館藏」。第六、七個印位於馮覲《序》文的落款處，其印文為「馮覲之印」和「廉訪使者」，由於第七個印正好在第六個印的正下方，按照范氏奇書的本子，這兩個印應該同屬一個人，即馮覲。第八個印位於正文「商子卷第一」的最下方，字跡模糊，已不可考。第九個印位於卷末左上方，其刻文和第一個印一樣，都作「交趾文庫」，且其「庫」字字跡較為清晰，可以和第一個印互為印證。第十個印位於卷末左下方，其刻文和第五個印是一樣的。第十一個印位於第十個印的正下方，其印文模糊，已不可考。由上文對印章的解讀可知，此本為馮覲後人所刻，其刻地應該也在杭州，後落到了張秀民手中，最後藏於北京圖書館。

第二個問題是文中符號的類型、布局與意義。第一種符號是黑色下劃線，大概有兩種用法：一是在人名和稱謂下加豎形的黑色下劃線，表示指人；二是在某句結束後加橫著的黑色下劃線，其具體意義則不得而知。第二種符號是「○」，大概有五種用法：一是用小寫的「○」來斷句，表示句讀；二是連續用小寫「○」來標記句子，其意義則不得而知；三是用大寫「○」來表示缺漏；四是用淺色小寫「○」來標記，其意義也不得而知，但其相對於文中的其他符號顯得像後出，應該不是原本所有；五是和其他符號雜用，其意義也不得而知。第三種符號是長柱形線條，大概有兩種用法：一是作為文中某些句子和詞語的標記，其具體意義不得而知；另一種是將它放在句子的結尾，用來引起注釋。第四種符號是較大型的頓號，分空心和實心兩種，有時單用，

有時和小寫「○」符號雜用，其具體意義已不得而知。

第三個問題是有關書中的注釋及其底本。此本的注釋共分為三種情況，一是位於天頭的釋文，此應為馮覲所作的評語；二是位於標題下面的注文，此處也應為馮覲所作；三是正文中的注文。第三種情況較為複雜，據張覺的研究，正文中的注文應該不是馮覲所作，而是馮覲點評前的底本就有了，應該是較早的注文。〔註50〕這其實是比較明顯的事，因為不僅張氏所注意到的陳深的《諸子品節》本如此，萬曆年間陸可教選的《新鐫商子玄言評苑》本、歸有光輯評的明天啟五年（1625）刊《諸子匯函》本也是如此。這四個版本的底本應該是同一本，也應該是明嘉靖前較為流行和權威的本子。最後，根據其文本的保存情況、校勘情況可知，此本是精校精刻的古本和足本，因此也應該是價值較大的善本。

在觀妙齋本之外，還有一個馮覲點評本流傳了下來。這本在《點評商子序》題目正下方和正文第一頁「商子卷第一」正下方，有一款「餘姚謝氏永耀樓藏書」的印，這方印是謝光甫之印。謝光甫，（？～1939）字永耀，出身世家，祖籍浙江餘姚泗門，居上海，民國時期銀行家、藏書家。在正文謝氏之印的正下方，有一方「石徑雲深」的印，其印所屬則不可知。正文後有馮覲後人馮贄的《讀商子後序》，序後有明末畫家孫枝的跋與印。

3. 明萬曆三十年（1602）綿眇閣刊《先秦諸子合編》本

對於綿眇閣這個室名及《先秦諸子合編》本的作者歸屬問題，學界還有爭議。高亨在《商君書注譯》中謂：「明馮夢楨本（即綿眇閣本，在馮氏所編《先秦諸子合編》中，刊於萬曆年間）。」〔註51〕張覺認為此處的「馮夢楨」應為「馮夢禎」，《先秦諸子合編》這套叢書也不是馮氏所編，而應該是李茹更所編。其主要理由是《明史》中沒有「馮夢楨」而只有「馮夢禎」，清人瞿鏞《鐵琴銅劍樓藏書目錄（卷十）·晏子春秋》討論明刊本時說：「此明李氏綿眇閣刻本。」故張覺認為此處所謂『李氏』，當指李茹更；而綿眇閣，當即李茹更的室名。因此，綿眇閣本為李茹更所編輯校刊當無疑義。」張氏對「馮夢禎」的考證，大概不難。而對於李氏所編綿眇閣《先秦諸子合編》本的問題，除了瞿氏的著作外，歷史上也有其他典籍對此有類似的提及，如清錢泰吉撰的《甘泉鄉人稿》（卷九），姚振宗《隋書經籍志考證》和《四

〔註50〕張覺，《〈商君書〉明刻本考述》，《諸子學刊》，第七輯。
〔註51〕高亨，《商君書注譯》，北京：中華書局，1974 年版第 5 頁。

庫全書總目》。

今觀此本在整體上缺佚較多，首頁也缺佚了，只存目錄和正文。目錄首頁的右上角印有「商子一部五卷二十六篇」。其中第十六篇為《刑約》，第二十一篇作《禦盜》。可見在明萬曆時，第二十一篇篇目還存在部分本子中。在目錄的結束頁左上角印有「商子總目」。目錄之後是《商子評語》，其主要內容是集《黃氏日抄》、揚用修與李茹更之語，有殘缺。據張覺的考證，此《評語》應為馮夢禎所作。其正文用中字楷書所刻，無注、無特殊符號，純是正文，每頁 10 行，每行 20 個字，稍顯綿密。

在此本中唯一能見到的藏印是「江安傅氏藏園鑒定書籍之記」，知此本曾流傳到著名藏書家傅增湘手中。傅增湘（1872～1949），字叔和，號沅叔，別署雙鑒樓主人、藏園居士等，四川宜賓江安人。工書，善文，精鑒賞，富收藏。以藏書為大宗，世所聞名。

4. 明刊《且且庵初箋十六子》本、明刊《諸子褒異》本與明刊《十二子》本

這三個本子的底本其實是同一版本，不同的是且且庵本多了明代方疑所作的箋。下面以且且庵本為準，對這三個版本略作介紹。此本的首頁已缺佚，在《目錄》前有幾行《序文》，其文曰：「《漢志》法家『《商君》二十九篇，姓公孫，名鞅，衛之庶孽也。使秦因景監以仕孝公，富強其國，封於商，故曰商君。』《隋志》：『《商君書》五卷。』《唐志》：『（《商君書》）五卷，或作《商子》。』《書目》：『《商子》五卷。』今是書俱存共二十六篇，本二十九，三篇亡。」在這段不長的文字中，也布滿了各種各樣的符號。《序文》之後便是此本的目錄，第十六篇《刑約》亡，二十一篇目與文並亡。在篇目的正上方，大部分篇章分別用兩個「○」形符號，一個「○」形符號，兩個「、」符號來標記，還有些許篇章沒有任何標記符號，其意義已不得而知了。篇目的下方，在每卷的截止篇目中標有具體的卷數。

在《序目》之後是此本的正文。用中字楷書刊刻，每頁九行，每行十九字，天頭部分是時人所作的評注，其作者已不可考，一些評注的字跡也已模糊，甚至不能卒讀。在文中有各種各樣的標記符號，如「○」，空心水滴狀符號，大小型「、」等，其中有些顏色非常淺淡，當為後出，其在文中多表示句讀，其他符號的意義則不得而知。正文缺漏的地方用大型「○」來填補。全書不分卷數、正文除了有個別塗改外，沒有注文。而且值得注意的是，《序

文》的符號系統和正文的符號系統似乎並不一致。比如《序文》中涉及到人
姓名和書名時，一般都會用黑色下劃線或空心長條來標記，但正文中沒有。
這也可能說明此本原來可能沒有《序文》，《序文》是後來評點的人所加。而
總觀此本的文本狀態，頁面繁密、符號繁多、字跡時有模糊，其價值當有所
減損。

5. 清人莫友芝跋並臨，楊峴錄、嚴可均校跋，明萬曆間程榮刊《漢魏叢本》

此本有目錄，分五卷，存目二十五篇，其中第二十一篇《禦盜》由清人嚴
可均補出。目錄後為正文第一頁，其右上角標有相應的卷數，接著在卷數和篇
目之間印有「秦衛人公孫鞅著；明新安程榮校」。每頁九行，每行二十字，文
中缺漏的地方一般用「○」符號來代替，有句讀，其頁面多有嚴可均手寫的校
語，按其字樣，似為嚴可均的藏本。在此本的末尾，錄有嚴可均、楊峴等人記
語。

嚴氏的記語：

> 右《商子》五卷，孫鳳卿所刊，其校據者明程榮本、鄭寀本、
> 吳勉學本、朱蔚然本、施氏先秦諸子本。凡五家，各取其長。余復
> 據元校本、明范欽本、葉林宗從秦四麟所藏舊刻勘正本、及魏徵《群
> 書治要》、馬總《意林》等書重加校定，補得《立法》一篇。又增刪
> 改正五百餘字。嘉慶十六年重五後一日嚴可均記。〔註52〕

楊峴的記語：

> 嚴鐵橋先生校《商子》五卷，問經堂本。□甫師愛是古書，欲
> 得之，謹倩人影寫手過校語，以報寫手不工，殊愧造次耳。道光己
> 酉冬十月，受業歸安楊峴謹識。〔註53〕

還有一段話不知為何人所作：

> 同治己巳中秋，呂亭明叟於吳門書右，以劉泖生郡丞傳錄楊見
> 山過本，於程本中傳過。〔註54〕

在藏印方面，按其出現的先後順序，第一個是在第一頁「子目錄」數字
的正下方，其印文為「友芝私印」，第二個印在第一個印的正下方，其印文

〔註52〕《商子五卷》，方勇等編《子藏‧法家部‧商君書》（卷一），北京：國家圖書館出版社2015年版，第496頁。
〔註53〕《商子五卷》，方勇等編《子藏‧法家部‧商君書》（卷一），第496頁。
〔註54〕《商子五卷》，方勇等編《子藏‧法家部‧商君書》（卷一），第496頁。

為「莫氏子偲」。這兩個印應該都是莫友芝所有。莫友芝（1811～1871）字子偲，自號邵亭，又號紫泉、眲叟，貴州獨山人。晚清金石學家、目錄版本學家、書法家，宋詩派重要成員。第三個印是「北京圖書館藏」印。第四個印在第三個印的正下方，其印文為「曾在周叔弢處」。周叔弢（1891～1984），男，中國古籍收藏家，文物鑒藏家。原名暹，字叔弢，以字為行。著名政治家、實業家、收藏家，安徽省建德縣（今東至縣）人。第五個印位於目錄後正文第一頁右上角「商子卷第一」正下方，其印文是「莫友芝圖書印」，相關人物介紹見上文。第六個印位於第五個印正下方，其印文為「莫彝孫印」。莫彝孫者，乃莫友芝之子。第七個印位於第六個印的正下方，其印文為「莫繩孫印」。莫繩孫者，乃莫友芝次子。莫友芝歿後，為其整理《宋元舊本書經眼錄》（一名《邵亭知見傳本書目》）。著有《宋元舊本書經眼錄題識》。由藏印可知，此本在成書後傳到了清人莫友芝手中，並至少被莫氏兩代人收藏，後又流傳到了著名收藏家周叔弢手中，建國後則由北京圖書館收藏。

6. 傅增湘校跋，明末馮知十抄本

此本為馮知十手抄及批校，無目錄，每頁十行，每行 20 字，版面整潔，偶有塗改，無注文及特殊標記、符號。末尾有藏書家傅增湘所作的跋，其文謂：「《商君書》自范氏奇書外，別無舊刻，則此書鈔為足貴矣。此本為馮知十所儲，其原當為近古，頃以程刻對堪一過，得異字數十，第其詞旨亦有不可通者，或展轉傳錄而致耳，竢北歸更考訂之。癸酉四月傅增湘校畢附記。」據此可知，文中途改部即是傅增湘所為。有關藏印方面，除了屬於馮知十本人的「彥淵」「馮知十讀書印」「馮知十讀書記」「知十印」這幾方印外，還有「北京圖書館藏」「北京」之印，其餘兩方已不能辨認。馮知十，明末藏書家、刻書家。字瞻淇，又字彥淵。生於萬曆年間，南直隸蘇州府常熟縣人。

7. 明黃之寀校、吳廣霈校並跋，明刊本

此本有目錄，分卷數，目錄列二十六篇，其中第十六篇篇目為「刑約」，第二十一篇目與文並亡。篇目後是吳廣霈的記文：「《漢書藝文志》錄《商君》二十九篇，《史記·正義》云：『《商君書》五卷。』《館閣書目》：『今是書具存共二十六篇，三篇亡。』劍今考此本目具二十六篇同，唯中一亡篇，失其目。更亡《刑約》一篇，則所亡止二篇也，豈三篇亡之說二字偽作三與？劍叟記。」目錄、記文之後是正文，卷數後會標明校者，其中第二卷標「新安吳勉學校」，其餘標「新安黃之寀」校，每頁九行，每行十八字，有句讀，

天頭有注文，按其字跡，似為吳廣霈所作，其在尾頁天頭處也有吳廣霈的記文「光緒三十二年秋九月重陽後十日，劍叟校訖記」可作佐證。正文的頁面多有模糊之處。

藏印方面，共有兩方，一方位於正文第一頁右下角，其印文為「北京圖書館藏」印；另一方位於目錄第一頁右下角，其印文為崔錫鼎印。崔錫鼎，朝鮮王朝肅宗（1674～1720 在位）時的文臣。字汝和，號明谷、存窩。詩號文貞。原籍全州。及第後歷任多種官職，做過八次領議政，著有《經世正韻圖說》。由此可知，此本或曾流落到朝鮮。

8. 明吳勉學校，明萬曆間刊《二十子全書》本

此本有目錄，分卷數，整體上字號較大，每頁九行，每行十八字。目錄後是正文，每卷的開始會印有「新安吳勉學校」，無注文、句讀和其他符號，版面較為整潔。吳勉學，明著名刻書家、藏書家。字肖愚，號師古，安徽歙縣平南鄉人。史稱其「博學多識，家富藏書」，一生致力於藏書和刊刻圖書事業。

此本有兩個藏印，一個位於目錄第一頁右下角，其印文為「上海圖書館藏」。第二個位於正文第一頁右下角，其印文為「積學齋徐乃昌藏書」。徐乃昌（1869～1943），字積餘，晚號隨庵老人，南陵工山湯村徐人，藏書印有「積學齋鎮庫」「南陵徐乃昌審定善本」「積餘秘笈識者寶之」「徐乃昌馬韻芬夫婦印」「十萬琳琅閣珍藏」「南陵徐乃昌刊誤鑒真記」等。

9. 明楊慎評，明顧起元注，明天啟間刊《合諸名家批點諸子全書》本

此本首頁的最右方標有「楊升庵，顧鄰初二先生評釋」，中間是大寫的書名「商子」，書名右下角標有「杭城段景亭發行」，左上角有「朝爽閣」的印文，整個首頁的左下方標有「朝爽閣藏板」。首頁過後是呂胤祠所作的《商子序》，《序》文用大字行草寫就，每頁 5 行，每行 11 字。《序文》後是《商子目錄》，共 26 篇、分上下兩卷，其中第十六篇只存目「刑約」，第二十一篇目與文俱亡。《目錄》後是此本的正文。正文第一頁的右上角標有「商子卷上」，接著兩行的下方標有「秦衛人公孫鞅著」和「明仁和朱蔚然訂」，但是在下卷開始的地方，其訂者變成了「明仁和朱錫綸訂」。正文每頁 9 行，每行 18 字。文中有句讀，分別用小型「○」和「、」符號來作標記，闕文用大型「○」符號來替代，文中還有其他不可解的符號。天頭部分有楊慎和顧起元的評點和注文。

另外，此本還有幾個藏印。第一個「上海圖書館藏」印分別位於《序》文

第一頁和正文第一頁。第二個「呂胤祕印」位於《序》文最後的落款處。在呂氏之印的正下方，有一款「丁楡」印。

10. 明陳仁錫評選《商子奇賞二卷》，明天啟六年（1626）刊《諸子奇賞》本

此本開篇先刊揚用修所作的《商子評語》，接著便是目錄頁，目錄頁首行標有「諸子奇賞卷之三十六至卷之三十七目次」。第二行是書名，書名後面有幾行小字寫成的解題。解題後是目錄，共兩卷二十二篇，先前版本中出現有目無文的第十六篇《刑約》和目文並亡的二十一篇皆省去。目錄後是正文首頁，每頁九行、每行 20 字，有句讀，天頭有陳仁錫的評語，文中有許多標記符號，行與行之間偶有注文，正文首行標有卷數，次行標有「古吳陳仁錫明卿父評選」，再後是書名、篇名和正文。後一卷與此類似。

（二）節本的刊刻

1. 明蓀園輯定，明萬曆三十九年（1611）刊《諸子十五種》本

此本無目錄，無注文，每頁九行，每行 21 字，共節選有《農戰》《去強》《算地》《外內》《畫策》《君臣》《禁使》等篇的內容，除《算地》《外內》《畫策》篇外，大部分內容較短。並有「天津圖書館藏」「天津市人民圖書館藏書之章」印。總體上價值不大。

2. 明陳深撰，明萬曆間刊《諸子品節》本

此本無目錄，首頁第一行標有「諸子品節卷之四十　內品」。那麼何謂「內品」呢？按照《諸子品節·凡例》謂：「一書分內品、外品、雜品。仿依《莊子》之內篇、外篇、雜篇而品名之。以便學者之按名求珍。無甚優劣。……學者觀於內品而知蘊藉之精深，外品知雄名之獨禪，雜品知珠聯玉屑之足矜也。」〔註55〕第二行標有「商君開塞耕戰書」，接著便是節選的篇目標題和正文。每頁九行，每行 20 頁。文中有注文、句讀和各種符號，天頭有陳深所作的點評。對於其中符號所表的意義，《諸子品節·凡例》裏也有相應的交待〔註56〕，在此不一一列舉。在內容上，共節選有《墾令》《農戰》《去強》《算地》《開塞》《錯法》《修權》《徠民》《賞刑》《畫策》《外內》《君

〔註55〕《四庫全書存目叢書·子部（第一二二冊）·諸子品節五十卷》，齊魯書社，1995 年版第 251 頁。

〔註56〕《四庫全書存目叢書·子部（第一二二冊）·諸子品節五十卷》，齊魯書社，1995 年版第 252 頁。

臣》《禁使》等篇。在藏印上，首頁有兩個藏印，其中一個字跡模糊，已不可考；另外一個為「復旦大學圖書館藏」印，可知其現在藏處。

3. 明陸可教選，明李廷機訂，明刊《新鐫諸子玄言評苑》本

此本雖標陸可教選，但學界疑為偽託。無首頁，版面略顯模糊，正文開篇時有「新鐫諸子玄言評苑卷之十三」，每頁十行，每行 20 字。正文有注文和各種標記符號，共節選了《墾令》《農戰》《去強》《算地》《開塞》《錯法》《修權》《徠民》《賞刑》《畫策》《外內》《君臣》《禁使》等文章，後附司馬遷的《商君傳》。天頭部分有多人的評點，具體名單如下：

> 錢福、陳後山、虞集、舒芬、樓昉、閔如霖、吳鼎、傅夏器、
> 楊道賓、林希元、黃鳳翔、袁了九、葉重第、鄒守益、王維禎、王
> 慎中、羅大經、馮叔吉、王世貞、高似孫、黃道開、王鏊、施仁、
> 唐順之、茅坤、田汝成、蘇濬、詹惟修、俞思學、汪道昆、劉鳳。

本來我們可以依據此本出現的人物評語來探討《商君書》在宋元明代的傳播，但是此本是坊間書商為牟利所刻，所列之評點，實不能考是否確有，其中多有錯漏模糊之處，如其謂陳後山曰：「整□二十段，無首無尾、無頭無腹，韓非亦有此格。」此條亦見於陳深撰的《諸子品節》本，但在陳本，其作為陳深的評語而非陳後山的評語，其剿襲《品節》而偽託名人的痕跡非常明顯。除此條外，還有後面舒芬等人的評語也是如此。另，在首頁有「遼寧省圖書館善本」的藏印，可知其藏處。

4. 明歸有光輯評，明文震孟參訂，明天啟五年（1625）刊《諸子匯函》本

此本應為偽託歸有光輯評本。無目錄，是節選本，共節選有《墾令》《農戰》《算地》《開塞》《徠民》數篇，每頁九行，每行 18 字。首頁右上角標有「商子」的書名，書名後是簡單的序，其文曰：「姓公孫，名鞅，衛庶孽也。使秦因景監以仕孝公，富強其國，封於商。著書二十九篇，名《商子》，太史公謂其刻薄少恩。又讀《開塞》書，謂與其行事相類。卒受惡名，信不誣也。」《序》文後是篇名，篇名後是正文，正文中有注文及各種符號，這些符號的用途按照《諸子匯函‧凡例》的說法，可以表示「入神處」「精妙處」「主張處」「會理處」「妙合處」「雄放處」「文采處」「通達處」「提綱處」「緊要處」「界域處」「結案處」「眼目處」「逗句處」「敘事處」「用字處」等十六

種功用，文本中出現的詳情可以參照《凡例》〔註57〕。在這些符號的間隙及行與行之間，也偶見有時人的點評。全文有句讀，天頭有明代多人的點評，篇後也有時人的評語，其文偶有和天頭點評重複之處。按其正文的注文及其符號的標記形式，其底本來源可能與馮覲點評本相同，由於其是節選本，故其文本的價值不大。此本真正值得重視之處，是其列舉了明代多個重要人物的評語，名單如下：

莊定山（莊昶）、汪南溟（汪道昆）、閔午塘（閔如霖）、林茂貞（林希元）、黃旨玄（黃道月）、王槐野（王維楨）、錢鶴灘（錢福）、（南宋）羅景綸（羅大經）、舒國裳（舒芬）、（南宋）樓迂齋（樓昉）、馮茹（汝）迪（馮叔吉）、楊升庵（楊慎）、宗方城（宗城）、陳魯南、鄒東廓（鄒守益）、王遵巖（王慎中）、李于鱗（李攀龍）、孫月峰（孫礦）、馮琢庵（馮琦）、張玄超（張之象）、洪實夫（洪英）、趙栗夫（趙寬）、陳子淵（陳深）、李見羅（李材）、姜鳳阿（姜寶）、胡百（柏）泉（胡松）、丁後溪（丁士美）、羅達夫（羅洪先）、王濬川（王廷相）、高子象、袁了凡（袁黃）、黃廷臣（黃諫）、陳五嶽（陳文燭）、虞伯生（虞集）、羅一峰（羅倫）、陸貞山（陸粲）、王鳳洲（王世貞）、（北宋）陳後山（陳師道）

上述名單括號部分的名字是從《諸子匯函》前面羅列的《諸子評林姓氏》補出。從名單的構成看，這些人都是當時社會各行各業的名家，有思想領域的，有文學領域的，也有地理學領域的等等。從人物生活的時代來看，除了大部分人物生活在明代外，也有像陳後山、羅大經、樓昉、虞集等這樣宋元時代的人物。本來我們可以根據這些人物的評語等情況來推見《商君書》在宋代的接受情況，但是對於《諸子匯函》這套叢書的可信度，學界向來有懷疑。《四庫提要》謂：

《諸子匯函》二十六卷（內府藏本）。舊本題明歸有光編。有光有《易經淵旨》，已著錄。是編以自周至明子書，每人採錄數條，多有本非子書而摘錄他書數語稱以子書者。且改易名目，詭怪不經。如屈原謂之玉虛子……皆荒唐鄙誕，莫可究詰，有光亦何至於是也？〔註58〕

〔註57〕《四庫全書存目叢書·子部（第一二六冊）·諸子匯函》，齊魯書社，1995 年版第 5～6 頁。

〔註58〕（清）永瑢等，《四庫全書總目·子部·雜家類存目》（卷 131），北京：中華書局，1960 年第 1121 頁。

王時潤謂：

> 今歲餘校此書，甫竟，又於湖南圖書館假得明陳仁錫《諸子奇賞》及歸有光《諸子匯函》兩書，復校一過。《奇賞》亦止二十四篇，始《更法》止《定分》，與崇文本大同小異，《匯函》則止錄《墾令》《農戰》《算地》《開塞》《徠民》五篇，於脫誤難曉之處，即行刪去，且偽造諸名家評語。歸氏疑不若是之陋，當是坊賈所為，嫁名歸氏者耳。然其中間有解釋不知是否舊注，今姑擇錄數條於《斠詮》中。〔註59〕

除了《提要》和王時潤以外，還有學者曾對此書中的《玉虛子》（即屈原的作品）進行辨偽，發現其 108 條評語中有 100 條是剽襲、黏合《屈子品節》《屈子品匯》和他書、偽託明朝賢達而來。〔註60〕由此可知《諸子匯函》所載的許多評語不足取信。具體到《商君書》而言，此本的評語也多有錯漏，人名如「胡柏泉」寫成了「胡百泉」，詞語如「關市」寫成了「開市」等，其中楊慎、陳深的評語也多不見於它本。故其所列之評語可信性極小。

5. 明王志遠輯，明萬曆四十四年（1616）刊《諸子合雅》本

此本無目錄、卷數、序文、篇目、注文，每頁九行，每行 17 字。正文首頁第一行右上角標有「商子」的標題，後有數句引太史公的話語，再後是正文。正文有句讀和各種標記符號，天頭也有各種標記符號，並題有「古品」「奇品」，全文僅三頁，篇幅不長，猶如語錄。

6. 明陳仁錫評選《商子》，明刊《子品金函》本

此本無目錄、卷數、序文，首頁有書名、解題，天頭有陳仁錫的評點，文中有各種標記符號，有句讀，每頁九行，每行 22 字。

三、清

1. 近人倫明錄，清嚴可均校《商子五卷》清嘉慶八年（1803）孫氏問經堂刊本

此本首錄孫星衍、馮翼同所作的《商子校本敘》，這個《敘》文事實上可以分為兩個部分，第一部分是校對說明，第二個部分才是正式的序文。由於其

〔註59〕王時潤，《商君書斠詮》，方勇等編《子藏・法家部・商君書》（卷七），北京：國家圖書館出版社 2015 年版，第 62 頁。

〔註60〕陳煒舜，《歸有光編〈玉虛子〉辨偽》，《漢學研究》，2006 年第 24 卷第 2 期。

校對說明對我們認識此版本的源流具有重要作用，故將其轉錄如下：

> 衛公孫鞅著書二十九篇，見漢《藝文志》，以秦相封於商，故稱
> 商君。《隋書·經籍志》為五卷，自《舊唐書·經籍志》稱為商子至
> 宋時《館閣書目》稱存二十六篇。晁氏、陳氏《書目》亦云今本五
> 卷、廿六篇，亡者《刑約》第十六，《禦盜》第二十一，然則第二十
> 七篇並亡其目也。以予所見，行世者有明程榮本、鄭宷本、吳勉學
> 本、朱蔚然本、施氏先秦諸子本，凡五家文字，互有脫落，惟朱本
> 改五卷為二卷，今取其長合校之，並採諸傳注、類書所引，證其舛
> 誤，仍為五卷。〔註61〕

《敘》後是正文，無目錄。首頁第二行標有「陽湖孫星衍　承德孫馮翼同
校」，每頁十二行，每行24個字，天頭、文中有注，有句讀。文後有三段記文，
也頗有學術價值：

> 1. 右《商子》五卷，孫鳳卿所刊，其據校者明程榮本，鄭宷本，
> 吳勉學本，朱蔚然本，施氏先秦諸子本，凡五家。各取其長，余復
> 據元板本，明范欽本，葉林宗從秦四麟所藏舊刻勘正本及魏徵《群
> 書治要》、馬總《意林》等書重加校定，補得《立法》一篇，又增刪
> 改正五百餘字。嘉慶十六年重五後一日嚴可均記。

> 2. 嚴鐵橋先生校《商子》五卷，問經堂本，碩甫師愛是古書，
> 欲得之，謹倩人影寫，手過校語以報，寫手不工，殊愧造次耳。道
> 光己酉冬十月受業歸安楊峴謹記。

> 3. 《商子》，《漢志》稱《商君》，《三國志》裴注載先主遺詔稱
> 《商君》（筆者按，《三國志》裴注實稱《商君書》）。嘉慶八年陽湖
> 孫星衍、承德孫馮翼同校刻《商子》序云……（此段文字見上文轉
> 錄部分及記文1），道光廿九年冬，奐屬歸安楊峴影寫，嚴鐵橋校本
> 過錄迄，贈以藏置三百堂架中，奐按：《漢書·藝文志·法家》：「《商
> 君》二十九篇。」隋唐《志》無少闕，至晁公武《郡齋讀書志》稱
> 存二十六篇，南宋初始亡其三，宋末陳振孫《書錄解題》又亡其一，
> 本朝《四庫簡明目錄》亡其二。《刑約》《禦盜》亡，存其目。則現
> 行世止二十有四篇耳。《治要》有《立法》一篇猶在。唐時孫乃云，

〔註61〕（清）倫明錄，（清）嚴可均校，《商子五卷》，方勇等編《子藏·法家部·商
　　　君書》（卷二），北京：國家圖書館出版社，2015年版第127～128頁。

第二十七篇並亡其目。則與宋存二十六篇之數不合,其考之未深矣。《藝文志‧兵家》又有《公孫鞅》二十七篇,王應麟考證並無說,當是別人。咸豐四年四月二十日門人管慶祺照錄於體經堂。〔註62〕

此外,此本還鈐有「國立北平圖書館收藏」印與「方溶益收藏珍秘善本」印。

2.《商子五卷》,清道光間金山錢氏依《借月山房匯抄》刊版重編增刊《指海》本

此本無目錄,開篇以《四庫全書提要》中的《商子提要》作為序文。每頁九行,每行 21 字,文中無句讀,但有道光十九年錢熙祚、錫之甫所作的校注,注文一般用○符號引起,版心有「守山閣」三字,這是錢熙祚所刻的叢書名。文後有錢熙祚所作的《商子跋》,較有學術價值,其文謂:

> 《商子》二十四篇,詞多重複,疑後人割裂以充篇數,然文義精深,非先秦人不能作,如《徠民》篇云:「地方百里者,山陵處十一,溪谷流水處十一,都邑蹊道處十一,惡田處十一,良田處十四。」可證《王制》:「山陵林麓川澤溝瀆城郭公室塗巷三分去一」之語。《弱民》篇云:「唐蔑死於垂沙、莊蹻發於內,楚分為五。」可證《戰國策》垂沙之事死者以千數。唐蔑即唐昧,秦齊漢魏敗楚於重邱,殺唐昧,事在楚懷王二十八年,而鮑、吳二氏並不能注,且列其文於威王時,疏謬甚矣。惜其書自宋以前,徵引寥寥,錯簡誤字無從是正,今姑就其可知者正之,以俟知者。《晉書‧庾峻傳》云:「有處士之名而無爵列於朝者,商君謂之六蝨,韓非謂之五蠹。」今撿《靳令》《弱民》二篇,並有六虱而無六蝨,豈蝨誤為虱耶?抑逸篇中別有《六蝨》之文耶?金山錢熙祚、錫之甫記。〔註63〕

此本還有兩個藏印,一個是「上海圖書館藏」印,另一個是「真州吳氏有福讀書堂藏書」印。這應該是著名藏書家吳引孫之印。吳引孫(1851～1921),字福茨,一字茨甫。江蘇儀徵人,祖籍安徽歙縣,十七歲時補諸生。吳引孫的祖父吳次山,喜愛讀書,書齋名為「有福讀書堂」,自署「有福讀書堂主人」。吳引孫的藏書印有「真州吳氏有福讀書堂藏書」、「測海樓珍藏」、

〔註62〕 以上三條見倫明錄,嚴可均校,《商子五卷》,方勇等編《子藏‧法家部‧商君書》(卷二),國家圖書館出版社,2015 年版第 608 頁。

〔註63〕 《商君書五卷》,方勇等編《子藏‧法家部‧商君書》(卷三),國家圖書館出版社,2015 年版第 232～233 頁。

「吳氏引孫藏書」等。

3.《商子五卷》，清光緒元年（1875）湖北崇文書局刊《子書百家》本

此本有封面，封面上印有書名，封面背後印有「光緒紀元夏月湖北崇文書局開雕」，封面後是《商子目錄》，目錄後是正文，每頁 12 行，每行 24 字，無句讀、注文、記跋、藏印等，版面稍顯綿密。

4. 清孫冶讓錄，孫星衍、嚴可均、錢雪枝批校《商君書五卷》清光緒二年（1876）浙江書局刊本

此本開卷之前便有一段記文：「《商子校本》，孫淵如、嚴鐵橋、錢雪枝，三家校本合勘定，中容記。」記的落款處鈐有「經微室」之印，中容是孫冶讓的字，因此此印應是孫冶讓所有。記文之後似乎才是封面，封面上印有書名，封面的背後印有「光緒三年浙江書局據西吳嚴氏本校刻」。封面之後是乾隆五十八年嚴萬里所作的《商君書新校正序》，《序》後是《商君書附考》，其主要內容是選取《史記》《漢書藝文志》《諸葛亮集》《隋書經籍志》《舊唐書經籍志》《新唐書藝文志》《通志藝文略》《郡齋讀書志》《周氏涉筆》《直齋書錄解題》《文獻通考》《宋史藝文志》中所載與《商君書》有關的內容。《附考》後是《商君書目錄》，共五卷二十六篇。目錄後是嚴可均所作的一段按語，其文曰：

> 案，《隋唐志》及唐代注釋家徵引，多作《商君書》，不曰《商子》，今復其舊稱。又其篇帙，《漢志》：「二十九篇。」《讀書志》：「今亡者三篇。」《書錄解題》：「今二十八篇又亡其一。」是宋本實二十六、二十七篇。余得元鐫本，始《更法》，止《定分》，為篇二十六，中間亡篇二：第十六、第二十一。實二十四篇，與今所行范欽本正同，後又得秦四麟本，頗能是正謬誤，最為善本，其篇次亦同。因以知宋無鐫本，或有之而流傳不廣，故元時已有所亡失也。舊本缺總目，範本有，今遂錄為一篇，冠諸篇首云，叔卿書。〔註64〕

按語之後是嚴可均輯錄的《立法》篇及對其輯錄的按語。之後便是此本的正文。每頁九行，每行 21 字。文中有注文，也有校對的筆跡，天頭、地腳也有注文，有句讀。卷首標有「西吳嚴萬里叔卿校本」，卷終標有「總校

〔註64〕 （清）孫冶讓錄，（清）孫星衍、嚴可均、錢雪枝批校《商君書五卷》，方勇等編《子藏・法家部・商君書》（卷三），北京：國家圖書館出版社，2015 年版第 232～233 頁。

余肇均　分校孫冶緼　孫瑛同校」。天頭、地腳注文的字跡不一、深淺不一，
當為孫星衍、錢雪枝和嚴可均三人的注文。

藏印方面，如上圖所示，在卷數和篇題後鈐有「瑞安孫仲容購讀六部群書
之印」。孫仲容即是孫冶讓。孫冶讓（1848～1908 年），字仲容，號籀膏（頤），
浙江瑞安人，清末著名經學家、文字學家、教育家和考據學大師。

5. 清嚴萬里撰，《商君書新校正五卷附考》手稿本

此本封面標有「商君書」的書名，書名下方標有「嚴鐵橋先生訂正繕寫
本」注文。封面之後是嚴萬里作的《商君書新校正序》，《序》後是《商君書
總目》，目錄後有嚴可均的按語，按語後是嚴可均作的《商君書附考》，《附
考》後是正文。每頁 12 行，每行 24 個字。每卷開始都標有「西吳嚴萬里叔
卿校」。

在印章方面，在封面注文落款處鈐有一個印章，因字跡模糊，已不能讀。
同樣無法讀的還有「商君書新校正序」這數字的正下方之印。《序》文後空白
頁鈐有「嚴可均之印」和「鐵橋」印。在「商子書總目」這數字的正下方，
鈐有小型人物圖像一幅，圖像下鈐有「久與青山為弟昆」之印，此印也不知
歸屬何人。《目錄》後空白處鈐有「歸安章綬銜字子伯印」，《附考》標題後鈐
有「荻溪章紫伯珍藏善本」，正文首行下方也鈐有「章綬銜印」和「庸笙」印，
文末的「讀騷如齋」「紫伯收藏」等這六個印應該都屬於章綬銜所有。章綬銜
（1804～1875），清書法家、藏書家。字紫伯，一作子伯，號辛復，別號爪鱸
外史，浙江歸安荻溪人。藏書印頗多，主要有「磨兜堅室」、「歸安章綬銜字
紫伯印」、「紫伯過眼」、「庸笙」、「讀騷如齋」、「翼詥堂章氏所得之書」、「苕
上章子百瀏覽所及」、「笛江」、「章氏子柏過目」、「荻溪章紫伯珍藏善本」等。
此外，正文首頁還鈐有「吳興劉氏嘉業堂藏書記」印。此印是近代著名藏書
家劉承幹所有，劉承幹（1881 年～1963 年），字貞一，號翰怡、求恕居士，
晚年自稱嘉業老人。文末鈐有「北京圖書館藏」印和「陸樹聲」印。

6. 其他版本

（1）佚名批校《商君書五卷》，清光緒二年（1876）浙江書局刊本

此本封面標有「光緒二年浙江書局翻刻西吳嚴氏校本，補拙軒藏，《商君
書》」，封面後是大寫書名的首頁，首頁背後標有刻書時間和底本。首頁後是嚴
可均所作的《序》，《序》後是目錄，目錄後是按語，按語後是正文，文中有句
讀和點校的痕跡。文末附有《商君書附考》。

（2）清光緒二十三年（1897）圖書集成局刊本《商君書五卷》

此本也是根據嚴可均校本的刻本，只是此本無注釋等內容。字體偏小，稍顯綿密。每頁 13 行，每行 40 字。文後有嚴可均所作的《商君書附考》，具體內容見上文介紹。

（3）佚名錄，清嚴可均校跋《商子五卷》清抄本

此本封面標有書名，書名後注明此本是「嚴鐵橋校問經堂本」。有孫星衍、馮冀同共作的《商子校本敘》，無目錄，文中、天頭皆有注文，第二、三頁天頭著錄有《立法》一篇。正文第一頁鈐有「上海圖書館藏」印。每頁 12 行，每行 24 字。

此外還有一些節選本、平議、札迻等，如俞樾的《商子平議》、孫詒讓的《商子札迻》、于鬯的《商君書校書一卷》等，因為文本價值有限，於此不作詳細介紹。

四、近現代

1. 王時潤撰，《商君書斠詮五卷》，1915 年宏文圖書社排印《聞雞軒叢書》本

此本有封面，封面上印有書名等信息。封面後是王時潤同鄉陳朝爵所作的《商君書斠詮序一》，其後是劉鼎和所作的《商君書斠詮序二》，《序二》後是王時潤所作的《商君書斠詮敘目》，其文曰：

> 《商子》一書，其大要在於嚴刑慎賞，以驅民於耕戰。蓋以法家而兼兵農者也。然自太史公以下，皆詆《商子》。故其學不顯，因之其書亦訛錯不可讀。近世校《商子》者，以西吳嚴氏（萬里）為最著，而德清俞氏（樾）《平議》、孫氏（詒讓）《札迻》次之。今以嚴本為主，以湖北崇文局本及俞氏《評議》、孫氏《札迻》校之，仍多不可通者，乃以己意訂正，取證群籍及本書。不敢為意必之詞，至蹈穿鑿之咎。書成題曰《商君書斠詮》者，正其訛誤。詮者，釋其奧賾也。惟此書訛舛相承，其來已久。前清經學大家自高郵王氏父子（念孫、引之）以次，及當代通人如長沙王氏（先謙）、湘潭王氏（闓運）、餘杭章氏（炳麟）、侯官嚴氏（復）、南海康氏（有為）、新會梁氏（啟超）之倫，皆苦此書難讀。即嚴、俞、孫三家所校釋，亦頗有以不誤為誤者，而崇文局本，雖多訛誤，然以

其未經校改，反可因之，以推求其所以致誤之由。余於斠詮中時一
及之，未暇具述也。又余家世寒素，藏書不多，於嚴氏所據之元刻
本、范欽本、秦四麟本及葉校本（嚴氏於《去強》《徠民》《賞刑》
諸篇引有葉校本三條，未詳其何許人也）、俞氏所據之鄭寀本、孫
星衍本、及施氏先秦諸子本。孫氏所據之錢熙祚本及傳錄、嚴可均
校本、余未能悉見，其敢自謂能讀商君之書乎？顧自丙午迄今，已
屆十年，雖期間或作或輟，不能無少中斷。然校讀不啻數十過，其
用心力於此書，亦可謂勤矣。古人有言，愚者千慮必有一得，竊附
斯。誼為治此書者，擁篲清塵焉。當亦倡古學復興之說者，所忻許
也。中華民國四年乙卯歲，孟夏月，乙巳朔，旬有四日、戊午長沙
王時潤啟湘甫譔。〔註65〕

《序言》後是目錄。目錄後是王時潤對目錄所作的按語。按語後是王時潤
所作的《斠詮雜綴》，裏面部分內容有一定的學術價值。此後是此本的卷首，
錄有嚴可均所作的《敘目》和附考。《附考》後面是王時潤所作的《商君書附
考補遺》，其文頗有學術價值。再後便是正文首頁，其第一行標明卷數，卷數
後標明「長沙王時潤啟湘甫斠詮」，旁鈐有「上海圖書館藏書」印。文中有注
及各種點評符號，有句讀，版心標有「聞雞軒叢書」。文末附有《申子逸文一
卷》《農家言四篇》《斠詮補遺》《商君書斠詮正誤表》等文，末尾是版權頁。

此本後又衍成《商君書集解五卷》本，民國間湖南南華法政學校石印本，
版面略顯模糊，鈐有「南京圖書館藏」印，版心標有「湖南南華法政學校講
義」，可知此本性質。《集解》本大體上和《斠詮》本相同，但沒有《斠詮》
本所列的附《考》《錄》《序》《補遺》等，只是收錄了其正文及注解。

2. 朱師轍撰，《商君書解詁五卷附錄二卷》（存卷一至四），1916年手稿本

此本因為是手稿本，故字跡潦草，較為難讀。首頁標題本作「商君書開塞
卷一」，朱氏把它改為「商君書解詁卷一」，首頁之後是朱師轍的記文，字跡潦
草。記後是其所作的《商君書解詁序》，《序》文也有塗改，天頭有注。《序》
後是目錄，目錄天頭也有兩行注文。再後便是正文，文中有句讀、注文和較多
塗改處，天頭也有注文。每頁九行，每行20個字。全書僅餘四卷，末尾有附

〔註65〕王時潤，《商君書斠詮》，方勇等編《子藏·法家部·商君書》（卷七），北京：
國家圖書館出版社，2015年版第55～56頁。

表，文中多處鈐有「北京大學圖書館藏」印。

3. 朱師轍撰，《商君書解詁定本五卷附錄二卷》，1948 年國立中山大學排印本

此本的封面從右往左，題有「國立中山大學叢書」「朱師轍先生著」「商君書解詁定本」「王星拱署」，封面後是《商君書解詁定本目錄》，《目錄》後是王星拱所作的《商君書解詁定本序》，王《序》後是朱師轍所作的《商君書解詁定本自序》《初印本自序》，《自序》後是胡韞玉作的《初印本胡序》及尹炎武作的《初印本尹序》，此後便是《商君書解詁定本凡例》，《凡例》後是正文，文中有注、句讀，每頁 12 行，每行三十字左右。

文末附有《商君書解詁附錄卷一》，主要內容收錄了嚴可均所作的《嚴萬里商君書新校正序》《嚴萬里商君書附考》《嚴萬里本商君書總目》及嚴氏對目錄的按語、綿眇閣本《商子》評語二條、孫星衍廉石居藏書記《商子跋》、錢熙祚《商子跋》等。接著是其所作的《附錄二》，其主要內容收錄了《戰國策·秦策一》《戰國策·魏策一》《韓非子·和氏篇》《史記·秦本紀》《史記·商君傳》《史記·商君傳·裴駰集解》引《新序》論、《新序·善謀篇》《漢書·食貨志》《漢書·藝文志》《群書治要》（卷三十六）、《玉海》（卷五十三）、《四庫全書總目提要·子部·法家類》《四庫全書簡明目錄·子部·法家類》《陳澧東塾讀書記》、章炳麟《訄書·商鞅篇》等內容，時有嚴氏按語。

《附錄二》後是朱氏梳理的《商子校勘諸家所見各本》，其文如下：

> 孫星衍校刊《商子》五卷所據各本：綿眇閣所刻先秦諸子本；程榮校刊漢魏叢書本；吳勉學二十子本；朱蔚然校刊二卷本（《更法》至《修權》為上卷，《來民》至《定分》為下卷）；鄭寀刊本。

> 嚴萬里校刊《商君書五卷》所據各本：元刻本；秦四麟校刊本；范欽本（即天一閣本）；葉校本（《去強》《來民》《賞刑》三篇，引三條，但嚴氏未言葉氏何人）。

> 俞樾《諸子平議》校《商子》所據各本：鄭寀本；孫星衍校本；施氏先秦諸子本。

> 孫詒讓《札迻》校《商子》所據各本：嚴萬里校刊本；孫星衍校刊本；錢熙祚校刊本（即指海本）；傳錄嚴可均校本（師轍按：可均即萬里，孫氏尚不知為一人，但其二本，頗有異同。似萬里本在前，可均傳鈔本在後，可證嚴氏校刊之得失。）

陶鴻慶《諸子扎記》校《商子》本；嚴萬里校本；崇文書局本

余《商君書解詁》所據各本：明綿眇閣本（即先秦諸子合編本，明萬曆樵李馮夢楨校刻，法家《商子五卷》）；明吳勉學校刊二十子本（余家藏初印二十子本，《商子五卷》，卷一黃之寀校；卷二卷四，吳勉學校；卷三卷五，吳中珩校。蓋初為黃之寀刊，後刊版歸吳勉學，吳氏將各校刊名氏挖去，易以己名，余書題曰吳本，以歸簡易，而著其說於此。）；明評議本（余得明本，失序跋，不知何人校，前題秦衛人公孫鞅著，於目錄中分五卷，本文不另分卷，有圈點句讀，間有注及眉評，勝馮覲本。）；馮覲評校本（明嘉靖己未刊，有圈點眉評，間有注，多與匯函本同）；程榮漢魏叢書本；范欽本（即天一閣本）；歸有光諸子匯函本（此下數本皆節鈔數篇非全文）；陳仁錫諸子奇賞本；王志遠諸子合雅本；陳深諸子品節本（以上皆明刊本）；清四庫本；清嚴萬里校本（題西吳嚴萬里叔卿校，按萬里即嚴可均，嚴氏著述甚富，皆題烏程嚴可均鐵橋，獨《商君書》校本，所題地方名號，皆與他書不同，故學子鮮知其為一人，說詳凡例）；錢熙祚本（即指海本）；孫馮翼校問經堂叢書本；崇文書局刊本（此本最劣，然亦有可採者）

師轍按：《商子》，余所見都十五本，合以他家所見為二十二本。雖以孫星衍、嚴可均搜輯之富，皆云未見宋本。嚴氏僅見元刻本，似亦不甚精，但稱以秦四麟本為善，今元刻亦不可見。余所見以綿眇閣本及明刊評校本為稍異，其餘各本，亦互有得失。近代皆推嚴萬里校本，余以各本參校，知其武斷妄改而未注明者甚多，今皆證誤注明詳列書中，可謂集各本之長，有餘解詁一書，無異全睹各本矣。[註66]

其後是《商君書解詁刊誤表》及版權頁。

4. 尹桐陽撰，《商君書新釋五卷》，1923 年刊《起聖齋叢書·政法四書》本

此本封面之後有尹乾所作的《商君書新釋敘》，《敘》後是《商君書新釋雜錄》，其主要內容是收集了尹乾、熊希齡、黃龍驤、許鎬、尹桐陽、淑康成等人關於《商君書》的言論。其後是尹桐陽所釋的《秦策紀商君本末》，《本

[註66] 朱師轍撰，《商君書解詁定本五卷附錄二卷》，方勇等編《子藏·法家部·商君書》（卷八），北京：國家圖書館出版社，2015 年版第 635～638 頁。

末》後有插圖一幅。插圖後是《商君書目錄》，目錄後有幾行尹氏的按語，其後便是此本的正文。文中有注釋、解題，但無句讀。文末鈐有「北京大學圖書館藏」印。

5. 簡書撰，《商君書箋正五卷》，1931 年上海民智書局排印本

此本封面印有簡書手寫的書名，封面後是嚴萬里所作的《商君書新校正序》，《序》後是《商君書總目》及嚴可均對目錄所作的按語，由上可知簡氏的箋正是以嚴可均本為底本，之後便是此本的正文，文中有注釋、無句讀，每頁 12 行，鈐有「簡仲芬印」和「華東師範大學藏書章」，文末有簡書所作的記文、勘誤表和版權頁。簡氏的注文主要針對的是王時潤《商君書斠詮》中的錯誤，其他沒有太多發揮。末尾附有記文：

> 右《商君書》箋釋既竟，錄置敝篋，俟得善本，再行勘校。一二友人謂箋正本雖未盡善，視從前所印行者已不無更新之獲得。不特可以遺餉同人，亦大可引起學者研究是書之興味，不揣淺陋，竟付鉛槧，尚望海內碩宿，指謬摘疵，俾得釋疑從善，豈為區區之幸，神州學術，與有榮施矣。民國二十年簡書記於上海。〔註 67〕

除了以上版本外，還有 1935 年上海商務印書館排印陳啟天所作的《學生國學叢書》本《商君書校釋》、1936 年上海廣益書局排印王心湛所作的《商君書集解》等本，還有一些節選本等，整體上價值不大，不作一一介紹。其他現代版本有：上海人民出版社 1974 年出版的章詩同注釋的《商君書》、中華書局 1974 年出版高亨的《商君書注釋》、陝西人民出版社 1975 年出版多人合注的《商君書新注》、山東人民出版社 1976 年出版多人合注的《商君書新注》、中華書局 1976 年出版的多人合注的《商君書評注》、齊魯書社 1982 年出版多人合注的《商子譯注》、中華書局 1986 年出版的蔣禮鴻的《商君書錐指》、鳳凰出版社 2017 年出版周立昇等人所著的《商子匯校匯注》本，以及張覺等人新近出版的校注本等。

第三節　《商君》與《公孫鞅》的關係

《漢志》法家類中有《商君》二十九篇，而兵權謀家類又有《公孫鞅》

〔註 67〕簡書撰，《商君書箋正五卷》，方勇等編《子藏·法家部·商君書》（卷八），北京：國家圖書館出版社，2015 年版第 521 頁。

二十七篇，兩者不僅書名不同，而且篇數也有異。那麼，這兩者是否是同一書，它們之間的關係又是什麼呢？後來的《商君書》又是從何而來的呢？

就第一個問題，古今學者多有認為《漢志》中《商君》與《公孫鞅》是同一著作，如王時潤認為今傳本《商君書》或為兵權謀家類的《公孫鞅》：

> 今案《漢書・藝文志・法家》有《商君》二十九篇，而兵權謀十三家中又有《公孫鞅》二十七篇。《公孫鞅》即《商君》，竊疑法家與兵家所載實即一書。惟篇目多寡微不同耳，然據陳振孫《書錄解題》所稱則宋本《商君書》亦止二十七篇，今本二十六篇。加入《立法》適符二十七篇之數。安知非《商君》原書如是。〔註68〕

此外，漢學家 Robin D.S. Yates（中文名：葉山）也認為《公孫鞅》與《商君書》應該是同一書。〔註69〕但也有許多人認為它們並非同一書，如管慶祺轉引孫星衍語謂：

> 《漢書・藝文志》法家《商君》二十九篇。《隋唐志》並無少闕。至晁公武《郡齋讀書志》稱存二十六篇，南宋始亡其三。宋本陳振孫《書錄解題》又亡其一，本朝《四庫簡明目錄》亡其二。《刑約》《禦盜》亡，存其目。則現行世止二十有四篇耳。《治要》有《立法》一篇猶在。唐時孫乃云第二十七篇並亡其目，則與宋存廿六篇之數不合。其未考之宋本矣。《藝文志・兵家》又有《公孫鞅》二十七篇，王應麟《考證》並無說，當是別人。〔註70〕

其意謂現傳本《商君書》與兵權謀家《公孫鞅》並非同一書，《公孫鞅》的作者當另有其人。今考王氏《漢書藝文志考證》一書，並未對《公孫鞅》有任何論述，確是沒有說它是哪個人的著作。而清人章學誠謂：「若兵書之《公孫鞅》二十七篇與法家之《商君》二十九篇名號雖異，而實為一人，亦當著是否一書也。」〔註71〕其意謂兩者的作者是同一人，但不知其書是否為

〔註68〕王時潤，《商君書斠詮五卷》，《子藏・法家部・商君書卷》（第七冊），北京：國家圖書館出版社，2015 年版第 58～59 頁。

〔註69〕Robin D. S. Yates, New Light on Ancient Chinese Military Texts: Notes on Their Nature and Evolution, andthe Development of Military Specialization in Warring States China〔J〕. T'oung Pao, Second Series, Vol. 74, Livr. 4/5（1988）. 211～248.

〔註70〕商鞅撰，倫明錄，嚴可均校，《商子五卷》，《子藏・法家部・商君書卷》（第二冊），國家圖書館出版社，2015 年版第 608 頁。

〔註71〕（清）姚振宗，《漢書藝文志條理》，《二十五史補編》（第二冊），開明書店版，

同一書。姚振宗針對章氏的觀點謂:「一在法家,一在兵家,家數既殊,篇數亦異,又何用著其是否一書也。」〔註72〕其意謂兩者非常明顯不是同一書。顧實謂:「兵權謀家《公孫鞅》二十七篇,蓋非同書。」〔註73〕張舜徽謂:「今觀《商君書》中《算地》《賞刑》《畫策》《戰法》諸篇中論兵之語,至為精要,知其沉研於此道者深矣。《漢志》著錄之二十七篇,不必皆其手著,而散亡亦早,故已不見於《隋志》。」〔註74〕其雖不明說,但他應該認為兵權謀家的《公孫鞅》與法家的《商君》是不同的著作。然以上眾說亦只是簡單地說同異,至於其中的原委則沒有詳細的論證。

筆者認為,隨著兵權謀家《公孫鞅》的失傳,其真實情況已無法直接去考證,但通過《漢志》的著錄體例,我們或可作一些合理的推測。《漢志·兵權謀家》:「右兵權謀十三家二百五十九篇。」班固注云:「省《伊尹》《太公》《管子》《孫卿子》《鶡冠子》《蘇子》《蒯通》《陸賈》《淮南王》二百五十九種,出《司馬法》入禮也。」〔註75〕今計其十三家實為二百七十二篇,多十三篇;省略諸家共計五百二十三種。劉奉世謂:「『種』當作『重』,『九』下又脫一『篇』字。」顧實對此表示認同。〔註76〕陶憲曾謂:「省《伊尹》《太公》《管子》《孫卿子》《鶡冠子》《蘇子》《蒯通》《陸賈》《淮南王》二百五十九篇重者,蓋《七略》中《伊尹》以下九篇(筆者按,『九篇』當為『九書』),其全書收入儒道縱橫雜各家,又擇其中言兵權謀者,重入於此。」〔註77〕那麼,具體到兵權謀家之《公孫鞅》與法家《商君》之間的關係又是如何呢?《公孫鞅》的內容是否與法家《商君》中的內容相同?如果相同,此處為何不似《伊尹》等書一樣將其省略了呢?如果不同,它又是從何而來?

筆者認為,兩者既可能是兩種內容差異較大的書,也可能是來自同一底本的書。孫德謙謂:

> 今考之班《志》,儒家有《景子》《公孫尼子》《孟子》,而雜家
> 有亦有《公孫尼》,兵家亦有《景子》《孟子》,道家有《伊尹》《鶡

　　　　1937 年版第 130 頁。
〔註72〕(清)姚振宗,《漢書藝文志條理》,《二十五史補編》(第二冊),開明書店版,
　　　　1937 年版第 130 頁。
〔註73〕顧實,《漢書藝文志講疏》,上海古籍出版社,1987 年版第 194 頁。
〔註74〕張舜徽,《漢書藝文志通釋》,湖北教育出版社,1990 年版第 236 頁。
〔註75〕顧實,《漢書藝文志講疏》,上海古籍出版社,1987 年版第 196 頁。
〔註76〕顧實,《漢書藝文志講疏》,上海古籍出版社,1987 年版第 196 頁。
〔註77〕顧實,《漢書藝文志講疏》,上海古籍出版社,1987 年版第 196 頁。

子》《力牧》《孫子》，而小說家亦有《伊尹》《鬻子》，兵家亦有《力
牧》《孫子》，法家有《李子》《商君》，而兵家亦有《李子》《公孫
鞅》，縱橫家有《龐煖》，而兵家亦有《龐煖》，雜家有《伍子胥》
《尉繚》《吳子》，而兵家亦有《伍子胥》《尉繚》《吳起》，小說家
有《師曠》，而兵家亦有《師曠》。此其重複互見。班氏雖於六略中
以其分析太甚，或有稱省者（說見前）。然於諸家之學術兼通，仍
不廢互著之例。〔註78〕

　　孫氏的說法恐有待商榷。因為按照現在學界的觀點，先秦文獻的產生應
該是先有篇章，再有整部著作。也就是說，目前的先秦著作應該多是由後人
的搜集整理而來的。漢人雖然把學術分為九流十家，但事實上那時各派的學
術是呈開放性存在的，許多人為了提高自己的思想境界而轉益多師，如陳良、
告子之流。儒家的代表人物孔子，據傳也曾向道家的老子問學。所以在諸子
百家之中，許多人的思想是很難用某一家思想去概括的，而應該是兼具多家
思想特色。思想的多維性也意味著傳承的多種可能性。也就是說，同一思想
家可能被不同的學派所推崇。而由於各個學派思想的側重點不同，其對前人
的思想和言行都會有不同的解讀，如儒家的人物在其他各派中的形象差別甚
大。故為了真實反映這種學術生態特點，《漢志》在對各家著作分類的時候，
就不可避免地要在不同的流派中著錄那些思想兼具多派特色的篇章（不一定
是其全部著作，僅是相關的篇章）。而商鞅本人的思想恰好也具有多方面特
點，所以商鞅著作中的部分篇章在不同的學術流派中出現，應該是非常自然
的事。如果屬於這種情況，那麼《公孫鞅》與《商君》因其篇數、排序、思
想取向的不同，也可能是兩種差異較大的書。

　　至於說它們是來自同一底本的可能性也是存在的，《漢志》載：

　　　　漢興，張良、韓信序次兵法，凡百八十二家。刪取要用，定著
　　三十五家。……武帝時，軍政楊僕捃摭遺逸，紀奏兵錄，猶未能備。
　　至於孝成，命任宏論次兵書為四種。〔註79〕

　　漢初張良、韓信就已經開始在各家有關軍事的著作中刪取三十五家作為
定本。我們其實可以想像，當時社會上流傳的各家著作極多，而且情況十分複

〔註78〕（清）孫德謙，《漢書藝文志舉例》，《二十五史補編》（第二冊），開明書店版，
　　　　1937年版第11頁。
〔註79〕張舜徽，《漢書藝文志通釋》，湖北教育出版社，1990年版第390頁。

雜，許多春秋戰國時期的著作，固然有涉及軍事方面的內容，但也會有涉及到其他方面的內容。張良、韓信作為權謀家和軍事家，其所考慮的首先應該是富國強兵，故有關富國強兵的著作肯定會在他們「刪取」的範圍之內，至於這部著作是否完整和書中篇章出現的先後，則未必會是他們優先考慮的範圍。但是，由於商鞅所處的時代是戰爭頻繁、兼併激烈的年代，其在秦國推行變法的根本目的就是為了富國強兵，所以他的著作與富國強兵無涉的內容可能極少，故可能正是在這個時候，張良、韓信從有關商鞅的著作或直接從《商君》中選取了大部分篇章，把它們組合在一起，編成了《公孫鞅》。其之所以沒有繼續沿用「商君」的名號而把它改為「公孫鞅」，原因可能有兩點：一是因為《公孫鞅》的篇數和《商君》有差異，文本也經過一定的整理，為了和原來的《商君》區別開來，故將其名為「公孫鞅」；二是可能因為漢初剛推翻暴秦，而秦國的殘暴一定程度上是從商鞅變法開始的，漢人對此還耿耿於懷，故將其著作直接以名字而非爵位來命名。由於《史記》中已經出現了一部叫《商君》的著作，故後來劉向等人重校群書時，劉向所據的可能是《商君》，而任宏所據的可能是《公孫鞅》，底本不同，所以兩者自然有異，但如果是這種情況，那麼《公孫鞅》和《商君》可能是同一書，但應有許多差異。

　　當然，還有一種情況，就是《公孫鞅》是在劉向等人校書時才產生的。劉向校書時採取的是分工協作的形式，劉向只是負責校勘經傳、諸子、詩賦，其餘兵書是由步兵校尉任宏負責，數術是由太史令尹咸負責，方技是由侍醫李柱國負責。而校勘者的不同，取捨標準就可能不同。而劉向校書時文獻的流傳情況，除了缺佚散亡外，還有許多重複的篇章。而且即使是已經在漢初整理過的兵書，據上文的材料可知，武帝後也已缺佚散亂，軍政楊僕雖然再度整理，但也不完備，況劉向距武帝的年代已有時日。劉向在《別錄・孫卿書錄》中謂：「所校讎中，《孫卿書》凡三百二十二篇，以相校除複重二百九十篇，定著三十二篇。」〔註80〕其篇章捨棄近三百篇之多，不可謂不大。由此我們也可以想見《商君書》在當時的情況，它也可能會像《孫卿書》一樣出現許多重複的篇章和缺佚的情況。恰巧的是，《商君書》既可以歸入法家類，也可以歸入兵書類，這兩類書的校勘負責人又正好不同，所以他們的內容、篇數、次序除了有個基本的框架外，很大程度上取決於劉向和任宏的標準。按照劉向的整理標準，產生了《商君》；按照任宏的標準，產生了《公孫

〔註80〕（清）王先謙，《荀子集解》，中華書局，2013 年版第 656 頁。

鞅》。兩者為了區別開來，故一個用爵位來命名，另一個則用名字來命名。

而從目前出土文獻的情況看，哪怕是同一篇文獻，兩者的內容、章數、段落次序、語句，甚至句序也會有很大的不同，如郭店楚簡中的《緇衣》和《禮記・緇衣》篇的情況。簡本《緇衣》是戰國時期的文獻，傳本《緇衣》是經漢人整理過的文獻，兩者從其內容上看顯然是同一篇文獻，但其中的遣詞造句、篇章句序、行文詳略等都存在極大的差異。所以，西漢之前沒有經過統一整理的文獻，它們之間的差異可能是十分巨大的。劉向之前的文獻是沒有一個固定的版本的，也可能沒有固定的次序、章數，甚至句子和內容也可能被傳播、整理者潤色。故由於劉向和任宏在整理時的取向不同，所以才會有《公孫鞅》與《商君》之別。但是，雖然簡本《緇衣》和傳本《緇衣》有諸多的不同，它們仍屬同一篇文獻，兵權謀家的《公孫鞅》和法家的《商君》也極有可能如此。因為就《商君書》本身的內容特點而言，今本《商君書》雖然從屬法家類著作，但其中有「兵」字的便有 21 篇，有「戰」字的便有 18 篇，兩者相加除去重複，其涉及到軍事的就占 22 篇，幾乎覆蓋了全書。這還不算間接談治亂的篇章，如果算入的話，除了《六法》一篇外，幾乎全書都與國家間的爭霸存亡有關。故按照以上對兵權謀家著錄標準的分析看，其完全夠格列入兵權謀家類，也完全可能會被張良、韓信選取。

因此，筆者認為雖然兵權謀家《公孫鞅》與法家《商君》在篇數上差了兩篇，其文本情況也可能有諸多差異，這也是它在《漢志》中重複被著錄的原因，但其中的內容或也有許多重合的地方。即使它們是由不同的學派傳承而來的著作，兵權謀家與法家的思想未必會有太大的差異，因為許多法家人物同時也是兵權謀家。

第四節 《商君書》的書名和篇數問題

《商君書》一開始並非稱為「商君書」，《史記》稱為「商君」，《漢志》稱為「商君」和「公孫鞅」，但到了三國時期，劉備將其稱為「商君書」，這是「商君書」一名出現的最早記載。但是，劉備口中的《商君書》並非歸入其所稱的「諸子」一類，而是將之和諸子及《六韜》這部兵書並列，故其所見的《商君書》或許不是漢時法家類的《商君》，因為法家類的著作亦屬諸子中的一種，沒有必要單獨列出，其和《六韜》這部兵書並列，則屬於兵書的可能性非常大。故劉備所見的《商君書》可能就是《漢志》中兵權謀家類的

《公孫鞅》。

此外，南北朝時期梁人庾仲容《子抄》法家類謂「《商子》五卷」，這是「商子」一名出現的最早記載，故清人《善本書室藏書志》與《鐵琴銅劍樓藏書目錄》謂《隋志》始稱「商子」的說法並不準確。上文已提到，目錄學在魏晉南北朝有了新的發展，晉人荀勗因魏人鄭默《中經》作《中經新薄》，將劉向班固等人的「七分法」變為「四分法」，經、子觀念在目錄學中得到加強，故在魏晉以後，《漢志》法家類的《商君》可能就逐漸變成了《商子》。我們知道，在「七分法」變為「四分法」的過程中，兵書與諸子常被合為一類，那麼在這些合併的過程中，法家的《商君》與兵權謀家的《公孫鞅》有沒有受到影響而被重新整合了呢？由於文獻的缺乏，我們不得而知。但是根據唐初魏徵等人所編的《群書治要》的情況，我們或許可以作一些合理的推測。上文中我們提到《群書治要》中輯錄了《商君書》中的三篇，並稱之為「商君子」。筆者認為，《群書治要》輯錄的三篇，極有可能是來自與商鞅有關的兩種著作。因為從書名而言，「商君子」的書名，更像是為了行文簡潔而將「商君書」和「商子」這兩種書名合稱。詳細理由如下：一，如果不是兩書的合稱，那麼前代已有關於商鞅著作的書名諸如「商君」「公孫鞅」「商君書」「商子」之類，其在輯錄時直接沿用前面的稱法即可，又何必另造一書名叫「商君子」，既拗口也顯得多餘。二，這三篇文章應該都是與《商君書》有關的著作，同屬魏晉南北朝後目錄學上的乙部或丙部，這實際上是後世的子類。而且我們上文已經分析，《商君》和《公孫鞅》應該多有重合之處，所以這三篇文章可能同出自這兩本書，或其中的某些篇章如《修權》和《定分》共見於這兩本書，只有《六法》一篇不同而已，故為了行文簡潔而將其合稱。三，《群書治要》中所輯錄的《六法》一文，其引文在《修權》篇之前，但今本《商君書·修權》篇前並未缺佚，其《定分》一篇也和今本《定分》篇也有數十字的差異，故這兩篇也有可能來自與今本《商君書》不同的書籍。四，對於《商君》和《公孫鞅》何時被整合的問題，有可能是在魏晉南北朝目錄學發生變化之時，也有可能是在唐初之時。因為兩者的重複程度較大，所以後人是非常有可能再次對兩者進行刪並的，並將其稱之為「商君子」，後世學者不明就裏，故又將「商君子」改稱為先前已有的「商君書」或「商子」，以致兩書的源流混淆模糊了。五，根據我們上文的分析，今本《商君書》中的絕大部分都和軍事有關，只有少數篇章及佚篇《六法》與軍事無涉，這或許

也說明今本《商君書》或是混合了商鞅兵、法兩類的著作，或主要傳承了兵權謀家《公孫鞅》二十七篇的作品。故《商君書》書名的變化，或許也反映了此書的源流情況。

而對於《商君書》的篇數問題，《漢志》法家類著錄《商君》二十九篇、兵家類《公孫鞅》二十七篇，但《子抄》時變篇為卷，已從之前的二十九篇或二十七篇變成了五卷，且兵家類《公孫鞅》已不見著錄，只有法家類的《商子》，《隋志》《見在書目》《意林》等著錄又分別出現「五卷本」「四卷本」和「三卷本」，亦無具體篇數，故清人《善本書室藏書志》與《鐵琴銅劍樓藏書目錄》謂《隋志》所載的「五卷本」為「二十九篇」的說法並不準確。至南宋時目錄學著作才出現具體篇數的記載，但已剩二十六篇。南宋末年陳振孫《直齋書錄解題》謂又亡一篇，故南宋末年實餘二十五篇，清時又亡一篇，今僅剩二十四篇而已。需要澄清的是，馬端臨《文獻通考》謂：「《周氏涉筆》曰：『陳氏曰，《漢志》二十九篇，今二十八篇，又亡其一。』」〔註81〕這裡《周氏涉筆》中所稱的「陳氏」云云，當是指陳振孫的《直齋書錄解題》，今考武英殿聚珍版《直齋書錄解題》，其所記為「今二十六」篇，非「二十八篇」，上文已有引用，不知周氏所據為何本。後四庫館臣〔註82〕、王時潤〔註83〕、蔣伯潛〔註84〕、梁啟超〔註85〕等亦有類似的論述，他們的說法應該都是誤引《周氏涉筆》所致，如武英殿聚珍版《直齋書錄解題》無誤，則四庫館臣、王氏、蔣氏、梁氏於此處實為以訛傳訛之說而已。

那麼南北朝以後的「五卷本」「四卷本」「三卷本」的《商君書》到底有多少篇呢？又是從何時開始亡佚的呢？就第一個問題而言，清人丁丙、瞿鏞認為《隋志》所載五卷本就是二十九篇，但並不準確（說見上文）。當然，歷史上主流意見還是認為《商君書》應該有二十九篇，但也有人認為只有二十七篇或二十六篇。二十七篇者如清人孫星衍、王時潤（說見上文第二部分的引文），二十六篇者如明人吳廣霈，其謂：

〔註81〕（元）馬端臨，《文獻通考》（經籍考三九），《宋元明清書目題跋叢刊》（三），中華書局，2006 年版第 247 頁。

〔註82〕（清）永瑢等，《四庫全書總目》（卷101），中華書局，1960 年版第 848 頁。

〔註83〕王時潤，《商君書斠詮五卷》，《子藏・法家部・商君書卷》（第七冊），國家圖書館出版社，2015 年版第 58～59 頁。

〔註84〕蔣伯潛，《諸子通考》，嶽麓書社，2010 年版第 361 頁。

〔註85〕梁啟超，《漢書藝文志考釋》，《飲冰室專集》（四十八），中華書局，1936 年第 30 頁。

　　《漢書藝文志》錄《商君》二十九篇，《史記‧正義》云：
「《商君書》五卷。」《館閣書目》：「今是書具存共二十六篇，三
篇亡。」劍今考此本目具二十六篇同，唯中一亡篇，失其目。更
亡《刑約》一篇，則所亡止二篇也，豈三篇亡之說二字偽作三與？
劍叟記。〔註86〕

　　我們目前見到的五卷本《商君書》為二十六篇，其中第十六篇《刑約》
有目無文，而第二十一篇本來目與文並亡，但清人又根據明時施氏本補出其
篇目為「禦盜」。故實知的有二十六篇，其中兩篇為有目無文之作。後人又據
唐《群書治要》輯錄出《六法》一篇，故今已知的篇數為二十七篇，黃氏二
十六篇的說法和實際情況不符。另外，《館閣書目》所說的亡三篇應該是相對
《漢志》的二十九篇而言，而不是說二十六篇中又亡了三篇，黃氏此處應該
是會錯了意，故疑「三」為「二」。

　　我們在上文中提到《晉書‧庾峻傳》中出現了「六蝨」一詞，其不見於
今本《商君書》，唐李商隱亦曾作有《虱賦》與《蝨賦》，清人徐炯謂：「晉
《庾峻傳》：『唯有處士之名而無爵列於朝者，商君謂之六蝨。』然則『六虱』
『六蝨』並出商君之書，義山所以賦此二物也。」〔註87〕清錢熙祚據此懷疑
《商君書》中另有一篇關於「六蝨」的佚文：「今檢《靳令》《弱民》二篇，
並有六虱而無六蝨，豈蝨誤為虱耶？抑逸篇中別有六蝨之文耶？」〔註88〕錢
氏的推測不無道理，但根據後世中出現的引文情況，「六蝨」一詞屬《晉書》
誤引的可能性較大。唐杜牧在《書處州韓吏部孔子廟碑陰》一文中謂：「彼
商鞅者，能耕能戰能行其法，秦基為強，曰：『彼仁義，虱官也，可以置之。』」
〔註89〕而《商君書》中談到「虱」的一共有兩處，其中《去強》篇以「歲」
「食」「美」「好」「志」「行」為「六虱」，〔註90〕《靳令》篇又謂「六虱：
曰禮樂；曰《詩》《書》；曰修善，曰孝悌；曰誠信，曰貞廉；曰仁義；曰非

〔註86〕（明）黃之寀校，（明）吳廣霈校並跋，《商子全書五卷》，《子藏‧法家部‧商
　　　　君書卷》（第二冊），國家圖書館出版社，2015 年版第 138 頁。
〔註87〕（唐）李商隱，徐炯箋注，《李義山文集箋注》（卷十），《文津閣四庫全書‧集
　　　　部‧別集類》，商務印書館，2005 年版第 711 頁。
〔註88〕商鞅，《商子五卷》，《子藏‧法家部‧商君書卷》（第三冊），國家圖書館出版
　　　　社，2015 年版第 128 頁。
〔註89〕（唐）杜牧，《樊川集》（卷七），《文津閣四庫全書‧集部‧別集類》，商務印
　　　　書館，2005 年版第 462 頁。
〔註90〕周立昇等，《商子匯校匯注》，鳳凰出版社，2018 年版第 155 頁。

兵，曰羞戰。」〔註91〕杜氏之語，雖不見於今本《商君書》，但其意當出自
《靳令》篇，因為《靳令》篇已明確將「仁義」列為「六蝨」之一，杜牧可
能只是取其意而已。又五代時期徐鍇在《說文解字繫傳》中引《商君書》謂
「鍇按，《商子》曰：『有敢剟定法令者死。』」〔註92〕「臣鍇曰，《商子》論
兵曰：『怨如鉅鐵。』」〔註93〕今本《商君書・弱民》篇即有論楚國之兵謂「宛
鉅鐵鉇」〔註94〕，故徐鍇此處所引的「怨」或應作「宛」。由杜牧和徐鍇的
情況可知，古人在引用古書時未必是一字不漏地引用，而是取意的可能性較
大。故《晉書・庾峻傳》中的「六蠍」或為錯引「六蝨」所致。故考古今佚
文，其實不能有超出二十七篇者，至於它實際的篇數情況，則由於文獻缺乏
不得而知。

　　而對於《商君書》是從何時開始亡佚的問題，亦有南宋和五代兩種說法。
上文提到的孫星衍就認為隋唐時期《商君書》並未缺佚，其缺佚當自南宋時
始。朱師轍則認為：「魏徵《群書治要》引《商子・修權》（筆者按，當為《商
君子・修權》）篇前有《六法》篇，宋本已無此篇。知唐時《商君書》尚完
全，諸篇之失當在唐末五季之亂矣。」〔註95〕其認為缺佚當在五代時，比孫
氏的南宋說要早。但以上說法或都有待商榷，因為據筆者搜羅，宋廖瑩中在
《東雅堂昌黎集注》中謂：「諸本『蝨』作『風』，今從唐杭荊公洪謝本云：
『《商君》二十六篇，大抵以仁義禮樂為蝨官，曰：「六蝨成俗，兵必大敗。」』」
〔註96〕後經朱熹考異，把「杭荊公洪謝」改為「杭謝公里謝」，〔註97〕但對
其前綴「唐」字並無改動，而此處的「唐」字應是指唐時人之意。廖瑩中本
人為南宋時的藏書家、刻書家，其所記當有所本；朱熹為一代文宗，見識也
應廣博，其兩人對此並無異議，故《商君書》在唐時可能已是二十六篇，而

〔註91〕周立昇等，《商子匯校匯注》，鳳凰出版社，2018 年版第 426 頁。

〔註92〕（南唐）徐鍇，《說文解字繫傳》（卷八），中華書局，1985 年版第 230 頁。

〔註93〕（南唐）徐鍇，《說文解字繫傳》卷二十七，中華書局，1985 年版第 761 頁。

〔註94〕周立昇等：《商子匯校匯注》，鳳凰出版社，2018 年版第 687 頁。

〔註95〕朱師轍：《商君書解詁五卷附錄二卷》，《子藏・法家部・商君書卷》（第七冊），
　　　　國家圖書館出版社，2015 年版第 325～326 頁。

〔註96〕（唐）韓愈，（宋）廖瑩中注，（明）徐時泰編，《東雅堂昌黎集注》（卷六），
　　　　《文津閣四庫全書・集部・別集類》，商務印書館，2005 年版第 141 頁。

〔註97〕（唐）韓愈，（南宋）朱熹考異，（南宋）王伯大音釋，《朱文公校昌黎先生文
　　　　集四十卷外集一卷傳一卷》（卷六），《原國立北平圖書館甲庫善本叢書》（第
　　　　652 冊），國家圖書館出版社，2013 年版第 63 頁。

不必等到五代或南宋之後。又我們雖然知道杭謝公為唐時人，但已經不知其具體生活在唐代何時。但韓愈本為唐朝中後期人物，而其生活的時間不可能早於韓愈，故其為唐代後期人物無疑。因此，我們推測五卷本《商君書》的缺佚時間應該在韓愈之後、五代之前的唐代末年。

第五節　漢代《商君書》版本的流變

漢代應該是《商君書》基本定型的時期。那麼《商君書》的文本在漢代又經歷了怎樣的發展變化呢？

首先，是篇章標題的變化。劉安在《淮南子‧泰族訓》中將今本《開塞》篇稱為《啟塞》篇，後來司馬遷在《史記》中變「啟」為「開」，故其標題也相應地變為「開塞」並沿用至今。據筆者查看相關資料，漢景帝名叫「劉啟」，生於公元前 188 年臘月初五，卒於公元前 141 年正月；而劉安則生於公元前 179 年，卒於公元前 122 年，按兩者的生卒年看，劉安當是劉啟之前的人物，故其所著之《淮南子》不必避漢景帝之諱，而司馬遷則為武帝時人物，在漢景帝之後，故司馬遷所稱之《開塞》篇者，當為避景帝之諱而改「啟」為「開」。除了《開塞》篇外，司馬遷所提到的《耕戰》篇與今本的《農戰》篇標題也有差異，雖然「耕」與「農」在字義上較為接近，但「耕戰」與「農戰」在《商君書》中出現的頻率與位置卻有較大的差別。在今本《商君書》中，「農戰」一詞約出現了 21 次，書中的許多篇章都出現了這個詞，而且《農戰》篇本身也多次出現「農戰」一詞。「耕戰」則僅出現了 3 次，且只分布在《弱民》和《慎法》兩篇，而對於這兩篇的作者及寫作時間，學界多認為非商鞅所作，而應該是商鞅後學所著。由此可知，「農戰」一詞當比「耕戰」一詞流行得早，而且據筆者前文的考證，《農戰》篇應為商鞅所作，故《農戰》篇標題的原文為「農戰」的幾率較大，加之司馬遷在作《史記》時，本來就有把生僻詞改為當時俗語以方便閱讀的習慣。故司馬遷此處所提到的《耕戰》書，應為其當時對《農戰》篇通俗的稱法。

其次，是文本方面的變化。對於《商君書》文本在漢朝時的狀態，學界尚未見有論及，究其原因，當和文獻資料的缺乏有關，但事實上在漢人所作的一些作品中就有對其大幅引用，劉向所作的《新序》就是如此。劉向在《新序‧善謀》篇中大幅引用了《商君書‧更法》篇，事實上除開頭和結尾外，幾乎完全雷同，因此完全可以將其視作同一文獻。劉向是漢時的大學問家，《漢書‧

藝文志》法家類就由其整理，今《漢志‧法家》類載有《商君》一書，故其肯定見過和整理過《商君書》。既然本來《商君》就是自己整理的成果，那麼在自己另一作品中照搬自己的成果也在情理之中。由《善謀》篇可知，漢時《更法》篇與現傳本《更法》篇的文本頗有差異，詳情如下：

序	《更法》	《善謀》
1	孝公平畫，公孫鞅、甘龍、杜摯三大夫御於君。慮世事之變，討正法之本，求使民之道。	秦孝公欲用衛鞅之言，更為嚴刑峻法，易古三代之制度，恐大臣不從，於是召衛鞅，甘龍、杜摯三大夫御於君，慮世事之變計，正法之本，使民道。
2	代立不忘社稷	代位不亡社稷
3	今吾欲變法以治，更禮以教百姓，恐天下之議我也。	今吾欲更法以教民，吾恐天下之議我也。
4	殆無顧天下之議之也。	行之無疑，殆無顧天下之議
5	固見負於世	固負非於世
6	愚者暗於成事，知者見於未萌	愚者暗成事，知者見未萌。
7	是以聖人苟可以強國，不法其故	是以聖人苟可以治國，不法其故
8	臣聞之	臣聞
9	吏習而民安	吏習而民安之
10	今若變法，不循秦國之故，更禮以教民，臣恐天下之議君，願孰察之。	今君變法不循故，更禮以教民，臣恐天下之議君，願君熟慮之。
11	子之所言，世俗之言也。夫常人安於故習，學者溺於所聞。此兩者，所以居官而守法，非所與論於法之外也。	子之所言者，世俗之所知也。常人安於所習，學者溺於所聞，此兩者所以居官而守法也，非所與論於典法之外也。
12	制法之人，不足與論變。	制法之人，不足與論治。
13	臣聞	臣聞之
14	帝王不相復	帝王者不相復
15	及至文武，各當其時而立法，因事制禮。	及至文武，各當時而立法，因事而制禮。
16	禮、法以時而定；制、令各順其宜；兵甲器備，各便其用。	禮法兩定，制令各宜，甲兵器備，各便其用。
17	湯、武之王也，不脩古而興；殷、夏之滅也，不易禮而亡。	故湯武之王也不循古，殷夏之滅也不易禮。
18	吾聞窮巷多怪，曲學多辯。愚者之笑，智者哀焉；狂夫之樂，賢者喪焉。拘世以議，寡人不之疑矣。	吾聞窮鄉多怪，曲學多辯。愚者之笑，知者哀焉；狂夫之樂，賢者憂焉。拘世之議，人心不疑矣。
19	於是遂出墾草令。	

　　由表可知，《善謀》篇與《更法》篇約有 21 處差異，而在這 21 處差異之中，除了開頭和結尾的差異較大外，其他大多是用字上的差異。就其第一處差異而言，《更法》篇的開頭部分明顯更像是一篇敘事性的開頭，而《善謀》篇更帶有介紹緣起的性質。對於結尾部分，學界多認為《更法》篇的結尾像是編者所加。〔註98〕其餘 19 處區別如下表（表中序號按上表排列）：

序號	《更法》	《善謀》
2	代立	代位
3	①變法以治，更禮以教百姓。 ②多：吾	①更法以教民 ②
4	多：之也	多：行之無疑
5	見負	負非
6	多兩個「於」	
7	強國	治國
8	多：之	
9		多：之
10	①今若變法，不循秦國之故。 ②孰察	①今君變法不循故 ②熟慮
11	① ②世俗之言也 ③夫常人安於故習 ④ ⑤法之外	①多：者 ②世俗之所知也 ③常人安於所習 ④多：也 ⑤典法之外
12	論變	論治
13		多：之
14		多：者
15	多：其	多：而
16	①禮、法以時而定 ②制、令各順其宜 ③兵甲	①禮法兩定 ②制令各宜 ③甲兵
17	①不脩古而興 ②不易禮而亡	①不循古 ②不易禮

〔註98〕詳情參見容肇祖：《商君書考證》，《燕京學報》，1937 年第 21 期，後張林祥、仝衛敏等有類似的論述。

18	①窮巷	①窮鄉
	②賢者喪焉	②賢者憂焉
	③寡人不之疑矣	③人心不疑矣

　　由上表可知，整體上《更法》篇要比《善謀》篇繁，而《善謀》篇行文更為簡潔，考慮到此篇的作者可能是一位法家學派的人物，故《善謀》篇的文風應該更接近原貌。而在語句上，《更法》篇比《善謀》篇更為整飭和順口，這非常可能是由於後人不斷潤色造成的。在遣詞用語上，整體上《善謀》篇也比《更法》篇合理，如第二處「代立」與「代位」、第五處「見負」與「負非」等等。而《更法》篇對《善謀》而言，其情感色彩也有所強化，如第七處《更法》篇用「強國」而《善謀》篇用「治國」，第十八處《更法》篇用「寡人」來強化文章的對話性，而《善謀》篇用「人心」則顯得具有普遍性，等等。而在其思想特色上，由第三處的區別來看，《更法》篇似乎混淆了禮法的觀念，而《善謀》篇則沒有此問題，故《更法》篇當受後世「禮」學思想加強的影響。由此可知，即使是《商君書》的文本，在漢代及其以後也可能是不斷發生變化的。

　　最後，由《漢書藝文志》可知，漢時出現的《商君書》並非只有法家類一種，其在兵權謀家類也出現了一個名叫《公孫鞅》的版本，這個版本出現的原因及其與法家類《商君》之間的關係，筆者已在前面章節中有詳細的說明。

　　由上可知：一，《商君書》至遲在司馬遷時已經成書，因為司馬遷在《秦本紀》中提到的是《商君》這本書，而非某篇。二，在劉向之前，《商君書》應該還沒有固定的版本，因為同是《開塞》篇，劉安稱為《啟塞》，司馬遷稱為《開塞》；而且司馬遷的《耕戰》的篇名和《農戰》也有異。三，劉向雖然對《商君書》進行過整理，但《漢志》中的《商君書》應該和現傳本是不同的，因為從《新序‧善謀》篇對《更法》篇的引用看，其還有許多字句上的差異。由此也可推知，《商君書》在漢代雖然經過劉向整理，但其內容在後來應該依然有變化，或經過二次整理。

第六節　從《治要》本看《商君書》文本在唐代的流變

　　我們現在能見到唯一的唐本《商君書》是《群書治要》本，其具體情況我們在上文已經有所介紹。《群書治要》是唐朝初年魏徵等人所編，其主要目的是為唐太宗偃武修文、治國安邦提供思想理論基礎。共計五十卷，收錄典籍六

十六種，約五十餘萬言。唐滅亡後，《群書治要》毀於戰火之中。自《宋史》後不見記載。但幸運的是，唐時日本的遣唐使曾將此書抄回日本。後來德川家康曾於 1616 年（日本元和二年）用活字排印成五十一部，每部四十七冊，數量極少，故流傳不廣。而此時，《群書治要》已缺佚第四、十三和二十卷，第四十七卷僅殘存部分而已。公元 1781 年，尾張藩主家的大納言宗睦，從楓山官庫中借得原「金澤文庫」中手抄本《群書治要》，並進行重新校刊。六年後重印本告成，這就是今天流傳於世的天明本。民國時期商務印書館以天明本為底本影印出版，並收入《四部叢刊》中，筆者所見的，就是這個本子。

《群書治要》中節選了《商君書》中《六法》《修權》《定分》三篇中的部分內容，並將其稱為《商君子》。這個本子首先在名字上與之前的「商君」「公孫鞅」「商君書」「商子」有異。據筆者的研究，此處的「商君子」書名，極有可能是因為融合了三國魏晉南北朝時期的《商君書》和《商子》兩書所致。〔註99〕其次在篇章內容上，也比現在通行的版本多了《六法》一篇。其所節錄的《修權》《定分》篇的內容也與後來傳本《修權》《定分》篇有較大的差別，具體看其和明代主要的版本《范氏奇書》本的對比（之所以選《范氏奇書》本與之對比，主要在於此本是後世流傳中所依靠的主要版本，具有代表性意義）：

	《群書治要》本	《范氏奇書》本
《修權》	1. 釋法任私則亂	1. 釋法任私必亂
	2. 以私害法也	2. 以私害法
	3. 故上多惠言而不克其賞，則下不用。數加嚴令，而不致其刑，則民傲罪。	3. 故不多惠言而克其賞，則下不用。數如嚴令，而不致其刑，則民傲死。
	4. 故賞厚而信	4. 故賞厚而利
	5. 不私親近	5. 不違親近
	6. 多：故法者，國之權衡也	6.
	7. 夫背法度而任私議，皆不知類者也	7. 夫倍法度而任私議，皆不類者也
	8.	8. 多：不以法論智、能、賢、不肖者，唯堯，而世不盡為堯，是故先王自知議譽私之不可任也。

	9. 多：不以爵祿便親近，則勞臣不怨；不以刑罰隱疏遠，則下親上。故官賢選能	9.
	10. 行賞賦祿	10. 行賞賤祿
	11.	11. 多：故堯舜之位天下也，非私天下之利也，為天下位天下也。論賢舉能而傳焉，非疏父子親越人也，明於治亂之道也
	12.	12. 多：義為天下治天下。是故擅其名而有其功，天下樂其政而莫之能傷也
	13.	13. 多：故公私之敗，存亡之本也。
	14. 故明主任法去私	14. 是故明王任法去私
《定分》	1. 智者不得過，愚者不得不及。名分不定，而欲天下之治	1. 為治而去法令
	2. 無饑而去食，無寒而去衣也。	2. 無饑而去食也，無寒而去衣也，欲東而西行也。
	3. 一兔走而百人追之，非以兔為可分以為百	3. 一兔走百人逐之，非以兔也
	4. 夫賣兔者滿市，盜不敢取	4. 夫賣兔者滿市而盜不敢取
	5. 皆加務而逐之	5. 皆如物而逐之
	6. 貪盜不取	6. 貧盜不取
	7.	7. 多：其議，人異而無定。人主為法於上，下民議之於下，是法令不定，以下為上也。
	8.	8. 此令奸惡大起、人主奪威勢、亡國滅社稷之道也。今先聖人為書而傳之後世，必師受之，乃知所謂之名；不師受之，而人以其心意議之，至死不能知其名與其意。
	9. 所以定分也	9. 所以定名分也
	10. 大詐真信，巨盜願愨，而各自治也	10. 大詐貞信，民皆願愨，而名自治也
	11. 故世治者，不可亂也。勢亂者，不可治也。夫勢亂而欲治之，愈亂矣，勢治而治之，則治矣。	11. 故世治者，不可亂；世亂者，不可治夫。世亂而治之，愈亂；勢治而治之，則治。

12.	12. 夫微妙意志之言，上知之所難也。夫不待法令繩墨，而無不正者，千萬之一也。故聖人以千萬治天下，故夫知者而後能知之，不可以為法，民不盡知；賢者而後知之，不可以為法，民不盡賢
13. 聖人為民法，必使之明白易知	13. 故聖人為法，必使之明白易知名正
14.	14. 為置法官、置主法之吏，以為天下師，令
15. 故聖人立天下，而天下無刑。死者非可刑殺而不刑殺也	15. 故聖人立天下，而無刑。死者非不刑殺也
16.	16. 法令，明白易知，為置法官吏為之師，以道之知
17. 萬民皆知所以避禍就福，而皆自治也。明主因治而治之，故天下大治也。	17. 萬民皆知所避就，避禍就福，而皆以自治也。故明主因治而終治之，故天下大治也。

　　由上表可知：一，整體而言，《范氏奇書》本的行文要比《群書治要》本繁，但具體而言，它們又互有繁簡。《治要》本比《范氏奇書》本多了兩處，而《范氏奇書》本比《治要》本多了九處。此外他們中的一些語句的長短也有較大的差異。二，在遣詞造句上，《治要》本整體上要比《范氏奇書》本合理，如上表中《修權》篇3、4、5、7、10處，《定分》篇3、5、6、9、10、11、13、15等處。《范氏奇書》本在以上這些地方明顯是由於錯訛缺溢造成的。三，就兩者的思想而言，《范氏奇書》本的某些思想似乎更為極端，如《修權》篇中多出的「故堯舜之位天下也，非私天下之利也，為天下位天下也。論賢舉能而傳焉，非疏父子親越人也，明於治亂之道也」，許多學者將其視為此篇主張極端法治和天下為公的依據。〔註100〕如果此篇沒有了這幾句，那麼他們的說法就失去了依據。所以在兩本的繁與簡之間還是存在較大的思想差異。那麼，造成這兩者之間差異的原因又有哪些呢？筆者認為可能有以下幾點：

〔註100〕詳情參見容肇祖，《商君書考證》，《燕京學報》，1937年第二十一期。仝衛敏，《出土文獻與〈商君書〉綜合研究》，第163～168頁。張覺說見《商君書校疏》，第164頁。張林祥，《商君書的成書與思想研究》，北京：人民出版社，2008年第91～94頁，等。

　　第一，它們兩者之間所據的版本的不同。由上文可知，《商君書》在劉向校書之後才有固定的版本，但是劉向校書後實出現了兩種版本的《商君書》，一是歸類於法家的《商君》，一是歸類於兵權謀家的《公孫鞅》，後來法家類的《商君》可能衍變成了《商子》，而兵權謀家的《公孫鞅》可能衍變成了《商君書》，《治要》本收錄的部分將其稱為《商君子》，其文本來源可能是綜合了漢代的兩個版本的內容，而明本的《商君書》則可能是唐代經過重新整合兩個版本後的《商君書》，故版本的不同可能造成了內容上的差異。〔註101〕

　　第二，《治要》本作為一種節選本，其內容極有可能根據當時的現實需要刪減了許多違礙的內容。如《修權》篇第8處：「不以法論智、能、賢、不肖者，唯堯，而世不盡為堯，是故先王自知議譽私之不可任也。」此句內容反對的是統治者根據「議譽」來選舉人才，但事實上唐代直到武則天時期才開科取士，其之前一直實行的是「九品中正制」，此種選拔制度的重要依據就是「議譽」，故《群書治要》作為一部為統治者立言的選集，這種涉及時下政治的地方不可能不有所顧忌。類似的還有上文中提及的「故堯舜之位天下也，非私天下之利也，為天下位天下也。論賢舉能而傳焉，非疏父子親越人也，明於治亂之道也」句，此句隱含著對皇權家族傳承合法性的否定，當然不符合當時的政權需要。《定分》篇的情況也與之類似。「夫微妙意志之言，上知之所難也。夫不待法令繩墨，而無不正者，千萬之一也。故聖人以千萬治天下，故夫知者而後能知之，不可以為法，民不盡知；賢者而後知之，不可以為法，民不盡賢」句，明顯針對的是《老子》等道家思想，而唐代李氏王朝卻一直自稱是老子的後人，故此句思想在當時也違礙。最後，「為置法官、置主法之吏，以為天下師」句的情況也是如此，在唐代，天子也稱聖人，也只有皇帝才是「天下師」，其他人都不能隨便僭越。故因為《群書治要》是為統治者立言的一本書，政治正確應該是首要因素，所以《治要》本的《商君書》應該刪去了許多違礙的內容。

　　最後是我們比較常見的在流傳中的篡改錯漏的現象，加之明代刻書風氣較為浮躁，偽書跌出，故這種因素也值得重視，上表中《范氏奇書》本許多字詞的錯訛應該就是這種原因造成的。

〔註101〕關於此處《商君書》流變情況的論述，詳情參見黃效，《商君書源流考》，《暨南大學學報（哲學社會科學版）》，2020年第六期。

第七節　明代版本的源流

對於《商君書》明代版本的源流問題，學界鮮有人探討。張覺曾經寫過一篇《商君書明刻本考述》〔註102〕，但觀其內容，多止於版本的描述，而對於整個明代《商君書》版本的源與流的問題，則沒有論述，故《商君書》版本在明代的源流問題還有待理清。

今天所能見到的明代版本一共有19種，其中12種是全本，7種是節選本。目前所見的明代全本最早是嘉靖年間的刻本。嘉靖年間的全刻本有兩個，一個是馮覲點評的明代觀妙齋刊本《商子五卷》，另一個是明嘉靖間刊《范氏奇書》本《商子五卷》，這兩本都是嘉靖本，那麼這兩本有無聯繫呢？筆者認為，《范氏奇書》本應該是從觀妙齋刊本的基礎上而來，因為觀妙齋本中有許多溢字，如其《更法》篇「語固曰」，《墾令》篇「農多日，徵不知煩，業不敗，草必墾矣」，「農民不饑，行不飾，則公作不必疾，而私作不荒」等句，其中的「固」「知」「民」和「不必疾」中的「不」這幾個字明顯是衍文，而這些地方《范氏奇書》本都用「○」形符號來替代。另外一個較為明顯的地方是，在《外內》篇中，觀妙齋曾在篇末注明「『商富』下一本有：『故其食賤者錢重，食賤則農貧，錢重則商富，末事不禁則技巧』云。」《范氏奇書》本對此照錄不誤，事實上此注中的「技巧」兩字和原文重複，故原文實只缺「不禁則」以上內容，《范氏奇書》本校者對此不加細看，故照錄。由上可知，《范氏奇書》本曾用觀妙齋本作為底本進行校刊，至於其所據之參校本，則不得而知。

嘉靖本後便是萬曆本。其中較早的應該是明萬曆三十年（1602）綿眇閣刊《先秦諸子合編》本，張覺認為此本與其他各本不同，它應該保留了很多古本信息，是來源於不同它本的另一版本系統。其主要理由有兩個方面：一是此本保留了第二十一篇篇目；二是此本在《墾令》《外內》《禁使》篇中都有些許差異。筆者認為其所說大致合理，問題是此本是從何而來的呢？筆者認為它是在《范氏奇書》本的基礎上參考它本而來的，其理由有二：一是此本和《范氏奇書》本的行文高度相似，原來觀妙齋本的衍文在此本中已經見不到了，故其極有可能和《范氏奇書》本採用過同一校本。二是原來在《范氏奇書》本中出現的錯誤，此本同樣出現，如《墾令》篇，《范氏奇書》本有句作「則農不救，農不救而有餘日」，這句話中的「救」本應作「敝」，但是

<hr>

〔註102〕張覺，《〈商君書〉明刻本考述》，《諸子學刊》，第七輯。

綿眇閣本於此句同樣用「救」。由此可知，此本可能是在《范氏奇書》本的基礎上，參考古善本而來的。

綿眇閣本後便是《且且庵初箋十六子》本，此本行文與綿眇閣本頗為相同。但是其於《墾令》篇「無外交則國安不殆；民不賤農，則勉農而不偷」句有按照嘉靖本修改的痕跡。由此可知此本和綿眇閣本、《范氏奇書》本可能都有關係或參考過同一校本。接著便是萬曆間程榮刊《漢魏叢書》本，此本行文及衍文符號「○」的位置等等都與《范氏奇書》本類似，但是其《更法》篇中的「變化以治」句，及《墾令》篇中的「則農不敝，農不敝而有餘日」等句都與馮覲點評本相同，故此本應該是綜合了《范氏奇書》本和觀妙齋本而來。接著便是明末馮知十的抄本，馮知十是馮覲的後人，其所抄之本與馮覲點評本也頗多類似之處，因此其當從馮覲本而來。抄本後是黃之寀校明刊本和吳勉學校明萬曆《二十子全書》，朱師轍謂這兩本「蓋初為黃之寀刊，後刊版歸吳勉學，吳氏將各校刊名氏挖去，易以己名，余書題曰吳本，以歸簡易，而著其說於此。」（說見上文）這兩本的行文基本雷同，觀其痕跡，和《范氏奇書》本較為一致，故其極有可能受其影響。接著是《諸子褒異》本，此本行文多與《范氏奇書》本同，如《墾令》篇「則農不救，農不救而有餘日」句等，其文中也沒有馮覲點評本的衍文，但其《墾令》篇「無外交則國安不殆；民不賤農，則勉農而不偷」句等卻和綿眇閣本相同，由此可知此本與《范氏奇書》本及綿眇閣本用過相同的校本，《十二子》本的情況也大概與之類似。最後是明楊慎評的明天啟間刊《合諸名家批點諸子全書》本和明陳仁錫評選《商子奇賞二卷》，明天啟六年（1626）刊《諸子奇賞》本，此兩本既不像馮覲點評本有許多衍文，也沒有綿眇閣本的明顯特徵，其行文較為接近《范氏奇書》本。

除了全刻本之外，還有節選本的情況。今見明代最早的節選本是明萬曆三十九年（1611）刊的《諸子十五種》本，此節選本節選的內容較少，難以辨認它出自何本，整體上和《范氏奇書》本較為相似，但其《禁使》篇「今夫驥虞以相監，皆善也」句與眾本都不同，眾本皆作「今夫驥虞以相監，不可事合而利異者也」，故此本或據有其他本子參校。接著便是陳深撰、明萬曆間刊《諸子品節》本。此本保留了馮覲本文中的注釋，但其《墾令》篇的行文，既無馮覲點評本的衍文，同時又避免了《范氏奇書》本的一些錯誤，而又無綿眇閣本的行文特點，故其應該是綜合了《范氏奇書》本和馮覲點評本

而來。但其應該也有借鑒《諸子十五種》本，因為其《禁使》篇也有不見於現存明全本的句子——「今夫驪虞以相監，皆善也」。陳本後是明陸可教選《新鐫諸子玄言評苑》本，此本的底本和《諸子品節》本雷同，其點評也多有抄襲《諸子品節》本的地方，因此毫無疑問是來源於陳深的《諸子品節》本，與此同時，此本也可能保留了參校本的一些信息，比如對於《墾令》篇「則農不敝，農不敝而有餘日」這句，《范氏奇書》本、綿眇閣本等多將「敝」字作「救」字，那麼這兩個字又如何會致訛了呢，這或許可以從此本得出一些答案。此本「敝」字的形態寫作㪚，這個字中有兩豎被點和勾代替了，使其看起來和「救」字非常相似，故後來刻工或將此「敝」字訛為了「救」字。陸本之後是偽託歸有光輯評的、明天啟五年（1625）刊《諸子匯函》本，據此本文中的注釋可知，此本所據之底本應同馮覲點評本，但是此本的行文卻較少衍文，此又與馮覲點評本不同而與《范氏奇書》本接近，因此此本當受這兩本影響。歸氏本後是陳仁錫評選的《子品金函》本，此本只收錄了《畫策》一篇，但此篇卻明顯與眾本有異，如「民勇者，戰勝。故能一民於戰者，民勇；不能一民於戰者，民不勇」，馮覲點評本與《范氏奇書》本都作「民勇者，戰勝。○○一民於戰者，民勇；不能一民於戰者，民不勇」，綿眇閣本作「民勇者，戰勝也。能一民於戰者，民勇；不能一民於戰者，民不勇」。此句從語氣上說，綿眇閣本最優。但不知陳仁錫本源於何本，其源於綿眇閣本的可能性較大。最後一個節選本是明王志遠輯《諸子合雅》本，但因此本只節選了聊聊數句而已，故其版本源流實難辨認。

由上可知，明代《商君書》刻本的源流大致是清晰的。其最早流行的本子應該是馮覲點評本，後《范氏奇書》本在此基礎上綜合了其他版本，故刪去了文中的許多衍文，並用「○」符號來替代，後來綿眇閣本又在《范氏奇書》本的基礎上增加了其他校本，故其出現了第二十一篇的篇目，以及《墾令》篇「無外交則國安不殆；民不賤農，則勉農而不偷」句、《外內》篇、《禁使》篇等的變化。再後來出現的版本，其行文多類似於《范氏奇書》本及綿眇閣本。節選本的情況也大致如此。雖然節選本中有個別本子因為篇幅有限難以確指，以及有個別字句上的差異，但其主要情況和全本應該相差不大。但是令人感到奇怪的是，綿眇閣本所出現的許多特徵僅是見於此一本而已，如第二十一篇的篇目。同是存目的第十六篇的篇目則多出現在後來的版本之中。而且，其《禁使》篇獨標缺二十八個字，嚴可均謂：「施本有注云：『下

缺二十八字』，各本下作空圍十六，吳本不缺，秦本有『今夫驪虞以相監，可事合而利同者也』十五字。」且在《墾令》篇有句同作「無外交則國安不殆；民不賤農，則勉農而不偷」者凡數見，但其並無第二十一篇篇目，如《且且庵初箋》本、《諸子褒異》本、《十二子》本等。這就讓人懷疑，其第二十一篇篇目的來源性及可信度的問題，因為這是孤本。難道此本在成書後就再也沒有流傳嗎？還是其同代人對其來源的合法性並不認同？筆者認為後者的可能性較大。

小　結

綜上所述，就歷代的著錄情況而言，雖然各代能見到著錄的資料的多少有異，但《商君書》的流傳變化及其版本源流是清晰的。就其分類而言，《漢志》將其列為法家和兵權謀家，其後主要被列為法家，但宋時又曾被列為雜家，明時又曾被列為官制類，清時又曾被列為兵家。通過梳理我們可以發現，《商君書》的許多古本已經流失，現傳的《商君書》應該主要從明清代的版本而來。

《漢志》中出現了兩種與商鞅有關的著作，一為法家類二十九篇的《商君》，另一個為兵權謀家類二十七篇的《公孫鞅》，兩者是否為同一書，則由其產生的情況而定。而根據漢代對書籍的整理情況、《漢志》的著錄體例、劉向校書時的情況和今本《商君書》的內容特點，我們對《公孫鞅》一書的緣起作了探討，並認為雖然兵權謀家《公孫鞅》與法家《商君》在篇數上差了兩篇，其文本情況也可能有諸多差異，但其中的內容應該有許多是重合的，其之所以會被重複著錄，可能是由於兩者的版本、內容等差異。

而就其書名的流變而言，《漢志》法家類稱之為「商君」，兵權謀家類稱為「公孫鞅」，三國時劉備稱為「商君書」，南北朝時「商君書」和「商子」都有，《群書治要》中又出現了混合兩者的「商君子」，唐代主要以「商君書」一名行世，五代後又主要以「商子」為主，其書名凡數變。「商子」的出現可能和經、子學術的分化以及目錄學中分類方法發生了變化有關。《商君書》的篇章內容也可能在魏晉南北朝目錄學發生變化之時或在唐初之時重新經過整合。

而就其篇章數目而言，《漢志》法家類著錄為「二十九篇」，兵家類著錄「二十七篇」，南北朝時期為「五卷」，隋唐時有「五卷」、「四卷」、「三卷」本，明時又有「一冊」和「一卷」本，南宋晁公武時存二十六篇，後至陳振

孫時又亡一篇，清時又亡一篇，最終餘二十四篇而已。根據一些新材料，我們把《商君書》開始缺佚的時間推測為韓愈之後的唐代末期。我們後來雖然發現了一些佚文，但屬於古人誤引的可能性較大。

接著，我們利用《新序・善謀》篇等典籍對漢代《商君書》的文本變化作了探討。發現《商君書》至遲在司馬遷時已經成書，因為《史記》中曾出現過《商君》一書。而在劉向之前，《商君書》應該還沒有固定的版本，這從《開塞》篇劉安稱為《啟塞》司馬遷稱為《開塞》就可以看出來，不僅是為了避諱而改的《開塞》，而且《史記》中提到的《耕戰》篇名和《農戰》也有異。儘管劉向對《商君書》進行過整理，但《漢志》中的《商君書》和現傳本應該是不同的，因為從《新序・善謀》篇對《更法》篇的引用看，它們之間還有許多字句上的差異。由此也可推知，《商君書》在漢代雖然經過劉向整理，但其內容在後來應該依然有變化，或經過二次整理。

再接著，我們利用《群書治要》本的情況對《商君書》在唐代的流變作了一些探索。因為目前沒有唐全本的《商君書》流傳下來，而只有《群書治要》節選的幾篇，故我們要瞭解唐代《商君書》的文本情況，就必須通過《群書治要》本來探索。通過對《群書治要》節選的三篇和明代主要的版本《范氏奇書》本的對比我們也可以發現，其書名、篇目、遣詞造句、文本繁簡到思想側重點等都和後世流傳的版本存在較大的差異。造成這些差異的原因較為複雜，有政治原因、版本原因，同時也有流傳的原因。《群書治要》本情況也一定程度上印證了我們上文中認為其經過二次整理的推測。所以，即使到了唐初，《商君書》的版本仍然在不斷地發生變化。

最後，我們對明代眾多版本的源流情況進行了梳理和辨別。這部分由於版本眾多，其中的關係頗為複雜，但其基本的源流應該是清晰的。明代眾多版本大概都不外乎馮覲點評本、綿眇閣本和《范氏奇書》本這三個系統。其中綿眇閣本和馮覲本要比《范氏奇書》本早。在一些節選本中雖然偶而發現了一些不同於這三個本子的語句，但應該是流傳致誤的原因。至於漢後魏晉南北朝及唐至宋代的情況，則由於文獻缺乏，我們亦難以得知。明後清代的版本源流情況，近人朱師轍已經詳細列出，筆者也已著錄於上文。而近代人的著作，作者一般會在書前交代清楚。故至此，我們在整體上對《商君書》由先秦至近現代的版本情況作了系統性的介紹和梳理。

由《商君書》的源流情況我們也可以略窺先秦古書流傳的崖略。《商君

書》本來應該是戰國時期的文獻，但是由於當時古書多以單篇流傳，而且《商君書》中的許多篇章產生較晚，所以《商君書》的成書可能相對較晚，而且即使它早已成書，但也並不意味著它在成書時便有了固定的版本，從漢代的情況來看，其可能晚至劉向時才有固定的版本。那麼在擁有固定版本之前，《商君書》的內容是否一成不變呢？這恐怕未必，因為單從書的篇名來看，《淮南子》所稱的《啟塞》，司馬遷所稱的《耕戰》，都未見於今本《商君書》，今本《商君書》將《啟塞》變成了《開塞》，將《耕戰》變成了《農戰》。既然篇名可以改變，那麼內容也未必不可改變，但是無論是「啟塞」還是「開塞」，「耕戰」還是「農戰」，它們的意思大概一致。當然其他篇章也可能產生完全不一致的改變，這點由於文獻的失傳我們已無法辨別。

那麼在有了固定版本以後是否也會發生改變呢？這也是可能的。因為《商君書》在漢時不稱「商君書」，而是稱為「商君」，據《漢志》所載有二十九篇，但是漢代以後《商君書》的書名和篇數都發生了變化。同樣，它的內容也是在不斷變化和發展的。《群書治要》中《定分》篇的內容和傳世本中《定分》篇內容就不盡相同，證明唐時它的文本內容仍然處在變化之中，只是這種變化的幅度可能比擁有固定版本之前要相對小一些而已。這就給我們以下啟示：一、我們在對古代一些文獻進行研究時，必須承認文本的內容可能會隨著時代的改變而改變，而且這種變化應該並不拘於某一朝代。二、我們在處理古代文獻，特別是先秦文獻時，不能輕易根據個別的字詞就認為它是真，或偽，這種做法在當今學界頗為流行，而應該綜合多方證據進行判斷。像上面我們所舉的「耕戰」與「農戰」一詞一樣，雖然「耕戰」一詞可能出現得晚些，但是它的意思和「農戰」甚為接近，司馬遷用「耕戰」來代替「農戰」可能只是想把它變得更為通俗而已，這點在司馬遷的《史記》那裡是常有的事，而非涉及到內容的真偽性，這也是我們今天要考察《商君書》源流的重要意義。

本章第一、三、四節曾在《暨南大學學報》2020年第六期上發表，有刪改。

第四章　商鞅的思想淵源

　　對於商鞅思想的源流問題，學界多有論及。王叔岷從商鞅思想的特點出發，將其思想和諸家思想的特點作了簡單的比較，並認為商鞅思想當受諸家學說的影響。[註1] 楊寬認為商鞅思想受刑名之學、尸子之學、李悝之教、吳起兵家之學的影響[註2]。後來鄭良樹又謂其精通刑名之學、習雜家之言、好李悝之教、兼兵家之術[註3]。又尸子之學，學界多認為是習雜家之說，故鄭良樹的說法實從楊寬處擴展而來，只不過論述得更為詳細一些而已。全衛敏注意到了楊寬與鄭良樹兩人的說法，並從學派、時代環境等角度出發，認為商鞅當受儒、墨、法、兵諸家影響，具體到人物則可能受李悝、吳起、孟子、孫武、申不害、慎到及許多墨子後學等人的影響；而對於商鞅學說的繼承的問題，則有門人、弟子、私屬之徒、秦國官吏等人[註4]。但楊寬、鄭良樹、全衛敏三人所論，多屬一般的泛論，基本不涉及商鞅具體思想的出處。張林祥則對商鞅學派學說的傳承、商君與慎到、申子、韓非、齊法家、李斯、《墨子‧城門篇》、尸子、尉繚等人物的關係作了探討[註5]，其特點是關注的點更為具體和詳細。到了高華平先生，則從《商君書》與先秦諸子關係的視角，較為系統和深入地梳理了《商君書》對儒、墨、道、名、法、

────────────────

〔註1〕王叔岷，《先秦道法思想講稿》，北京：中華書局，1992年版。

〔註2〕楊寬，《商鞅變法》，上海：上海人民出版社，1955年版。

〔註3〕鄭良樹，《商鞅評傳》，南京：南京大學出版社，1998年第84～89頁。

〔註4〕全衛敏，《出土文獻與〈商君書〉綜合研究》，臺北：花木蘭文化出版社，2013年第50～54頁。

〔註5〕張林祥，《〈商君書〉的成書與思想研究》，北京：人民出版社，2008年版第110～166頁。

農等諸家思想的批評與繼承關係〔註6〕。後賈馬燕又認為其受衛國文化影響〔註7〕，其立論的要點在於商鞅是出生和成長於衛國，但據筆者的考證，這是有待商榷的。

由上文可知，雖然學界已經對商鞅思想的源流情況作了大致性梳理，但多是泛泛而論，而且對商鞅思想源流的探討，還基本集中在各思想家內部。事實上，商鞅的思想來源應該是多元的，他既可能受各個思想家的影響，也可能受除了思想家之外的各種人和實踐的影響。他的思想應該是隨著他的人生經歷的不同而不斷生發和變化的，是一個歷時性的過程。故對於商鞅思想的源流問題，我們應該根於商鞅的人生歷程，用更廣的視野對各種可能的因素進行審視，以期更加客觀和全面地認識商鞅思想的來源。

第一節　衛國文化的影響

對於衛國文化對商鞅發生何種影響的問題，張林祥謂：「《康誥》的治國精神塑造了衛國的政治傳統，商鞅在衛國的成長經歷雖然史無記載，但可以肯定受了這種傳統影響」〔註8〕。賈馬燕謂：「衛國由於其獨特的地理位置和建國歷史，深受殷商文化和西周文化的影響，從而形成了衛國獨特的文化風俗，並對生活於其中的商鞅產生了深刻影響。殷商法律的細密、嚴厲引起了少年商鞅的興趣，魏國中庶子的為官經歷為商鞅研讀李悝《法經》提供了便利。衛人思想的開放性開闊了商鞅的視野，使其在修習諸家學說的基礎上選擇法家學說。衛國發達的手工業和商業及其對國家政治的影響，奠定了商鞅『重農抑商』的思想。」〔註9〕那麼詳細情況到底如何呢？請看下文的具體分析。

我們在前文中已經對商鞅的身世有所考證，認為歷史上兩種說法都是可能的：一種是商鞅由衛入魏；另一種是商鞅可能是公叔痤之子。但無論是哪

〔註6〕 高華平，《商鞅及早期法家的學術批評——以〈商君書〉與先秦諸子思想的關係為中心》，《暨南學報（哲學社會科學版）》，2020年6月。

〔註7〕 賈馬燕，《商鞅思想來源探析》，《西安文理學院學報（社會科學版）》，2020年10月。

〔註8〕 張林祥，《〈商君書〉的成書與思想研究》，北京：人民出版社，2008年版第129頁。

〔註9〕 賈馬燕，《商鞅思想來源探析》，《西安文理學院學報（社會科學版）》，2020年10月。

種情況，商鞅受衛國文化的影響都是必然的，只不過一種是直接影響，另一種是間接影響而已。衛國是原殷商故地，《尚書·康誥》謂周成王「既伐管叔、蔡叔，以殷餘民封康叔」，並叮嚀其「明德慎罰」「敬明乃罰」〔註10〕，《史記·衛康叔世家》謂：「成王長，用事，舉康叔為周司寇，賜衛寶祭器，以章有德。」〔註11〕所謂司寇者，本來就是負責刑罰諸事，故衛國的傳統一開始就可能是禮法並重，這或許就是所謂的「啟以商政，疆以周索」〔註12〕。但是，後來衛國曾被狄所滅，並對周時的文化產生重要的衝擊，禮樂文明在衛國逐漸被瓦解。《漢書·地理志》謂：「至十六世，懿公亡道，為狄所滅。齊桓公帥諸侯伐狄，而更封衛於河南曹、楚丘，是為文公。而河內殷虛，更屬於晉。康叔之風既歇，而紂之化猶存，故俗剛強，多豪桀侵奪，薄恩禮，好生分。」「衛地有桑間濮上之阻，男女亦亟聚會，聲色生焉，故俗稱鄭衛之音。周末有子路、夏育，民人慕之，故其俗剛武，上氣力。」〔註13〕我們知道，周代的禮樂文明是特別強調禮、德和宗族之間的血緣關係的，封國君主之間經常以叔伯相稱。本來在這樣的文化氛圍之下，各國之間無論存在多大的矛盾衝突，都應該是一致對外的。但是衛國的遭遇卻並非如此，各諸侯國在衛國遭受攻擊時各懷鬼胎作壁上觀，竟眼睜睜地看著衛國被少數民族政權所滅。雖然後來諸侯幫助其復國，但衛國的精英們難免不會對過去的價值觀念產生懷疑和反思，所以其既有之價值秩序崩潰就是不難理解的事，故衛國「薄恩禮」的風俗或與此有關。又由於國家弱小，故尚剛強、氣力；又由於價值觀念的崩潰、禮制的失寵，故人慾泛濫，產生鄭衛之音；其精英階層也勢必因為權力的爭奪而互相傾軋，故公室不寧。亂則思治，而禮制已不可靠，故尚法制、權謀、兵事。而衛國文化的這些特點，顯然影響到了商鞅和公叔痤。

《戰國策·魏策一·魏公叔痤為魏將》：

> 魏公叔痤為魏將，而與韓、趙戰澮北，禽樂祚。魏王說，迎郊，以賞田百萬祿之。公叔痤反走，再拜辭曰：「夫使士卒不崩，直而不倚，撓挑而不屈者，此吳起余教也，臣不能為也。前脈形地之險阻，

〔註10〕李民，王健撰，《尚書譯注》，上海：上海古籍出版社，2012 年版第 203、206 頁。

〔註11〕（西漢）司馬遷撰，《史記》（二），北京：中華書局，2011 年版第 1450 頁。

〔註12〕（魏晉）杜預，《春秋左傳集解·定公四年》，上海人民出版社，1977 年版。

〔註13〕張烈主編，《漢書注譯·志》（二），海口市：南方出版社，1997 年版第 1820、1831 頁。

決利害之備，使三軍之士不迷惑者，巴寧、爨襄之力也。懸賞罰於前，使民昭然信之於後者，王之明法也。見敵之可也，鼓之不敢怠倦者，臣也。王特為臣之右手不倦賞臣，何也？若以臣之有功，臣何力之有乎？」王曰：「善。」於是索吳起之後，賜之田二十萬。巴寧、爨襄田各十萬。

王曰：「公叔豈非長者哉！既為寡人勝強敵矣，又不遺賢者之後，不掩能士之跡，公叔何可無益乎？」故又與田四十萬，加之百萬之上，使百四十萬。故《老子》曰：「聖人無積，盡以為人，己愈有；既以與人，己愈多。」公叔當之矣。〔註14〕

由上文可知，公叔痤首先應該是一位崇尚氣力、剛強勇武、通曉兵事的將軍，這和我們上文論述的衛國文化相契。後來荀子在《議兵》篇謂：「故齊之田單，楚之莊蹻，秦之衛鞅，燕之繆蟣，是皆世俗所謂善用兵者也。」〔註15〕可知商鞅亦通曉兵事。《史記·商君列傳》記錄了商鞅多次發動對魏戰爭，並取得勝利；《漢志·兵權謀家》著錄有《公孫鞅》二十七篇；今本《商君書》特重「農戰」，其中專門論述其軍事思想的有《戰法》《立本》《兵守》諸篇。其次，由公叔痤與魏王的對話可知，公叔痤對吳起的治軍之功非常推崇。吳起在魏期間應該是一位亦儒亦法亦兵的具有綜合潛質的人物，公叔痤顯然亦受此影響。由公叔痤對魏王封賞的謙讓和魏惠王稱其為長者可知，公叔痤本人也應具有某些儒學的潛質。當然公叔痤本人也受法家學說的影響，這從其稱讚魏王「懸賞罰於前，使民昭然信之於後者，王之明法也」亦可知。故公叔痤應該類似吳起，也是一位亦儒亦法亦兵的具有多種潛質的人。商鞅顯然也受其影響，思想開闊，具有多維特點。這從高華平先生從諸家學派思想互動的角度對《商君書》的思想進行梳理就可以看出〔註16〕。

又，此文的最後是用《老子》文句來評價公叔痤的，故公叔痤亦當受老學思想的影響，而且公叔痤的老學思想，更傾向是一種權謀之術，這點倒是和衛國文化中「多豪桀侵奪，薄恩禮」的特點類似。這也可以從他對吳起的

〔註14〕諸祖耿，《戰國策集注匯考》（中），南京：鳳凰出版社，2008 年版第 1148～1149 頁。

〔註15〕（清）王先謙撰，沈嘯寰、王星賢點校，《荀子集解》（下），北京：中華書局，1988 年版第 326 頁。

〔註16〕高華平，《商鞅及早期法家的學術批評──以〈商君書〉與先秦諸子思想的關係為中心》，《暨南學報（哲學社會科學版）》，2020 年 6 月。

排擠中看出，《史記·孫子吳起列傳》：

> 田文既死，公叔為相，尚魏公主，而害吳起。公叔之僕曰：
> 「起易去也。」公叔曰：「奈何？」其僕曰：「吳起為人節廉而自喜
> 名也。君因先與武侯言曰：『夫吳起賢人也，而侯之國小，又與強
> 秦壤界，臣竊恐起之無留心也。』武侯即曰：『奈何？』君因謂武
> 侯曰：『試延以公主，起有留心則必受之。無留心則必辭矣。以此
> 卜之。』君因召吳起而與歸，即令公主怒而輕君。吳起見公主之賤
> 君也，則必辭。」於是吳起見公主之賤魏相，果辭魏武侯。武侯疑
> 之而弗信也。吳起懼得罪，遂去，即之楚。〔註17〕

按照《國策》的語氣，公叔痤為將應該是在他排擠了吳起之後。從他為吳起請功的行為看，他是一位「長者」，而從他排擠吳起的經過看，他又是一位自私、陰險、無情之人。這些特質應該也影響到了商鞅，商鞅後來對魏公子卬的欺騙就和公叔痤排擠吳起的經過就有幾分相似性。故綜上所述，公叔痤的多元氣質和衛國文化中的尚剛強、氣力、權謀、法制，薄恩禮的特點都應該影響到了商鞅思想的形成和發展。

第二節　魏國文化──商鞅思想最主要的來源

對於魏國文化對商鞅的影響，目前學界主要著眼在李悝、吳起兩人。錢穆謂：「鞅入秦相孝公，考其行事，則李克吳起之遺教為多。史稱鞅先說孝公以比德殷周，是鞅受儒業之明證也。其變法，令民什伍相收司連坐，此受之於李克網經也。立木南門，此吳起償表之故智也。開阡陌封疆，此李克盡地力之教也。遷議令者邊城，此吳起令貴人實廣虛之地之意也。……今按重農政，李悝吳起商君一也。……重法律，亦李悝吳起商君一也。……是重兵事，又李悝吳起商君三人所同也。」〔註18〕類似的還有鄭良樹、全衛敏等人。但是張林祥經過較為詳細的比對後認為，「立法審令，削弱貴族，打擊淫民，獎勵耕戰，富國強兵，是李悝、吳起、商鞅的共同點。商鞅無疑繼承了李、吳，但如錢穆說商鞅之政皆受之於李、吳，則顯然太絕對了，事實上商鞅的變法

〔註17〕（西漢）司馬遷撰，《史記》（三），北京：中華書局，2011 年版第 1922～1923 頁。

〔註18〕錢穆，《先秦諸子繫年》，北京：商務印書館，2005 年版第 263～264 頁。

無論深度還是廣度都遠遠超出李、吳。」〔註19〕筆者認為，且不論李悝、吳起對商鞅思想的影響到底如何，就其研究的視野而論，以上諸位的研究視野都過於狹隘，都把目光集中在一兩個人身上。事實上，商鞅可能出生和成長都在魏國，魏國文化對其影響，更多應該是整體上和多元化的，而非某兩個人的，前文論述公叔痤對其影響就是李、吳之外顯著的一例。故對於魏國文化對商鞅影響的具體情況，還有待我們進一步理清。

一、由兼容並包轉向法、兵、農為主的魏國文化

在上文，我們大概論述了公叔痤以及衛國文化可能對商鞅產生的影響，但就像我們在商鞅生平考述章所說的那樣，商鞅可能是公叔痤之子，其出生和成長於魏國，其本人或許從來沒有在衛國生活過。故對商鞅思想產生影響的，或主要是魏國文化。

商鞅本人對魏國的歷史也應十分熟悉，魏國也有重視法治的傳統。《商君書・更法篇》載其稱引魏國前人的說法謂：「郭偃之法曰：『論至德者不和於俗，成大功者不謀於眾。』」〔註20〕郭偃即卜偃，大概是晉獻公、文公間人，曾輔助晉文公重耳進行改革。《韓非子・南面》：「管仲毋易齊，郭偃毋更晉，則桓、文不霸矣。」〔註21〕《戰國策・趙策四・客見趙王》：「客曰：『燕郭之法，有所謂桑雍者，王知之乎？』王曰：『未之聞也。』『所謂桑雍者，便辟左右之近者，及夫人憂愛孺子也。此皆能乘王之醉昏，而求所欲於王者也。是能得之乎內，則大臣為之枉法於外矣。故日月暉於外，其賊在於內，謹備其所憎，而禍在於所愛。』」〔註22〕蔣禮鴻謂：「燕郭，曾本作郭偃；桑雍，劉本作柔癰。王念孫《讀書雜志》謂：『燕郭當作郭燕，即郭偃；桑雍當作柔癰』。」〔註23〕今觀其法，注重防範近親左右徇私枉法，和商鞅重法的思想有一定的相似性。除了郭偃外，文公時期的重臣狐偃也是頗具法家精神的人物，《韓非子・外儲說右上》：

〔註19〕張林祥，《〈商君書〉的成書與思想研究》，北京：人民出版社，2008 年版第 129頁。

〔註20〕蔣禮鴻，《商君書錐指》，北京：中華書局，1986 年版第 2 頁。

〔註21〕（清）王先慎撰，鍾哲點校，《韓非子集解》，北京：中華書局，1998 年版第128 頁。

〔註22〕諸祖耿，《戰國策集注匯考》（中），南京：鳳凰出版社，2008 年版第 1109～1110 頁。

〔註23〕蔣禮鴻，《商君書錐指》，北京：中華書局 1986 年版第 2 頁。

晉文公問於狐偃曰:「寡人甘肥周於堂,巵酒豆肉集於宮,壺酒不清,生肉不布,殺一牛遍於國中,一歲之功盡以衣士卒,其足以戰民乎?」狐子曰:「不足。」文公曰:「吾弛關市之征而緩刑罰,其足以戰民乎?」狐子對曰:「不足。」文公曰:「吾民之有喪資者,寡人親使郎中視事,有罪者赦之,貧窮不足者與之,其足以戰民乎?」狐子對曰:「不足。此皆所以慎產也;而戰之者,殺之也。民之從公也,為慎產也,公因而迎殺之,失所以為從公矣。」曰:「然則何如足以戰民乎?」狐子對曰:「令無得不戰。」公曰:「無得不戰奈何?」狐子對曰:「信賞必罰,其足以戰。」公曰:「刑罰之極安至?」對曰:「不闢親貴,法行所愛。」文公曰:「善。」明日,令田於圃陸,期以日中為期,後期者行軍法焉。於是公有所愛者曰顛頡,後期,吏請其罪,文公隕涕而憂。吏曰:「請用事焉。」遂斬顛頡之脊以徇百姓,以明法之信也。而後百姓皆懼曰:「君於顛頡之貴重如彼甚也,而君猶行法焉,況於我則何有矣。」文公見民之可戰也,於是遂興兵伐原,克之;伐衛,東其畝,取五鹿;攻陽勝虢;伐曹;南圍鄭,反之陴;罷宋圍。還與荊人戰城濮,大敗荊人;返為踐土之盟,遂成衡雍之義:一舉而八有功。所以然者,無他故異物,從狐偃之謀,假顛頡之脊也。〔註24〕

由上可知,狐偃是一個十分重視刑罰和立信作用的人,並且他認為刑罰需不避親貴。這些思想顯然影響到後來李悝、吳起、商鞅等人,這也是法家思想的一個共同特點。但是筆者認為,晉文公時期距離商鞅畢竟較為久遠,況且後來又發生了三家分晉的事,晉國的情況和魏國的情況不可同日而語。故商鞅雖然熟悉那段歷史,但對其思想產生重要影響的,還是距離商鞅較近的歷史。

又按照商鞅入秦時的年齡大概 25 歲左右推算,商鞅應該出生和成長於魏武侯時期。由於真正奠定魏國霸業基礎的是魏文侯,魏武侯主要是沿用其父魏文侯的治國方略,故我們如果要考察魏武侯時期魏國文化的特質,必須從魏文侯時期開始。那麼魏文侯時期魏國文化生態到底如何呢?筆者認為《史記·魏世家》載翟璜與魏成子爭相這段文字,最能體現當時魏國人才之

〔註24〕　(清)王先慎撰,鍾哲點校,《韓非子集解》,北京:中華書局,1998 年版第355～356 頁。

盛況和文化特質：

　　魏文侯謂李克曰：「先生嘗教寡人曰『家貧則思良妻，國亂則思良相』。今所置非成則璜，二子何如？」……李克曰：「君不察故也。居視其所親，富視其所與，達視其所舉，窮視其所不為，貧視其所不取，五者足以定之矣，何待克哉！」文侯曰：「先生就舍，寡人之相定矣。」李克趨而出，過翟璜之家。翟璜曰：「今者聞君召先生而卜相，果誰為之？」李克曰：「魏成子為相矣。」翟璜忿然作色曰：「以耳目之所睹記，臣何負於魏成子？西河之守，臣之所進也。君內以鄴為憂，臣進西門豹。君謀欲伐中山，臣進樂羊。中山以拔，無使守之，臣進先生。君之子無傅，臣進屈侯鮒。臣何以負於魏成子！」李克曰：「且子之言克於子之君者，豈將比周以求大官哉？君問而置相『非成則璜，二子何如』？克對曰：『君不察故也。居視其所親，富視其所與，達視其所舉，窮視其所不為，貧視其所不取，五者足以定之矣，何待克哉！』是以知魏成子之為相也。且子安得與魏成子比乎？魏成子以食祿千鍾，什九在外，什一在內，是以東得卜子夏、田子方、段干木。此三人者，君皆師之。子之所進五人者，君皆臣之。子惡得與魏成子比也？」翟璜逡巡再拜曰：「璜，鄙人也，失對，原卒為弟子。」〔註25〕

類似的記載還見於《說苑‧臣術》篇：

　　田子方渡西河，造翟黃，翟黃乘軒車，載華蓋黃金之勒，約鎮簟席，如此者其駟八十乘，子方望之以為人君也，道狹下抵車而待之，翟黃至而睹其子方也，下車而趨，自投下風，曰：「觸」，田子方曰：「子與！吾向者望子疑以為人君也，子至而人臣也，將何以至此乎？」翟黃對曰：「此皆君之所以賜臣也，積三十歲故至於此，時以間暇祖之曠野，正逢先生。」子方曰：「何子賜車轝之厚也？」翟黃對曰：「昔者西河無守，臣進吳起；而西河之外，寧鄴無令，臣進西門豹，而魏無趙患；酸棗無令，臣進北門可，而魏無齊憂；魏欲攻中山，臣進樂羊而中山拔；魏無使治之臣，臣進李克而魏國大治。是以進此五大夫者，爵祿倍，以故至於此。」子方曰：「可，

〔註25〕　（西漢）司馬遷撰，《史記》（三），北京：中華書局，2011 年版第 1651～1652頁。

子勉之矣，魏國之相不去子而之他矣。」翟黃對曰：「君母弟有公
孫季成者，進子夏而君師之，進段干木而君友之，進先生而君敬之，
彼其所進，師也，友也，所敬者也；臣之所進者，皆守職守祿之臣
也，何以至魏國相乎？」子方曰：「吾聞身賢者賢也，能進賢者亦
賢也，子之五舉者盡賢，子勉之矣，子終其次也。」〔註26〕

　　詳細觀察這兩段材料，其內容多有相似之處，《說苑・臣術》篇的翟璜與田
子方的對話似乎是在翟璜與李克的對話之後，而且翟璜對田子方所說的內容，
吸收了李克對翟璜所說的內容，那麼歷史上真有如此巧合之事嗎？就這兩段材
料的內容看，兩者並無太大衝突，翟璜在遇見李克後再遇見田子方，也不是不
可能。但筆者認為，兩者恐都有傳說的成分。魏國歷史上確實先是魏成子為相，
後到翟璜。詳細觀察材料就可知，魏成子與翟璜雖然都善於推薦人才，但是魏
成子與翟璜所薦之人在魏國的地位和思想的成色是不同的，魏成子和翟璜兩人
的思想傾向或許也有很大差異，兩者在朝堂上或許也有競爭，兩人又一先一後
相繼擔任魏國宰相，故民間可能想像兩者有過爭相的經歷。這兩段材料應該就
是這樣產生的，其中所涉人物，在魏國歷史上應是真實存在的。

　　由上面的材料可知，魏文侯應該是一位頗重收攬各種人才的君主，他以
卜子夏、田子方、段干木為師，又任用魏成子、翟璜、李克、吳起、北門可、
西門豹、樂羊、屈侯鮒等一幹能人為臣，縱觀魏文侯一朝，可謂人才濟濟焉。
下面筆者將對以上人物可考者略作介紹，以見出當時魏國文化之特質，及其
可能對商鞅產生的影響。

　　卜子夏，即卜商，字子夏，春秋末期晉國人，曾為魯國莒父宰。《史記・
仲尼弟子列傳》謂其「少孔子四十四歲……孔子既沒，子夏居西河教授，為
魏文侯師。其子死，哭之失明。」〔註27〕洪邁《容齋隨筆》：「孔子卒時，子
夏年二十八矣。魏始為侯，去孔子卒時七十五年。文侯為大夫二十二年而為
侯，又六年而卒。姑以始侯之歲計之，則子夏已百三歲矣，方為諸侯師，豈
其然乎？」〔註28〕錢穆謂：「魏文初立，實周定王二十三年，去孔子之卒三十
三年。子夏年六十三也。為文侯師，自是後人追述語，何必定計魏文始侯以
往哉？」〔註29〕錢說為是。子夏是孔子著名的學生，《論語・先進》：「德行：

〔註26〕程翔評注，《說苑》，北京：商務印書館，2018 年版第 74～75 頁。
〔註27〕（西漢）司馬遷撰，《史記》（三），北京：中華書局，2011 年版第 1951 頁。
〔註28〕（宋）洪邁，《容齋隨筆》（上），北京：中華書局，2005 年版第 242 頁。
〔註29〕錢穆，《先秦諸子繫年》，北京：商務印書館，2005 年版第 144 頁。

顏淵、閔子騫、冉伯牛、仲弓；言語：宰我、子貢；政事：冉有、李路；文學：子游、子夏。」〔註30〕可見其對當時各種典籍十分熟悉，《論語》中記錄其言行有二十處以上，涉及論學、論孝、論禮、論政、論德、論君子小人等，可見其在儒門重要之地位，孔子曾叮嚀其要「為君子儒，無為小人儒」，其本人也曾曰：「大德不逾閑；小德出入可也。」可見他或許不是很嚴格恪守禮制的通達之人。又曾曰：「可者與之，其不可者拒之。」其剛直又與法家有幾分相似。郭沫若曾謂：「（儒家）八派中把子夏氏之儒除外了，這裡有一個重要的關鍵。這是韓非承認法家出於子夏，也就是自己的宗師，故把他從儒家中剔除了。」〔註31〕故子夏實是魏地法家的宗師，後來法家人士思想中的儒學色彩，多是承這一脈而來，商鞅亦不例外。

田子方，名無擇，《呂氏春秋·仲春紀》謂其學於子貢，由此可知其思想中當有儒家色彩。又今《莊子·田子方》篇涉及田子方處的內容如下：

> 田子方侍坐於魏文侯，數稱谿工。文侯曰：「谿工，子之師邪？」子方曰：「非也，無擇之里人也。稱道數當故無擇稱之。」文侯曰：「然則子無師邪？」子方曰：「有。」曰：「子之師誰邪？」子方曰：「東郭順子。」文侯曰：「然則夫子何故未嘗稱之？」子方曰：「其為人也真。人貌而天虛，緣而葆真，清而容物。物無道，正容以悟之，使人之意也消。無擇何足以稱之！」子方出，文侯儻然，終日不言。召前立臣而語之曰：「遠矣，全德之君子！始吾以聖知之言、仁義之行為至矣。吾聞子方之師，吾形解而不欲動，口鉗而不欲言。吾所學者，直土埂耳！夫魏真為我累耳！」〔註32〕

由上可知，田子方思想上有濃重的道家色彩，魏文侯本人也對道家學說頗感興趣，並認為其應該比儒家學說境界更高。故，以田子方在魏國所受的尊崇程度看，其徒眾也必然眾多，魏地的道家氛圍應相當濃厚。高華平先生謂：「從現有文獻來看，在中國先秦思想中有意識地將法家思想與道家思想聯繫起來的第一人，當屬法家的商鞅。」〔註33〕故商鞅在魏國時必定受過道家

〔註30〕（宋）朱熹撰，《四書章句集注》，北京：中華書局，1983年版第124頁。
〔註31〕郭沫若，《十批判書》，北京：人民出版社，2012年版第96頁。
〔註32〕（晉）郭象注，（唐）成玄英疏，《莊子注疏》，北京：中華書局，2011年版第374～375頁。
〔註33〕高華平，《商鞅及早期法家的學術批評——以〈商君書〉與先秦諸子思想的關係為中心》，《暨南學報（哲學社會科學版）》，2020年6月。

文化的薰陶。《戰國策‧魏一‧魏文侯與田子方飲酒而稱樂》：「魏文侯與田子方飲酒而稱樂。文侯曰：『鐘聲不比乎，左高。』田子方笑。文侯曰：『奚笑？』子方曰：『臣聞之，君明則樂官，不明則樂音。今君審於聲，臣恐君之聾於官也。』文侯曰：『善，敬聞命。』」〔註34〕後《商君書》中多有對沉溺聲樂的行為進行批判，也多有關於官僚治理的論述，其思想或發軔於此。

段干木，錢穆謂其姓段干，《呂氏春秋‧仲春紀》謂其學於子夏〔註35〕，《孟子‧滕文公下》：「段干木逾垣而闢之。」〔註36〕似指其曾經有過避見諸侯的經歷。《戰國策‧齊策三‧孟嘗君讌坐》：「勝瞀曰：『臣願以足下之府庫財物，收天下之士，能為君決疑應卒，若魏文侯之有田子方、段干木也。此臣之所為君取矣。』」〔註37〕由此可知，田子方和段干木都曾為魏文侯廣攬才士、收買人心和出謀劃策。《史記‧魏世家》謂魏文侯「客段干木，過其閭，未嘗不軾也。」〔註38〕可見其對段干木尊敬的程度。又《說苑‧尊賢》：「魏文侯見段干木，立倦而不敢息；及見翟璜，踞堂而與之言，翟璜不說。文侯曰：『段干木，官之則不肯，祿之則不受；今汝欲官則相至，欲祿則上卿；既受吾賞，又責吾禮，毋乃難乎？』」〔註39〕《新序‧雜事第五》：「魏文侯過段干木之閭而軾，其僕曰：『君何為軾？』曰：『此非段干木之閭乎？段干木蓋賢者也，吾安敢不軾？且吾聞段干木未嘗肯以己易寡人也，吾安敢高之？段干木光乎德，寡人光乎地；段干木富乎義，寡人富乎財。地不如德，財不如義。寡人當事之者也。』遂致祿百萬，而時往問之，國人皆喜，相與誦之曰：『吾君好正，段干木之敬；吾君好忠，段干木之隆。』居無幾何，秦興兵欲攻魏，司馬唐且諫秦君曰：『段干木，賢者也，而魏禮之，天下莫不聞，無乃不可加兵乎？』秦君以為然，乃案兵而輟，不攻魏。」〔註40〕段干木之思想已不可考，但從其師事子夏看，其思想當有儒家色彩；從其傲視魏文侯看，其似乎又有超脫名利的

〔註34〕諸祖耿，《戰國策集注匯考》（中），南京：鳳凰出版社，2008 年版第 1141～1142 頁。

〔註35〕許維遹撰，梁運華整理，《呂氏春秋集釋》（上），北京：中華書局，2009 年版第 53 頁。

〔註36〕（南宋）朱熹撰，《四書章句集注》，北京：中華書局，1983 年版第 274 頁。

〔註37〕諸祖耿，《戰國策集注匯考》（上），南京：鳳凰出版社，2008 年版第 573 頁。

〔註38〕（西漢）司馬遷撰，《史記》（三），北京：中華書局，2011 年版第 1650 頁。

〔註39〕程翔評注，《說苑》，北京：商務印書館，2018 年版第 363 頁。

〔註40〕（西漢）劉向著，趙仲邑注，《新序詳注》，北京：中華書局，2017 年版第 152 頁。

一面，而接近道家。

西門豹，生卒年不詳，魏文侯時任鄴令。《淮南子‧人間訓》載：

> 西門豹治鄴，廩無積粟，府無儲錢，庫無甲兵，官無計會，人
> 數言其過於文侯。文侯身行其縣，果若人言。文侯曰：「翟璜任子治
> 鄴，而大亂。子能道則可，不能，將加誅於子！」西門豹曰：「臣聞
> 王主富民，霸主富武，亡國富庫。今王欲為霸王者也，臣故稸積於
> 民。君以為不然，臣請升城鼓之，甲兵粟米，可立具也。」於是乃
> 升城而鼓之。一鼓，民被甲括矢，操兵弩而出；再鼓，負輦粟而至。
> 文侯曰：「罷之。」西門豹曰：「與民約信，非一日之積也。一舉而
> 欺之，後不可復用也。燕常侵魏入城，臣請北擊之，以復侵地。」
> 遂舉兵擊燕，復地而後反。〔註41〕

由此可知，西門豹頗懂治國理政之術，而且其治鄴地，以注重「富民」和
「富武」，此點與商鞅重視耕戰類似。又從其擊燕復地可知，其本人應該也富
於謀略，善於征戰，此點亦與商鞅類似。《史記‧滑稽列傳》記載了他在鄴時
治理「河伯娶婦」這個不良風俗的經過，由此可知其在社會治理方面亦頗有策
略。接著記載了他在鄴地興修水利，勸課農桑的經過：

> 西門豹即發民鑿十二渠，引河水灌民田，田皆溉。當其時，民
> 治渠少煩苦，不欲也。豹曰：「民可以樂成，不可與慮始。今父老子
> 弟雖患苦我，然百歲後期令父老子孫思我言。」至今皆得水利，民
> 人以給足富。十二渠經絕馳道，到漢之立，而長吏以為十二渠橋絕
> 馳道，相比近，不可。欲合渠水，且至馳道合三渠為一橋。鄴民人
> 父老不肯聽長吏，以為西門君所為也，賢君之法式不可更也。長吏
> 終聽置之。故西門豹為鄴令，名聞天下，澤流後世，無絕已時，幾
> 可謂非賢大夫哉！〔註42〕

今本《商君書‧更法》篇商鞅稱引俗語謂：「愚者暗於成事，知者見於未
萌。民不可與慮始，而可與樂成。」〔註43〕此處西門豹又說「民可以樂成，
不可與慮始」，兩者大同小異。又西門豹所說的「今父老子弟雖患苦我，然百
歲後期令父老子孫思我言」，與商鞅在秦推行改革時不顧秦民言初令不便的

〔註41〕何寧撰，《淮南子集釋》（下），北京：中華書局，1998 年版第 1268～1271 頁。
〔註42〕（西漢）司馬遷撰，《史記》（四），北京：中華書局，2011 年版第 2783～2784
頁。
〔註43〕蔣禮鴻，《商君書錐指》，北京：中華書局 1986 年版第 2 頁。

經歷相似。西門豹大力興修水利、重視農業和拓荒的精神與《商君書・墾令》篇的思想傾向也十分類似。故筆者認為，商鞅應該較為熟悉和考究過西門豹的事蹟，並受其影響較大。

其他人物，如李悝和吳起後文將有專題探討，魏成子、翟璜、樂羊、屈侯鮒等人思想與身世多不可考，但以上人物多有過人之處，像魏成子、翟璜先後為魏文王相，並多次向魏文王推薦人才，想必亦是胸懷磊落之人。樂羊是滅中山名將，《淮南子・人間訓》：「魏將樂羊攻中山，其子執在城中。城中縣其子以示樂羊。樂羊曰：『君臣之義，不得以子為私。』攻之愈急。中山因烹其子，而遺之鼎羹與其首。樂羊循而泣之曰：『是吾子！』已，為使者跪而啜三杯。使者歸報，中山曰：『是伏約死節者也，不可忍也。』遂降之。」〔註44〕其公而忘私，刻薄寡恩、諳熟兵法又與商鞅相似。屈侯鮒是太子傅，從後來魏武王瀆好征戰看和重用法家人士看，其思想必有類似的傾向。

對於魏文王時期的文化氣象，錢穆先生謂：「其間有二端，深足以見世局之變者，一為禮之變，一為法之興。」〔註45〕筆者認為，此固然為不刊之論，一語中的。但是以以上諸人觀之，儒、道、法、兵、農諸家於魏文侯時期實並行不悖，甚至子夏、段干木、田子方這些非法家人士在魏文王前中期還佔據著主要位置，只是後來隨著時移世易，法兵農三家逐漸佔據了主流而已，故筆者認為魏國文侯時期魏國文化當是一種博大有容、革故鼎新的氣象，後來魏武侯基本沿襲了魏文侯時期的基本路線。但因為他較好征戰，故更為偏向法兵農諸家，其重用李克、吳起、樂羊等人就是這種思想的體現。所以，商鞅就是在魏國文化逐漸由多家並容轉向法兵農為主的過程中成長起來的，今考《商君書》思想之底色，亦多以這三家為底。

二、李克對商鞅的思想影響

李克，錢穆謂李克即李悝。《史記・貨殖列傳》：「當魏文侯時，李克務盡地力。」〔註46〕《漢書・藝文志・儒家》：「《李克》七篇。」班固注：「子夏弟子，為魏文侯相。」〔註47〕又法家類有「《李子》三十二篇。」班固注：「名悝，

〔註44〕何寧撰，《淮南子集釋》（下），北京：中華書局，1998 年版第 1268～1271 頁。
〔註45〕錢穆，《先秦諸子繫年》，北京：商務印書館，2005 年版第 157 頁。
〔註46〕（西漢）司馬遷撰，《史記》（四），北京：中華書局，2011 年版第 2824 頁。
〔註47〕張舜徽，《漢書藝文志通釋》，武漢：華中師範大學，2004 年版第 260 頁。

相魏文侯富國強兵。」﹝註48﹞《漢志》:「《神農》二十篇。」班固注:「六國時諸子,疾時怠於農業,道耕農事。」顏師古曰:「劉向《別錄》云:『疑李悝及商君所說。』」﹝註49﹞除了前文引錢穆謂商鞅在重農政、重法律、重兵事等方面受李克影響外,學界多認為商鞅在刑罰和農業方面受李克的影響。如鄭良樹謂史載商鞅曾攜帶李悝的《法經》入秦,故其受《法經》的影響是很自然的事,又謂「根據《漢書·食貨志》的記載對於農業的發展、土地的規劃、人口的調配以及市場的管治,李悝自有一套政策和措施,史稱為『盡地力之教』。商鞅對於這一套學問,不但是耳濡目染,而且還衷心佩服、勤加學習。《商君書》在這方面的材料,為數甚多;比如《算地》,著重於討論土地規劃、利用土地及調動民力;又比如《徠民》,則討論人口規劃及墾荒闢地的課題;這些篇章,雖然不盡是商鞅自己的作品,卻也可以說明他及其學派受李悝『盡地力之教』的影響。」﹝註50﹞仝衛敏亦認為李悝的「盡地力之教」等做法對商鞅影響很大,李悝和商鞅所制定的秦律有一脈相承的關係。﹝註51﹞張林祥則認為對李悝的思想商鞅既有繼承也有超越。﹝註52﹞那麼,詳細情況到底如何呢?請看筆者後文的分析。

首先,從《漢志》對李克著作著錄的情況可知,李克應該是一位亦儒亦法亦農的具有多元思想的人物。商鞅亦是如此,而且據劉向《別錄》對《神農》的注釋看,兩者關於農業的學說或有較大的相似性,否則不可能合著。

其次,對於李悝「盡地力之教」的具體內容,《漢書·食貨志》有所介紹:

> 李悝為魏文侯作盡地力之教,以為地方百里,提封九百頃,除山澤、邑居參分去一,為田六百萬畝,治田勤謹則畝益三升,不勤則損亦如之。地方百里之增減,輒為粟百八十萬石矣。又曰:糴甚貴傷民,甚賤傷農。民傷則離散,農傷則國貧,故甚貴與甚賤,其傷一也。善為國者,使民毋傷而農益勸。今一夫挾五口,治田百畝,歲收畝一石半,為粟百五十石,除十一之稅十五石,餘百三十五石。

﹝註48﹞ 張舜徽,《漢書藝文志通釋》,第308頁。

﹝註49﹞ 張舜徽,《漢書藝文志通釋》,第335頁。

﹝註50﹞ 鄭良樹,《商鞅評傳》,南京:南京大學出版社,1998年第88頁。

﹝註51﹞ 仝衛敏,《出土文獻與〈商君書〉綜合研究》,臺北:花木蘭文化出版社,2013年第50～54頁。

﹝註52﹞ 張林祥,《〈商君書〉的成書與思想研究》,北京:人民出版社,2008年版第166頁。

食，人月一石半，五人終歲為粟九十石，餘有四十五石。石三十，
為錢千三百五十，除社閭嘗新、春秋之祠，用錢三百，餘千五十。
衣，人率用錢三百，五人終歲用千五百，不足四百五十。不幸疾病
死喪之費，及上賦斂，又未與此。此農夫所以常困，有不勸耕之心，
而令糴至於甚貴者也。是故善平糴者，必謹觀歲有上、中、下孰。
上孰其收自四，餘四百石；中孰自三，餘三百石；下孰自倍，餘百
石。小饑則收百石，中饑七十石，大饑三十石，故大孰則上糴三而
捨一，中孰則糴二，下孰則糴一，使民適足，賈平則止。小饑則發
小孰之所斂、中饑則發中孰之所斂、大饑則發大孰之所斂而糴之。
故雖遇飢饉、水旱，糴不貴而民不散，取有餘以補不足也。行之魏
國，國以富強。〔註53〕

　　由上可知，《食貨志》所介紹李悝的「盡地力之教」主要有以下幾方面
內容：一、規劃用地，重視治田的勤謹；二、重視對糴價的調節，使其一方
面不傷民，另一方面又能促進農業的發展；三是視收成的具體情況來調節糴
價。其主要的思想在於一方面儘量提高土地的單產量，另一方面保護農民的
利益、鼓勵農業的發展和社會物價的穩定。固然，如果從維護農民利益、重
視農業發展、土地規劃和利用的角度看，商鞅和李悝的農學思想有一定的相
似性。但如果從《食貨志》對李悝「盡地力之教」的具體內容看，商鞅的農
業思想與李悝的相關思想還是差別較大的。《墾令》篇是徹底的以農為本的
思想，裏面不僅從社會各個方面千方百計來提高農民的積極性，而且還鼓勵
社會各行各業的人轉業和專心農耕，甚至為了防止人民不勞而獲而「使商無
得糴，農無得糶」，不允許利用交易、儲備來調節穀物市場價格。而且在勸
農的目的上，李悝之所以重視農業，是為了社會穩定，但商鞅重農是為了戰，
甚至是為了吸引更多民眾入秦。從其重農所採取的措施看，李悝的措施相對
商鞅而言無疑簡單得多，《商君書》中單是《墾令》一篇就涉及二十多個方
面。所以，如果《食貨志》中所載的這幾個方面就是李悝「盡地力之教」的
主要內容，那麼商鞅的農學思想要遠比李悝的深刻得多。當然，從《漢志》
所載之《神農》有二十篇的篇幅看，李悝的農學思想或遠比《食貨志》的要
複雜。故筆者認為，商鞅的農學思想或受李悝的影響，但應比之更為廣泛和

〔註53〕張烈主編，《漢書注譯・志》（二），海口市：南方出版社，1997 年版第 1395～
　　　1396 頁。

深刻。

至於李克的刑罰思想對商鞅的影響的問題，《晉書‧刑法志》載：

> 秦漢舊律，其文起自魏文侯師李悝。悝撰次諸國法，著《法經》。以為王者之政，莫急於盜賊，故其律始於《盜賊》。盜賊須劾捕，故著《網捕》二篇。其輕狡、越城、博戲、借假不廉、淫侈逾制以為《雜律》一篇，又以《具律》具其加減。是故所著六篇而已，然皆罪名之制也。商君受之以相秦。〔註54〕

對於李悝《法經》的性質，學界存在一些爭議，孟彥弘認為：「《法經》是一部法學著作，而不是一部法典；盜、賊、囚、捕、雜、具，是法學意義上的分類。」〔註55〕高華平謂：「《法經》只是一部編次的法律文本，其中的《盜》《賊》《網》《捕》《雜》《具》六篇都只是具體的法律條文。具體的法律條例歷朝歷代都有。」〔註56〕那麼，《法經》到底是一部有關法學原理的著作，還是只是一部有關法律條文的文本呢？筆者認為，它可能只是各種法律和罪名的一種簡單的分類。因為：一、它只有六篇而已，篇幅必然不會十分大，故其不可能是各國法律的匯總。二、它的分類是十分具體的，像《雜律》篇的「輕狡、越城、博戲、借假不廉、淫侈逾制」都是某類具體的行為，而非某種理念，故它不可能是有關法學原理的著作，《刑法志》也說它是「皆罪名之制也」。

那麼，這樣一部著作對商鞅可能產生什麼影響呢？鄭良樹謂：「《商君書》有《禦盜》一篇，文雖已亡，不過，恐怕和李悝的《盜法》及《賊法》有些關係。商鞅又有《刑約》（已亡）及《刑賞》兩篇，論刑賞及刑法，恐怕也和李悝的《囚法》及《雜法》有些關係。」〔註57〕筆者認為，就像李悝的「盡地力之教」只是在思想傾向上與商鞅相關思想類似一樣，李悝的《法經》可能只是某種精神性影響大過實質性影響，因為秦魏兩國的國情事實上是有很大區別的，適合魏國的法律條文未必適合秦國的實際情況，故筆者認為李悝的刑罰觀念對商鞅思想的影響，主要在傾向上，至於具體實踐，則影響有限。

〔註54〕許嘉璐，《晉書‧刑法志》，漢語大詞典出版社，2004 年版第 717 頁。
〔註55〕孟彥弘，《秦漢法典體系的演變》，《歷史研究》，2005 年第 3 期
〔註56〕高華平，《論先秦法家及楚國法家思想的歷史演變》，《中山大學學報》，社會科學版 2013 年第 6 期
〔註57〕鄭良樹，《商鞅評傳》，南京：南京大學出版社，1998 年版第 88 頁。

　　又李悝所作的《法經》的具體情況，今天已無法得知，我們在上文中已經論述，它可能只是一部以罪名為導向的律類典，而非有關法理的著作。但是有關他的一些刑法觀念，還是會偶見於一些經典之中，《說苑・政理》：

> 　　魏文侯問李克曰：「為國如何？」對曰：「臣聞為國之道，食有勞而祿有功，使有能而賞必行，罰必當。」文侯曰：「吾嘗罰皆當而民不與，何也？」對曰：「國其有淫民乎？臣聞之曰：奪淫民之祿以來四方之士；其父有功而祿，其子無功而食之，出則乘車馬衣美裘以為榮華，入則修竽琴、鍾石之聲而安其子女之樂，以亂鄉曲之教，如此者奪其祿以來四方之士，此之謂奪淫民也。」〔註58〕

　　由上可知，在李克眼裏，治國必須注重事功、「賞必行，罰必當」，不能不勞而獲、無功而食，還對車馬美裘，竽琴、鍾石之聲進行批判。應該說這些理念都被後來商鞅所繼承，今本《商君書》中就對事功、賞罰、爵祿等事非常注重，也有反對奢靡聲樂的追求。此外，《說苑・反質》篇對刑罰起源的觀念又有所記載：

> 　　魏文侯問李克曰：「刑罰之源安生？」李克曰：「生於姦邪淫泆之行。凡姦邪之心，飢寒而起，淫泆者，久饑之詭也；雕文刻鏤，害農事者也；錦繡纂組，傷女工者也。農事害，則饑之本也；女工傷，則寒之源也。飢寒並至而能不為姦邪者，未之有也；男女飾美以相矜而能無淫泆者，未嘗有也。故上不禁技巧，則國貧民侈，國貧窮者為姦邪，而富足者為淫泆，則驅民而為邪也；民以為邪，因之法隨，誅之不赦其罪，則是為民設陷也。刑罰之起有原，人主不塞其本，而替其末，傷國之道乎？」文侯曰：「善。」以為法服也。〔註59〕

　　其尚樸、重農抑末、惡姦邪淫泆的思想在今本《商君書》中多有體現。《墾令》篇謂「聲服無通於百縣，則民行作不顧，休居不聽。休居不聽，則氣不淫。行作不顧，則意必壹。意壹而氣不淫，則草必墾矣。」「重刑而連其罪，則褊急之民不鬥，很剛之民不訟，怠惰之民不遊，費資之民不作，巧諛、惡心之民無變也。五民者不生於境內，則草必墾矣。」《壹言》篇謂「國者貴民壹，民壹則樸，樸則農，農則易勤，勤則富。富者廢之以爵，不淫；淫者廢之以刑，而務農。」這些思想或都直接受李克的影響。故，商鞅思想受李

〔註58〕程翔評注，《說苑》，北京：商務印書館，2018 年版第 304 頁。
〔註59〕程翔評注，《說苑》，北京：商務印書館，2018 年版第 966～967 頁。

克的影響應該是多方面的,只是在這些影響當中,理念性的東西多於具體性的東西。

三、吳起對商鞅思想的影響

　　對於吳起對商鞅思想的影響問題,前文已經列舉了錢穆的說法。仝衛敏亦謂:「在商鞅身上,處處可見吳起的影子。」〔註60〕張林祥則對錢穆等人所說的影響的程度提出懷疑(說見前文)。那麼,吳起對商鞅的影響具體如何呢?請看下文分析。

　　吳起,《史記‧孫子吳起列傳》:「吳起者,衛人也,好用兵。嘗學於曾子……吳起於是聞魏文侯賢,欲事之。文侯問李克曰:『吳起何如人哉?』李克曰:『起貪而好色,然用兵司馬穰苴不能過也。』於是魏文侯以為將,擊秦,拔五城。……文侯以吳起善用兵,廉平,盡能得士心,乃以為西河守,以拒秦、韓。」〔註61〕高華平謂:「從吳起的思想特點來看,由於此時中國的學術處於儒學發展的一個重要分化期和諸子學派重要的發生期,吳起的思想具有明顯的由儒入法的特點,他的思想主張也完全符合法家思想的根本特點,堪稱先秦法家學派的真正創始人。」〔註62〕《漢書‧藝文志‧兵權謀家》:「《吳起》,四十八篇。」〔註63〕由此可知,吳起在魏期間應該是一位亦儒亦法亦兵的具有綜合潛質式的人物。我們在前文中已經論證,公叔痤對吳起的治軍之法非常推崇,公叔痤本人也應受吳起較大的影響。這種情況應該也影響到了商鞅。此外,吳起的一些具體的理念,也和商鞅較為相似,《戰國策‧魏一‧魏武侯與諸大夫浮於西河》:

　　　　魏武侯與諸大夫浮於西河,稱曰:「河山之險,豈不亦信固哉!」王鍾侍王,曰:「此晉國之所以強也。若善修之,則霸王之業具矣。」吳起對曰:「吾君之言,危國之道也;而子又附之,是危也。」武侯忿然曰:「子之言有說乎?」吳起對曰:「河山之險,信不足保也;是伯王之業,不從此也。昔者三苗之居,左彭蠡之波,

---

〔註60〕仝衛敏,《出土文獻與〈商君書〉綜合研究》,臺北:花木蘭文化出版社,2013年第55頁。

〔註61〕(西漢)司馬遷撰,《史記》(三),北京:中華書局,2011年版第1920~1921頁。

〔註62〕高華平,《先秦諸子與楚國諸子學》,北京:北京師範大學出版社,2016年版第189頁。

〔註63〕張舜徽,《漢書藝文志通釋》,武漢:華中師範大學,2004年版第375頁。

右有洞庭之水，文山在其南，而衡山在其北。恃此險也，為政不善，而禹放逐之。夫夏桀之國，左天門之陰，而右天溪之陽，廬、罩在其北，伊、洛出其南。有此險也，然為政不善，而湯伐之。殷紂之國，左孟門而右漳、釜，前帶河，後被山。有此險也，然為政不善，而武王伐之。且君親從臣而勝降城，城非不高也，人民非不眾也，然而可得並者，政惡故也。從是觀之，地形險阻，奚足以霸王矣！」武侯曰：「善。吾乃今日聞聖人之言也！西河之政，專委之子矣。」〔註64〕

其中所謂的「政」，就是社會治理。對社會治理的重視勝過對地形形勢的依賴，這點應該和商鞅類似。《商君書・戰法》篇謂：「凡戰法必本於政勝。」〔註65〕故知商鞅注重政事的思想或受吳起影響。《韓非子・和氏第十三》：

昔者吳起教楚悼王以楚國之俗曰：「大臣太重，封君太眾。若此，則上逼主而下虐民，此貧國弱兵之道也。不如使封君之子孫三世而收爵祿，絕減百吏之祿秩，損不急之枝官，以奉選練之士。」悼王行之期年而薨矣，吳起枝解於楚。商君教秦孝公以連什伍，設告坐之過，燔詩書而明法令，塞私門之請而遂公家之勞，禁遊宦之民而顯耕戰之士。孝公行之，主以尊安，國以富強，八年而薨，商君車裂於秦。楚不用吳起而削亂，秦行商君法而富強。二子之言也已當矣，然而枝解吳起而車裂商君者，何也？大臣苦法而細民惡治也。當今之世，大臣貪重，細民安亂，甚於秦、楚之俗，而人主無悼王、孝公之聽，則法術之士，安能蒙二子之危也而明己之法術哉？此世所以亂無霸王也。〔註66〕

由《韓非子》將吳起、商鞅兩者並論可知，兩者的做法在當時確實具有某種相似性。吳起在楚國大力削弱貴族力量，精簡官僚機構，重視富國強兵之道，商鞅同樣有這種精神。但是由上文也可以看出，在具體做法上，吳起和商鞅還是差別很大的，吳起變法的重點，似乎是針對楚國的貴族和官僚機構，《史記・孫子吳起列傳》：「楚悼王素聞起賢，至則相楚。明法審令，捐不急之官，廢公族疏遠者，以撫養戰鬥之士。要在強兵，破馳說之言從橫者。

〔註64〕諸祖耿，《戰國策集注匯考》（中），南京：鳳凰出版社，2008 年版第 1142～1143 頁。

〔註65〕蔣禮鴻，《商君書錐指》，北京：中華書局 1986 年版第 68 頁。

〔註66〕（清）王先慎撰，鍾哲點校，《韓非子集解》，北京：中華書局，1998 年版第103～104 頁。

於是南平百越；北並陳蔡，卻三晉；西伐秦。諸侯患楚之強。」〔註67〕但商鞅似乎更針對秦國當時的社會大眾，如「以連什伍，設告坐之過，燔詩書而明法令，塞私門之請而遂公家之勞，禁遊宦之民而顯耕戰之士。」這些都是社會改革措施。故商鞅變法，範圍比吳起更廣，而且程度也更深。

又《韓非子・內儲說上・七術・說三》謂：

> 吳起為魏武侯西河之守。秦有小亭臨境，吳起欲攻之。不去，則甚害田者；去之，則不足以徵甲兵。於是乃倚一車轅於北門之外而令之曰：「有能徙此南門之外者，賜之上田、上宅。」人莫之徙也。及有徙之者，遂賜之如令。俄又置一石赤菽東門之外而令之曰：「有能徙此於西門之外者，賜之如初。」人爭徙之。乃下令曰：「明日且攻亭，有能先登者，仕之國大夫，賜之上田宅。」人爭趨之，於是攻亭一朝而拔之。〔註68〕

《史記・商君列傳》中記載了商鞅徙木立信的類似事件，此蓋法家皆崇尚賞信必罰，是一種共同的傾向，很難說誰影響誰。故由上可知，吳起和商鞅在一些治國理念上具有較大的相似性，這可能是商鞅受吳起的影響所致。但通觀吳起與商鞅變革的主要內容，兩者還是有很大區別的，具體而言，吳起更注重的是上層建築如貴族、官僚機構等整頓，但商鞅更注重社會治理。商鞅變法的實踐要比吳起來得廣泛和深刻。

由上可知，法家文化在魏國源遠流長，早在三家分晉前晉文公時期，晉國已經展現出信賞必罰、不避親貴的思想傾向，這種傳統顯然被後來的魏國所繼承。由於魏國的建立在某種程度上是一種「篡位」行為，故魏國的統治者必然會為政權的合法性營造氛圍。招攬各方人士，利用名士的聲望安撫各方勢力，應該是當時魏文侯為政權的合法性所付出的努力之一。魏國文化應該從魏文侯開始，較為繁榮且具有多元性特點，這個趨勢也一直延續到魏惠王前期。隨著形勢的發展，傳統迂闊的儒道之學逐漸褪去，適應富國強兵的法、兵、農思想開始崛起，故這種多元化特色，逐漸由兼容並包轉向了以法、兵、農為主。商鞅就是在這樣的大環境下成長起來的，故必然會對這種文化特點有所繼承。可以說，魏國文化中注重法、兵、農才是商鞅一生思想的底

〔註67〕（西漢）司馬遷撰，《史記》（三），北京：中華書局，2011 年版第 1923 頁。
〔註68〕（清）王先慎撰，鍾哲點校，《韓非子集解》，北京：中華書局，1998 年版第 247 頁。

色。故，商鞅思想中最直接、最根本的來源，應該就是魏文侯後的魏國文化。

值得注意的是，無論是李克還是吳起，還是公叔痤，他們身上其實都有強烈的儒家特色，錢穆先生亦提到其入秦說秦孝公時曾比德殷周，疑其可能學習過儒學。但是高華平先生在深入研究了今本《商君書》的思想特點後認為，「《商君書》對先秦諸子學術批評的主要指向，是先秦孔孟儒家的禮義教化等核心價值觀和『不輕不重』的執法與量刑公平的原則。」〔註69〕對此，筆者認為商鞅的思想應該具有歷時性特點，其入秦之前，由於其思想多承李克、吳起而來，而李克、吳起又曾受業於曾子和子夏，故其儒學思想應十分濃厚，這從他說孝公以三代之事就可以知道，只是後來在變法過程中受秦孝公與秦國文化的影響，商鞅也為了適應自己的從業環境，故其思想發生了變化。

第三節　秦國文化對商鞅思想的影響

我們在前文已經考證，商鞅約在 25 歲入秦，49 歲被誅，按其整個年齡階段看，有一半的人生歷程是在秦國度過的。秦國的文化特質當然會對商鞅產生重要影響。《史記·秦本紀》謂：「秦之先，帝顓頊之苗裔孫曰女脩。女脩織，玄鳥隕卵，女脩吞之，生子大業。大業取少典之子，曰女華。女華生大費，與禹平水土。已成，帝錫玄圭。禹受曰：『非予能成，亦大費為輔。』帝舜曰：『咨爾費，贊禹功，其賜爾皂遊。爾後嗣將大出。』乃妻之姚姓之玉女。大費拜受，佐舜調馴鳥獸，鳥獸多馴服，是為柏翳。舜賜姓嬴氏。」〔註70〕《正義》：「《列女傳》云：『陶子生五歲而佐禹。』曹大家注云：『陶子者，皋陶之子伯益也。』按，此即知大業是皋陶大業。」〔註71〕又《史記·五帝本紀》謂舜任命皋陶作士曰：「皋陶，蠻夷猾夏，寇賊姦軌，汝作士，五刑有服，五服三就；五流有度，五度三居：維明能信。」〔註72〕故知秦國祖先曾為刑罰之官，秦國本來就有法家的基因。

又商鞅在入秦之前雖然也經常侍奉在公叔痤左右，但其人生最重要的事

〔註69〕高華平，《商鞅及早期法家的學術批評——以〈商君書〉與先秦諸子思想的關係為中心》，《暨南學報（哲學社會科學版）》，2020 年 6 月。

〔註70〕（西漢）司馬遷撰，《史記》（一），北京：中華書局，2011 年版第 151 頁。

〔註71〕（西漢）司馬遷撰，《史記》（一），第 151 頁。

〔註72〕（西漢）司馬遷撰，《史記》（一），第 35 頁。

業是在秦國的變法。從秦孝公六年商鞅任左庶長正式開始變法算起，其在秦國主持變法的時間達十八年之久。不難想像，商鞅在秦國每天都要思考當時的國家大勢、處理各種人際關係和變法事務。在這個過程中，其思想必然會隨著現實的需要而不斷地作調整。故考究商鞅在秦國的各種人物關係，對我們深刻理解商鞅思想的生成與發展具有重要的意義。

　　筆者在本文的開篇提到，在先前眾多對商鞅思想來源探討的文章中，一般都是從思想家的角度來對其進行探討，重要的思想家固然可能對時代的發展產生深刻的影響。但事實上，一個人的思想來源不可能僅僅是某類思想家，也可能是某個瞬間，或日常生活中的某個人，或某時的需要。故筆者認為，若論秦國何人對商鞅思想的發展變化影響最大，或許要算秦孝公了。秦孝公是商鞅的最高上司，商鞅無論有何種想法，都必須得到秦孝公的認可方能實行。而且在實際的互動過程中，商鞅往往是改變自己的想法來適應秦孝公的需求，這從他入秦時三說秦孝公的過程就可以看出來。其入秦時如此，往後主持變法時亦大致如此。故考察秦孝公的思想特色，就顯得尤其重要了。

　　現傳史料對秦孝公的言行記錄得較少，由《史記・商君列傳》可知其在帝道、王道、霸道中選擇了霸道，由此可知其應該頗具進取精神和抱負。除此以外，目前可見最能體現其思想特色的資料，可能就是其登位之初所發布的招賢令了，其文謂：

> 昔我繆公自岐雍之間，修德行武，東平晉亂，以河為界，西霸戎翟，廣地千里，天子致伯，諸侯畢賀，為後世開業，甚光美。會往者厲、躁、簡公、出子之不寧，國家內憂，未遑外事，三晉攻奪我先君河西地，諸侯卑秦、醜莫大焉。獻公即位，鎮撫邊境，徙治櫟陽，且欲東伐，復繆公之故地，修繆公之政令。寡人思念先君之意，常痛於心。賓客群臣有能出奇計強秦者，吾且尊官，與之分土。〔註73〕

　　秦孝公，包括其父親獻公，最推崇和念念不忘的是秦穆公時期的霸業。可以說，如果說魏文侯時期奠定了魏國後來幾代的文化基礎，那麼就可以說秦穆公時期奠定了秦國後幾代的文化基礎。這就不難理解，為什麼商鞅入秦時以帝道、王道打動不了秦孝公。商鞅顯然接受了秦孝公的這種理念，除了前文所說的以霸道說孝公外，《史記・商君列傳》載商鞅謂趙良：「子觀我治

〔註73〕（西漢）司馬遷撰，《史記》（一），北京：中華書局，2011 年版第 175 頁。

秦也，孰與五羖大夫賢？」〔註74〕趙良見商鞅時距商鞅被誅只有一年左右的時間，五羖大夫百里奚正是秦穆公時人。故由此可知，無論是秦孝公還是商鞅，都自始至終地把秦穆公時的霸業作為自己事業成功與否的參照。也因此，秦穆公時的秦國人物必然對商鞅的思想和變法，產生過極其重要的影響。那麼，秦穆公時期的人物情況又是如何的呢？

就秦穆公本人的情況而言，文獻記載較少。《史記》載他重用百里奚、蹇叔、由余等非本國的人才，開秦國任用客卿制度之先河，可見他有知人之明，秦孝公的招賢令顯然受其影響；他不計較孟明視、西乞、白乙等人的失敗，並勇於承擔襲鄭失敗之責，可見他較有擔當精神和胸懷寬宏；《左傳》謂其「舉人之周也，與人之壹也」〔註75〕，秦孝公對商鞅的極度信任或許也是受秦穆公的影響；他三置晉君，開疆拓土，說明他有較強的把握局勢的能力。至於他的思想狀況，則由於文獻缺佚，不得而知。秦孝公的許多性格都與其類似。這一方面給商鞅提供了施展才華的環境；另一方面，商鞅在變法的過程中也必然會注意參照穆公時的情況。

至於商鞅所推崇的百里奚，文獻多記載秦穆公拔舉他的經過，而不及具體言行。《商君列傳》中趙良謂其：

> 夫五羖大夫，荊之鄙人也。聞秦繆公之賢而願望見，行而無資，自鬻於秦客，被褐食牛。期年，繆公知之，舉之牛口之下，而加之百姓之上，秦國莫敢望焉。相秦六七年，而東伐鄭，三置晉國之君，一救荊國之禍。發教封內，而巴人致貢；施德諸侯，而八戎來服。由余聞之，款關請見。五羖大夫之相秦也，勞不坐乘，暑不張蓋，行於國中，不從車乘，不操干戈，功名藏於府庫，德行施於後世。五羖大夫死，秦國男女流涕，童子不歌謠，舂者不相杵。此五羖大夫之德也。〔註76〕

當然這段文字是商鞅在自比五羖大夫後，趙良舉一些五羖大夫與其所作所為相反的事蹟來說的。整體而言，五羖大夫輔助秦穆公稱霸當時，安內攘外，廉潔奉公，勤政愛民，深受百姓敬仰。商鞅雖然沒有趙良所說的這些品質，但其既以五羖大夫自比，證明其必然受五羖大夫的影響。事實上，商鞅

〔註74〕 （西漢）司馬遷撰，《史記》（三），北京：中華書局，2011 年版第 1976 頁。
〔註75〕 楊伯峻，《春秋左傳注》（二），北京：中華書局，1981 年版第 530 頁。
〔註76〕 （西漢）司馬遷撰，《史記》（三），北京：中華書局，2011 年版第 1977 頁。

變法的實質，也是像五羖大夫一樣「發教封內」，使秦孝公稱霸諸侯。至於商鞅的這個「教」和五羖大夫的「教」有多少相似性，則由於文獻缺佚，不得而知。

目前所知穆公時期人物思想之最明顯者，莫過於由余。《漢志·諸子略·雜家》著錄：「《由余》三篇。」班固注：「戎人，秦穆公聘以為大夫。」另兵形勢類又有：「《繇敘》二篇。」王應麟曰：「《古今人表》，繇余即由余，疑敘當作余。李筌《太白陰經》云：『秦由余有《陣圖》。』」顧實謂：「兵形勢家《繇》《敘》二篇，蓋非同書。由、繇，余、敘，通假字。」張舜徽云：「著錄於《兵書略》形勢之二篇，乃論兵；此三篇，則論政也。」〔註77〕《史記·秦本紀》：

> 戎王使由余於秦。由余，其先晉人也，亡入戎，能晉言。聞繆公賢，故使由余觀秦。秦繆公示以宮室、積聚。由余曰：「使鬼為之，則勞神矣。使人為之，亦苦民矣。」繆公怪之，問曰：「中國以詩書禮樂法度為政，然尚時亂，今戎夷無此，何以為治，不亦難乎？」由余笑曰：「此乃中國所以亂也。夫自上聖黃帝作為禮樂法度，身以先之，僅以小治。及其後世，日以驕淫。阻法度之威，以責督於下，下罷極則以仁義怨望於上，上下交爭怨而相篡弒，至於滅宗，皆以此類也。夫戎夷不然。上含淳德以遇其下，下懷忠信以事其上，一國之政猶一身之治，不知所以治，此真聖人之治也。」〔註78〕

從《史記》載由余與秦穆公的對話中可以看出，穆公在碰到由余之前，還以宮室、積聚為榮，又因為春秋時期，禮樂餘教尚在，故宮室、積聚的多少還代表著主人的身份、地位、修養等，秦穆公此意多少有點炫耀秦國的繁榮昌盛，但由余卻認為此勞神苦民，這令秦穆公大感意外，故其接著問由余華夷治道之別，由餘首先否定了中國詩書禮樂法度的為政路線，並相應地指出了這種路線的弊端。接著，由余向秦穆公介紹了戎夷之政，並列出了其中的優點——「上含淳德以遇其下，下懷忠信以事其上，一國之政猶一身之治，不知所以治，此真聖人之治也。」從後來秦穆公通過離間計把由余挖過來為我所用的做法看，秦穆公顯然對此高度認同。

〔註77〕以上諸條見張舜徽，《漢書藝文志通釋》，武漢：華中師範大學出版社，2004年版第327、380頁。
〔註78〕（西漢）司馬遷撰，《史記》（一），北京：中華書局，2011年版第167頁。

　　筆者認為，秦穆公與由余的對話，應該是秦國文化走向的轉折點。在秦穆公遇見由余之前，秦國應該是以東方禮樂文化為追求的。遇到由余之後，逐漸開始吸收西北的戎夷文化。《史記·秦本紀》：「（穆公）三十七年，秦用由余謀伐戎王，益國十二，開地千里，遂霸西戎。」〔註79〕這麼多土地、人口融入秦國，秦國怎麼可能不受其原生文化影響。故到了秦孝公時期，以至於東方諸國「夷狄視之」。《商君列傳》中商鞅謂秦孝公時的秦國：「始秦戎翟之教，父子無別，同室而居。」〔註80〕秦孝公由於生於斯、長於斯，其思想觀念也必然會受其影響，故當商鞅用帝道、王道來游說他時，他無動於衷，這就迫使商鞅不斷地調整自己的思想，來適應秦孝公。當然，以上是由余對商鞅的間接性影響，其更為直接的影響，可能是對詩書禮樂作為國家治理手段的有效性的否定。由余認為，用產生於黃帝時期的詩書禮樂制度治國，可能導致的結果是「日以驕淫」「阻法度之威」「上下交爭怨而相篡弒，至於滅宗」。今本《商君書》中多有反對驕奢淫逸的地方。至於對禮樂文化的直接否定，在《商君書》中亦是常見。《農戰》篇應為商鞅所作〔註81〕，其中謂：「《詩》、《書》、禮、樂、善、修、仁、廉、辯、慧，國有十者，上無使守戰。」〔註82〕《靳令》篇將詩書禮樂稱為「六虱」，其中或受由余觀念的影響。而且由余顯然也是十分重視「法度之威」的，這當然可能和商鞅的「尚法」思想有差距，但毫無疑問為秦國接受商鞅思想創造了現實條件，商鞅在實施變法的過程中也可能會借鑒由余的成功實踐。故由上可知，筆者認為商鞅應該也受過由余的影響。

　　又據《呂氏春秋·去私》記載：「墨者有鉅子腹䵍，居秦。其子殺人，秦惠王曰：『先生之年長矣，非有他子也；寡人已令吏弗誅矣，先生之以此聽寡人也。』腹䵍對曰：『墨者之法曰：『殺人者死，傷人者刑。』此所以禁殺傷人也。夫禁殺傷人者，天下之大義也。王雖為之賜，而令吏弗誅，腹䵍不可不行墨者之法。』不許惠王，而遂殺之。」〔註83〕由墨家鉅子腹䵍居秦可知，

〔註79〕（西漢）司馬遷撰，《史記》（一），第 169 頁。
〔註80〕（西漢）司馬遷撰，《史記》（三），北京：中華書局，2011 年版第 1976 頁。
〔註81〕黃效，《〈商君書〉各篇的作者、創作時間及其成書考》，《管子學刊》，2021 年第 1 期。
〔註82〕蔣禮鴻，《商君書錐指》，北京：中華書局，1986 年版第 23 頁。
〔註83〕許維遹撰，梁運華整理，《呂氏春秋集釋》（上），北京：中華書局，2009 年版第 31～32 頁。

秦惠王時期墨家應該在秦國獲得了較大發展。據高華平先生的研究，商鞅對墨家思想有所批評和繼承〔註84〕，又從秦惠文謂腹䵍「年長矣」可知，墨家學說或許早已經在秦國獲得了長足發展，故商鞅在秦國或亦受秦墨的影響。

　　當然，商鞅在秦工作二十四年，其中人物關係錯綜複雜。除了秦孝公、秦穆公及其朝臣這些人外，也必然還有許多人或物對商鞅的思想產生影響，如其在秦的最大政敵公子虔，和他鬥了二十多年，最後商鞅被誅也是因為公子虔等人發布的流言，商鞅思想中也必然有針對公子虔政見的部分，其他政敵甘龍、杜摯、公孫賈亦如是。而從商鞅實施變法的一些具體措施看，其變法的內容很多是對先前制度的整合或改進，而非商鞅自創，比如郡縣制和爵制等等。蒙文通謂：「商鞅治秦，若由文退之野，是豈知商君之為緣飾秦人之舊俗，而使之漸進於中夏之文耶？凡商君之法多襲秦舊，而非商君之自我作古。」〔註85〕故綜合而言，秦國文化對商鞅思想的影響應該是廣泛而且深刻的。

第四節　影響商鞅思想的其他因素

　　我們在前文中已經大致梳理了衛、魏、秦三國文化對商鞅思想的影響，但影響商鞅思想的因素還有很多。比如《漢書・藝文志・雜家》：「《尸子》二十篇。」班固注：「名佼，魯人。秦相商君師之，鞅死，佼逃入蜀。」〔註86〕《史記・孟荀列傳》：「楚有尸子。」《集解》引劉向《別錄》云：「楚有尸子，疑謂其在蜀。今案尸子書，晉人也。名佼，秦相衛鞅客也。衛鞅商君，謀事畫計，立法理民，未嘗不與佼規也。商君被刑，佼恐並誅，乃逃亡入蜀。」〔註87〕《後漢書・宦者呂強傳》注云：「尸子作書二十篇，十九篇陳道德仁義之紀，一篇言九州險阻，水泉所起也。」錢穆據此云其與「商君師不類」〔註88〕。祝瑞開雲尸佼的思想：「融合了儒、墨、道、法各家，和孟軻、荀卿、商鞅、韓非等人的思想有相通處，對農家許行也有影響。」〔註89〕林劍鳴說：「從後來商鞅

〔註84〕高華平，《商鞅及早期法家的學術批評——以〈商君書〉與先秦諸子思想的關係為中心》，《暨南學報（哲學社會科學版）》，2020年6月。

〔註85〕蒙文通，《古學甄微・法家流變考》，成都：巴蜀書社，1987年版。

〔註86〕張舜徽，《漢書藝文志通釋》，武漢：華中師範大學出版社，2004年版第329頁。

〔註87〕（西漢）司馬遷撰，《史記》（三），北京：中華書局，2011年版第2070～2071頁。

〔註88〕錢穆，《先秦諸子繫年》，北京：商務印書館，2005年版第316頁。

〔註89〕祝瑞開，《先秦社會和諸子思想新探》，福州：福建人民出版社，1981年版第138～141頁。

入秦時，曾先後向秦孝公說以『王道』『帝道』和『霸道』這一事實來推測，商鞅的老師尸佼是雜家，是可以肯定的。」〔註90〕鄭良樹對祝瑞開和林劍鳴的說法表示認同。筆者認為，尸佼其人和其著已不可考，但從《漢志》將他列入雜家看，其思想成分應該是多元的。商鞅本人的思想成分也比較複雜，故商鞅受過其影響也是可能的事。

又，《荀子・議兵》篇稱商鞅是一位善於用兵的人，其兵家之學應受李克、吳起、樂羊等魏地人的影響，那麼他的思想和春秋末期的孫武等人的兵家之學是否有繼承關係呢？鄭良樹謂：「商鞅和孫武、孫臏及尉繚等兵家有很大的不同，後者在他們的著作中只暢論兵戰的方法、技術及謀略的問題，前者除了討論這些問題外，還從法家的立場兼論影響兵戰成敗的政治、法律等因素。孫武、孫臏及尉繚純粹是兵家者流，而商鞅卻與他們不同，他兼有法家與兵家兩種身份。」〔註91〕又謂：「《戰法》《立本》二篇的思想與兵家者流如孫武、孫臏及尉繚完全不同，與商鞅本人重法、重政完全符合。」〔註92〕但全衛敏謂：「從商鞅後來在秦國主持變法和對外征伐的事蹟看，兵法、兵書自當在商鞅學習的範圍之內。因此探討商鞅思想的來源，孫武的兵家之教是不能迴避的。」〔註93〕張林祥認為：「《漢志》兵權謀類有《公孫鞅》二十七篇，可惜失傳。按理應該是類似於《孫子》的專講戰略戰術的著作。」又謂：「作為兵家的商君與其他兵家沒有實質上的不同，其兵法可能與孫武有淵源關係。從現存兩人的著作來看，孫子兵法研究的是比較普遍和抽象的問題，因而更富辯證思維，更富哲學意味；而商君的論述，總是立足於政治和一定的國家利益，基本圍繞具體的問題和相應的法令政策展開。」〔註94〕那麼，商鞅的兵家思想到底和孫武等人的兵家之學有無關係呢？

首先，對於《漢志》兵權謀類中的《公孫鞅》二十七篇是否與《孫子》相似的問題，筆者已有詳細的考究，兵權謀中的《公孫鞅》與法家類的《商君》的內容大部分是重複的，其之所以會被著錄在不同的類別裏，根本原因在於

〔註90〕林劍鳴，《秦史稿》，上海：上海人民出版社，1981年版第202頁。
〔註91〕鄭良樹，《商鞅及其學派》，上海古籍出版社，1989年版第77頁。
〔註92〕鄭良樹，《商鞅及其學派》，上海古籍出版社，1989年版第81頁。
〔註93〕全衛敏，《出土文獻與〈商君書〉綜合研究》，臺北：花木蘭文化出版社，2013年第55頁。
〔註94〕張林祥，《〈商君書〉的成書與思想研究》，北京：人民出版社，2008年版第144，146頁。

《商君書》本身就具有多惟性。〔註95〕其次，今觀《商君書》與現存《孫子》的內容，兩者的差別相當大，這點鄭良樹與張林祥已經注意到了。最後，筆者認為商鞅的兵學思想應該主要是承李悝、吳起、樂羊一派而來的，這一派本來就有濃厚的儒家色彩，先強調「政勝」，再講求兵勝。李悝、吳起除了能打仗外，主要是政治家，他們主要用力的地方是提高國家的實力、人民參戰的積極性，而非具體的謀略。公叔痤十分推崇吳起的治軍之法，而吳起的治軍之法，主要是改革爵制、兵種等，不是權謀兵陣。故筆者認為，商鞅的兵學思想受孫武等人的影響極小，或至少不會是主要的方面。

當然，除了孫武的兵家之學外，影響商鞅思想的當還有其他一些因素，但這些因素由於文獻缺佚，已難以考究。比如在《商君列傳》裏商鞅提到其之所以能和趙良相見，是因為孟蘭皋的引薦。那麼，這個孟蘭皋又是什麼樣的人呢？他既然能向商鞅引見趙良，恐怕商鞅對他亦頗為尊重，那麼若他對商鞅的思想產生影響，也不足為奇。又從其所引見的趙良偏向儒家的思想成分看，孟蘭皋的思想也可能如此。除了孟蘭皋外，還有為農家之學的許行、陳良、陳相、陳辛等人，《孟子‧滕文公上》：

> 有為神農之言者許行，自楚之滕，踵門而告文公曰：「遠方之人，聞君行仁政，願受一廛而為氓。」文公與之處。其徒數十人，皆衣褐，捆屨織席以為食。陳良之徒陳相，與其弟辛，負耒耜而自宋之滕，曰：「聞君行聖人之政，是亦聖人也，願為聖人氓。」陳相見許行而大悅，盡棄其學而學焉。〔註96〕

《漢志》謂：「農家者流，蓋出於農稷之官。播百穀，勤耕桑，以足衣食。故八政：一曰食，二曰貨。孔子曰：『所重民食。』此其所長。及鄙者為之，以為無所食聖王。欲使君臣並耕，悖上下之序。」〔註97〕故按照《漢志》的標準，許行等人明顯屬於其批判的對象。顧實謂：「有為神農者許行，欲與民並耕而食，孟子嘗斥之，是也。」高華平謂，「《商君書》明顯吸收了農家的重農思想」「由於《商君書》本是極為重視禮法和名位的，故商鞅雖然沒有談到農家的『君臣並耕而食』之說，但仍不難想像他應該是和此後法家的韓非

〔註95〕黃效，《〈商君書〉源流考》，《暨南學報（哲學社會科學版）》，2020 年第六期。
〔註96〕（南宋）朱熹撰，《四書章句集注》，北京：中華書局，1983 年版第 260～261 頁。
〔註97〕張舜徽，《漢書藝文志通釋》，武漢：華中師範大學出版社，2004 年版第 339 頁。

一樣，對農家的這一觀點是持堅決的批判和否定態度的。」〔註98〕故由此可知，商鞅或亦受過許行、陳良等人的影響。此外，《史記‧商君列傳》趙良見商鞅時，商鞅自述功績云：「今我更制其教，而為其男女之別，大築冀闕，營如魯衛矣。」可見，除了上文論及的衛國文化外，他對當時魯國的文化應該也非常熟悉。

第五節　商鞅學說的流傳

鄭良樹謂：「商鞅車裂之後，可以肯定的是他的思想和政策不但繼續在秦國發揚和推動，而且形成一個學派，在某種程度上不斷在政治上提出許多新見解和新策略，以便應付不同時代的環境和潮流，使秦國繼續在法、兵及農這條路子上前進。商學派跨越的時間相當長，可能歷經數代，他們的著作相當多，後來就匯聚為《商君書》。所謂商學派，當然不必全是商鞅親炙的學生，也不需完全是商鞅直系弟子。……只要服膺商鞅的農戰思想，以秦孝公變法以後秦國的『政治趨勢』及『強國主張』為主要認同對象，就是商學派了。」〔註99〕故其認為目前《商君書》中的許多著作，應該是商學派所作。

馮樹勳認為：「秦國不同階層的教育看來，其教育水平及思想政策，僅可以訓練足夠數量的法律工作人員，但能否發展出對法律政策作理論探討的學者群，實在十分可疑。從秦國極少輸出遊士的事實看來，除了是受制於秦廷的嚴格限制出境政策的結果外，更重要的恐怕是：秦人接受教育機會，受制於其社會世襲階層，宜乎其政治、思想及外交人才都枯竭，不得不向外搜求。因此，單憑已知事實看來，恐很難確立存在『秦國的商學派』，這一項假設。」〔註100〕仝衛敏則承認「商鞅學派」的存在，並認為商鞅的門人、弟子、私徒屬、秦國的官吏都應該是商鞅學說的傳承者。〔註101〕張林祥也不承認「商鞅學派」的存在，並探討了商君學說與慎到、申不害、韓非、齊法家、李斯、墨家後學、尸子、尉繚之間的關係，認為商君學說與慎到、申不害等人的學說應該是並行

〔註98〕高華平，《商鞅及早期法家的學術批評──以〈商君書〉與先秦諸子思想的關係為中心》，《暨南學報哲學社會科學版》），2020 年 6 月。

〔註99〕鄭良樹，《商鞅評傳》，南京：南京大學出版社，1998 年第 191 頁。

〔註100〕馮樹勳，《從〈商君書〉輯定年代看古籍整理的幾項要素》，《書目季刊》，2004 年第 3 期。

〔註101〕仝衛敏，《出土文獻與〈商君書〉綜合研究》，臺北：花木蘭文化出版社，2013 年第 62～68 頁。

發展，沒有過多關聯，與齊法家也有很大的不同；《墨子·備城門》篇應該是受其影響，李斯亦然；尸子、尉繚亦只是受其影響，不能說是「專治商君之學」。〔註102〕那麼，商鞅學說流傳的真實情況又是如何呢？

筆者認為，首先對於「商學派」的定義問題，要看用哪種標準。如果嚴格參照儒家、墨家開壇講學、像孟子那樣有清醒的宗派意識，則確實不太可能存在所謂的「商鞅學派」。因為商鞅作為一個政治家，其日常所忙的，無非是繁瑣的政事，何暇著書立說，開壇講學。他門下的眾人，大多也應該是出於政治和現實的利益來依附他的。故從這個意義上說，是不存在所謂的「商鞅學派」的。但是若按照鄭良樹所說，只要服膺商鞅的思想學說，就是商鞅學派，那麼商鞅作為一個經過實踐檢驗，變法和對外戰爭都取得巨大成就的人，在當時必然會有許多人服膺其思想，模仿其思想甚至演繹其思想。若是從這個維度出發，商鞅學派是存在的。故筆者認為，學界目前對於「商鞅學派」是否存在的爭論，其實質上是關於「學派」這個定義的標準之爭，這個標準之爭無論最終結果如何，都無法影響到商鞅學說在歷史上的傳承。

其次，《戰國策·秦一·衛鞅亡魏入秦》謂：「今秦婦人嬰兒皆言商君之法，莫言大王之法。」〔註103〕由此可知，在商鞅當政時，商鞅的各種學說和思想已為秦人所熟知，並深得民意。故秦國境內出現眾多治商君之學者，也應該是非常自然的事。後來商鞅雖然被秦惠文王車裂，但是商鞅變法的具體措施卻大部分被保留了下來，故秦國實際上只是不能容忍商鞅本人，而非商鞅學說。應該說，商鞅學說廣泛流傳的趨勢一直持續到了秦始皇前夕，這從《韓非子·五蠹》篇謂「今境內之民皆言治，藏商、管之法者家有之」〔註104〕就可以知道。故這中間有多少人是治商君之學，或受其影響，是很難說清楚的。筆者認為，在商鞅同時代，或之後出現的秦國君主和所有法家後學，如韓非等人，都可能或多或少地受商鞅學說的影響，當然法家學派也應該是受商鞅學說影響最大的一群人。其他學派如荀子在《議兵》篇稱讚商鞅善於用兵；墨家鉅子腹䵍、唐姑果、謝子等人亦會受其影響，故李學勤、張林祥等人認為《墨子·備城門》篇受商鞅思想的影響就不足為奇；縱橫家中的陳軫、張儀等人也不例外，後來

〔註102〕張林祥，《〈商君書〉的成書與思想研究》，北京：人民出版社，2008年版第149～165頁。

〔註103〕諸祖耿，《戰國策集注匯考》（上），南京：鳳凰出版社，2008年版第114頁。

〔註104〕（清）王先慎撰，鍾哲點校，《韓非子集解》，北京：中華書局，1998年版第493頁。

的秦相范睢、蔡澤、呂不韋、李斯等人也曾提及商鞅。故筆者認為,在戰國中
後期,商鞅的許多思想很大程度上應該成為了當時社會的一種共識,如注重賞
信必罰、重法、重農、重兵、重事功等。其中深層次的原因是,戰國畢竟是一
個亂世,所有想對外擴張或在強敵下自保,都必須要留心富國強兵之道,商鞅
變法就是這個共同追求的成功實踐,必須也值得去研究和總結其中的經驗教
訓。

　　最後,目前文獻所見,明確治商君之學者,實只有尉繚一人。仝衛敏、張
林祥等人也將尸子列入商鞅後學中,這事實上是不準確的,因為尸佼在《漢志》
的記載中是商鞅之師,而非商鞅之徒。兩人的思想頂多算是相互影響,而非是
商鞅學說的傳人。故實際上,有明確記載為商鞅後學的,實只有尉繚子一人。
尉繚,《漢志》雜家類著錄:「《尉繚》二十九篇。」班固注:「六國時。」顏師
古:「尉,姓;繚,名也。……劉向《別錄》:『繚為商君學。』」顧實:「為商
君學者,蓋不必親受業,如有為神農之言者許行,是其比也。」另《漢志》兵
書略著錄:「《尉繚》三十一篇。」姚鼐:「《尉繚》之書,不能論兵形勢,反雜
商鞅刑名之說,蓋後人雜取苟以成書而已。」〔註105〕仝衛敏謂,尉繚著作中
「關於兵教及兵法、兵令的論述,可與《商君書》的《戰法》《兵守》《立本》
等篇互相發明,由此亦可見他與商鞅關係密切。」〔註106〕張林祥認為兵家《尉
繚》存在儒、道、兵等多家學說的成分,故「兵家尉繚瞭解商鞅學說是沒有疑
問的,但也不是專治商君學說」。〔註107〕筆者認為,商鞅本來就不是某個學派
的宗師,也不存在嚴格意義上的「商鞅學派」,而且商鞅之師尸子本來就是雜
家,商鞅本人的思想成分也具有多元性,故如果說尉繚治商鞅之學,最終變成
了雜家,也不是不可能的。加之,尉繚本來就是魏國人,商鞅學說主要得之魏
文化,尉繚啟蒙時期以商鞅之學為主,既符合其中的文化傾向,也合乎人之常
情。

　　綜上所述,商鞅學說或許不存在嚴格意義上的「商鞅學派」,但是因為商
鞅在秦國的變法實踐獲得了巨大的成功,秦國在車裂商鞅之後事實上也保留

〔註105〕張舜徽,《漢書藝文志通釋》,武漢:華中師範大學出版社,2004 年版第 328、
　　　　380 頁。
〔註106〕仝衛敏,《出土文獻與〈商君書〉綜合研究》,臺北:花木蘭文化出版社,2013
　　　　年第 64 頁。
〔註107〕張林祥,《〈商君書〉的成書與思想研究》,北京:人民出版社,2008 年版第
　　　　163～165 頁。

了大部分商鞅時期的制度。故實際上商鞅學說在戰國時期廣為流傳，有些理念或已成為當時社會的某種共識。故當時及以後的眾多人物，都或多或少地受商鞅影響，其中秦國的執政者、官僚和當時的法家後學們應該受影響最大。但文獻中注明專治商鞅之學的，實只有尉繚子一人。尉繚子的著作中雖然混雜著各家學說，但是由於商鞅本人也曾師從雜家尸子，其思想本身也具有多元性，加之尉繚又是魏國人，故尉繚受商鞅啟蒙還是有可能。

小　結

綜上所述，公叔痤是一位思想上具有多元性質的人，這個特點也影響到了商鞅。此外，衛國文化中的尚剛強、氣力、權謀、法制，薄恩禮的特點應該也影響到了商鞅。又法家文化在魏國源遠流長，早在三家分晉前晉文公時期，晉國已經展現出信賞必罰、不避親貴的思想傾向，這種傳統顯然被後來的魏國所繼承。由於魏國的建立在某種程度上是一種「篡位」行為，故魏國的統治者必然會為政權的合法性營造氛圍。招攬各方人士，利用名士的聲望安撫各方勢力，應該是當時魏文侯為取得政權的合法性所付出的努力之一。魏國文化應該從魏文侯開始，較為繁榮且具有多元性特點，這個趨勢也一直延續到魏惠王前期。而且隨著形勢的發展，傳統迂闊的儒道之學逐漸褪去，適應富國強兵的法、兵、農思想開始崛起，故這種多元化特色，逐漸由兼容並包轉向了以法兵農為主。而商鞅或許就是在這樣的大環境下成長起來的，故其必然會對這種文化特點有所繼承。可以說，魏國文化中注重法、兵、農才是商鞅一生思想的底色。故，商鞅思想中最直接、最根本的來源，應該就是魏文侯後的魏國文化。商鞅在秦工作二十四年，其中人物關係錯綜複雜。其中秦孝公、秦穆公及其朝臣、秦國原來的風俗制度都曾對商鞅產生巨大影響。故綜合而言，秦國文化對商鞅思想的影響應該是廣泛而且深刻的。此外，兵家孫武、農家許行、雜家尸子等人也或多或少對商鞅思想產生影響。

至於流傳方面，商鞅學說的傳承不存在嚴格意義上的「商鞅學派」，但是因為商鞅在秦國的變法實踐獲得了巨大的成功，秦國在車裂商鞅之後事實上也保留了大部分商鞅時期的制度。故實際上商鞅學說在戰國時期廣為流傳，有些理念，如重法、重戰、重農、重功、重公等，或已成為當時社會的某種共識。故當時及以後的眾多人物，都或多或少地受商鞅影響，其中秦國的執政者、官僚和當時的法家後學們應該受影響最大。但文獻中注明專治商

鞅之學的，實只有尉繚子一人。尉繚子的著作中雖然混雜著各家學說，但是由於商鞅本人也曾師從雜家尸子，其思想本身也具有多元性，加之尉繚又是魏國人，故尉繚受商鞅啟蒙還是有可能。以上就是商鞅思想源流的大致情況。

第五章　《商君書》思想對
秦國社會的影響

　　對思想的研究，應該包括思想範疇的界定，思想源流的梳理，以及思想對現實社會可能發生的影響等等。但是《商君書》過往的思想研究，更多只是停留在思想範疇的界定上，而對於《商君書》思想源流的梳理、《商君書》思想可能對秦國帶來的影響則較少論及。其實從嚴格意義上說，商鞅應該更多是作為一個改革家，而不是思想家。《商君書》中的絕大部分篇章都應該是當時的條上之文。據筆者的研究，《商君書》應該是秦始皇統一六國後秦國官方所編，那麼編者文獻資料的最大來源，可能正是宮廷中留存歷代政論家上呈的重要奏章和文書，而非在民間進行大規模搜集所得。故《商君書》中的篇章，應該對當時的秦國社會產生過極其重要的影響，它們應該是當時主政者施政的重要參考之一，這就從歷史事實上要求我們關注《商君書》思想與現實的關係。

　　此外，《商君書》思想與現實的關係還體現在當時的政論家們對時代問題的關切。我們都知道，政論家的文章多是針砭時弊、關注現實社會的切時之作，這就為我們認識當時社會提供了切入點和可能性。因此，思想既然是現實的反映，那麼思想也應該是歷史的一部分，思想也應該反映著社會的演變。由思想而考察當時的社會，進而把握當時的歷史，理應是我們研究者把握思想本身和歷史的一條可行的路徑。但遺憾的是，我們在過往的《商君書》的思想研究中，並沒有明顯地看到這一思路，一些人雖然對《商君書》中出現的各種制度進行考究，但亦止於制度的本身，而對於制度背後所反映的指導思想和現實問題，並沒有過多地挖掘。因此，《商君書》思想的歷史意義，還

有待我們進一步發掘。

再者，思想的形成不是一蹴而就的，多數思想是在漫長的社會實踐中人們不斷總結昇華而來的。只有深切地理解思想的生成過程，我們才能深刻地把握思想的脈絡，才能給思想準確定位。但檢查過往《商君書》思想研究的現狀，似對《商君書》內部思想的變化發展情況缺乏系統的關注。我們在本章中的每節都設置了《商君書》本身的思想源流考，就是希冀《商君書》本身思想的源流問題能夠引起學界足夠的重視。

最後，即使是在學界研究得最多的《商君書》思想範疇的界定的問題，亦有諸多遺漏和缺陷。故整體上，我們的思想研究，是在重新界定重要思想範疇、發掘重要思想的基礎上，進行源流探索和思想影響探索，這應該是目前有關《商君書》思想研究的另一可行的途徑和較新的嘗試。

第一節　《商君書》中「君臣」思想與秦國君主專制的形成

大約從春秋時期開始，中國社會逐漸由分封世襲制向封建君主制轉變，這種轉變至秦帝國的建立才逐步定型。在這個過程中，君主權力不斷加強，大臣權力逐步削弱，最終形成了君主專制。劉澤華先生謂：「分封制是在諸侯、卿大夫之間錯綜複雜的鬥爭中衰落的。」〔註1〕可見，君主與大臣之間的權力矛盾，是分封世襲制向封建君主制轉變的重要動力。

秦國在商鞅變法之前由於存在分封世襲制，故在君王旁邊存在一個較為穩定的分權力量，這對當時君主的權力常常構成威脅。商鞅變法以後，世襲貴族的力量雖然被削弱，但是以功業為根基的新興權臣又逐漸出現。故在秦始皇以前，秦國的君主們始終面臨著加強自身地位和中央集權的任務。而本文所謂的「君臣」思想者，就是要把君與臣放在一個相對的關係中觀照，是考察《商君書》中如何看待君與臣之間的關係的問題。具體而言，就是要考察在《商君書》中，君與臣的權力應該如何配置，國君應該用什麼樣的標準和方法來任用和驅使大臣等問題。這些問題，不僅涉及到君與臣具體的權力鬥爭，還涉及到對君主專制形成的歷史過程的認識等問題，故有必要對此進行詳細而系統的

〔註1〕劉澤華，《中國的王權主義——傳統社會與思想特點考察》，上海：上海人民出版社，2000年第8頁。

探索和研究。

　　《商君書》是一部歷時性著作，它主要記載了秦孝公到秦始皇統一天下前商鞅及其後學們的思想。而這段時間，正是秦國形成封建君主專制非常關鍵的時期。而就在這樣特殊的時期，商鞅及其後學們要麼生活在秦國，要麼就是想入仕秦國，他們時刻關注著秦國局勢的發展，這當然也會包括秦國將如何加強君主地位和中央集權的問題。加之秦國在商鞅變法後國勢日隆，商鞅其所提倡的思想自然也會舉足輕重。故《商君書》相關的思想，對於我們瞭解秦國君主專制的形成具有十分重要的作用。

　　但或許是因為《商君書》的成書過於複雜，令學界感到難以把握其中的思想發展歷程，故目前有關《商君書》的「君臣」思想研究還相對較少，鄭良樹在其著作《商鞅及其學派》《商鞅評傳》中有所提及，但亦是淺嘗輒止。故相關問題還有待理清。

一、《商君書》中所見「君臣」思想

　　《商君書》中有關「君臣」的思想，主要散見於《商君書》各篇之中。對於這些篇章的寫作時間，學界多有爭議，筆者已另有小文考證〔註2〕。簡而言之，《商君書》中的《墾令》《境內》《農戰》這三篇都應該是商鞅所作。《戰法》《立本》《兵守》《開塞》《君臣》《立法》六篇雖然找不到確鑿的證據，但也極有可能是商鞅所作。《更法》《去強》《說民》《弱民》《賞刑》《徠民》《慎法》《外內》這八篇大約成書在商鞅死後到秦昭王之間，其中《更法》篇當為戰國時的史官所作，餘為商鞅後學或當時崇尚商鞅學說的法家者流所作。《算地》《錯法》《壹言》《靳令》《修權》《畫策》《禁使》《定分》這八篇應該是秦昭王死後至秦始皇統一天下前的作品，其中《定分》篇可能是《商君書》中最晚的作品。而把它們結集成書的，則極有可能是在秦始皇統一六國後開始推行「書同文，車同軌」時官方主導下所為。下面我們按照《商君書》中各篇的成書時間，來瞭解一下這些篇章中「君臣」思想的主要內容：

（一）商鞅時期

　　這一時期總體上涉及到「君臣」思想的比較少，而且也很少將他們之間的關係對立起來，比如《農戰》篇謂：「善為國者，官法明，故不任知慮。」只

〔註2〕黃效，《《商君書》各篇的作者、創作時間及其成書考》，《管子學刊》，2020年第一期。

是在任人標準上有所論及。這一時期有關「君臣」思想的重要論述，主要見於《君臣》篇之中：

1. 古者未有君臣、上下之時，民亂而不治。是以聖人列貴賤，制爵位，立名號，以別君臣上下之義。地廣，民眾，萬物多，故分五官而守之。民眾而姦邪生；故立法制、為度量以禁之。是故有君臣之義、五官之分、法制之禁，不可不慎也。〔註3〕

2. 處君位而令不行，則危；五官分而無常，則亂；法制設而私善行，則民不畏刑。君尊則令行，官修則有常事，法制明則民畏刑。法制不明，而求民之行令也，不可得也。民不從令，而求君之尊也，雖堯、舜之知，不能以治。〔註4〕

3. 明主之治天下也，緣法而治，按功而賞。〔註5〕

4. 今世君不然，釋法而以知，背功而以譽。〔註6〕

5. 故明主慎法制。言不中法者，不聽也；行不中法者，不高也；事不中法者，不為也。……故國治而地廣，兵強而主尊，此治之至也。〔註7〕

由上可知，材料 1 中作者首先從歷史進化的角度論述了別「君臣之義」「五官之分」「法制之禁」的必要性和重要性，這三者本質上是一套統治秩序。這套秩序的每個項，對應的社會功能都是不同的，它們之間也不是孤立存在的，而是相輔相成的。在材料 2 中，作者就論述它們相應的功能和「法制」與「君尊」之間的關係。在作者看來，只有法制嚴明，君主才會得到尊崇，即君主的權威取決於執法的程度。在理清了這層關係後，作者接著在材料 3、4 中提出了自己理想的治理狀態，即「緣法而治，按功而賞」，反對「釋法以知，背功以譽」，最後在材料 5 中把「法」當作一切行為的標準，並把「法治」，當作實現富國強兵和加強君主權威最為有效的手段。

那麼在這篇中，君、五官和法制三者，哪個最重要呢？鄭良樹認為「在這段文字裏，作者提出『君』『官』和『法』的三角關係作為政治的最高權力

〔註3〕 蔣禮鴻，《商君書錐指》，北京：中華書局，1986 年版第 129～130 頁。
〔註4〕 蔣禮鴻，《商君書錐指》，第 130 頁。
〔註5〕 蔣禮鴻，《商君書錐指》，第 130 頁。
〔註6〕 蔣禮鴻，《商君書錐指》，第 131 頁。
〔註7〕 蔣禮鴻，《商君書錐指》，第 131～132 頁。

結構。……其中以『君』的地位最尊貴，五官及法律都『服務』於國君。」但是，其本身的觀點也存在矛盾，因為其接來下說：「將五官及法律的地位貶低在國君之下，實際上並非本期商學派的心意。《君臣》篇最後一段（見材料5）所說的，就是最好的證明。」這段話的意思似乎在說《君臣》篇最後一段將國君置於法律及五官之下。但其接著又說：「換句話說，國家一切都合乎法律的規定，國家才會強大，國君的地位才會提高。在三者之中，法律看來也在五官之上，地位僅次於國君。」〔註8〕又將國君提到了最高的位置。那麼，在《君臣》中國君、法律、五官到底哪個才是最重要呢？首先，文中從來沒有把五官看得重於國君和法律，在君主制社會裏，國君是國家的象徵，將國君的政治地位看得高於法律，這在君主專制建立後是有可能的，因為在君主專制的社會裏，君主不但是世俗中的王，而且是天子、聖人，掌握著神的意志和參透了宇宙的規律，地位在法律之上還可以理解。五官只是天子的臣下，他們雖然代表天子牧民，也應該遵循種種規則，加之商鞅本人本身就提倡法治，法不僅適用於平民，也適用於貴族官僚。《君臣》篇既為商鞅所作，五官不太可能有重於法制之理。那麼國君與法制在本篇中哪個比較重要呢？按理說，國君作為國家的代表，其象徵性地位當然比法制重要，但是從材料5所提供的信息看來，國君顯然也不能在法制之外胡作非為，故筆者認為在此篇之中，法制顯然才是作者論述的重心。這裡已然有絕對法治主義的傾向了，只是還不太明顯，明確提倡絕對的法治主義，還要到《修權》篇。

此外，本篇作者雖然聲稱要別「君臣之義」，但在實際行文中常常將「臣」與「民」混為一談，文中的許多地方，雖然說的是「民」，但事實上也包括了「臣」在內，比如材料2中「法制設而私善行，則民不畏刑」應該就是如此。因為所謂行「私善」的對象，不僅可以是「臣」對「民」，也可以是「君」對「臣」或「君」對「民」，後文既然推崇的是絕對的「法治」主張，把「法」當作一切行為的標準，那麼「君」對「臣」「民」的關係當然也不能例外，只是作者或許對「君」與「臣」、「君」與「民」、「臣」與「民」之間的區別與聯繫還未有清晰的認識，所以常常將臣民混談。由《農戰》《君臣》可知，商鞅的「君臣」思想主要有三點：一是對「法」的絕對推崇，君對臣的統率主要通過「法」來實現；二是在臣下的識別、晉升上，主要是「按功而賞」，反對以

〔註8〕 以上參見鄭良樹，《商鞅及其學派》，上海：上海古籍出版社，1989年第239～240頁。

「知」「譽」作為用人的標準；三是推尊君主，當然這一時期對君主的推尊還是基於「法治」所帶來的附帶效果，還沒有到主張「乾綱獨斷」的時候。

（二）商鞅死後到秦昭王時期

這一時期涉及到「君臣」思想的論述，整體上也比較少。《弱民》最後一段出現了一句專門論述「君臣」關係的話，謂「明主之使其臣也，用必加於功，賞必盡其勞」，但這句話所表現的思想相對於整部《商君書》而言，卻是老生常談、平淡無奇。這一時期有關「君臣」思想主要見於《慎法》篇中：

1. 凡世莫不以其所以亂者治，故小治而小亂，大治而大亂，……奚謂以其所以亂者治？夫舉賢能，世之所治也，而治之所以亂。世之所謂賢者，言正也；所以為善正也，黨也。聽其言也，則以為能；問其黨，以為然。故貴之不待其有功，誅之不待其有罪也。此其勢正使污吏有資而成其奸險，小人有資而施其巧詐。〔註9〕

2. 彼而黨與人者，不待我而有成事者也。上舉一與民，民倍主位而向私交。民倍主位而向私交，則君弱而臣強。〔註10〕

3. 故有明主忠臣產於今世而散領其國者，不可以須臾忘於法。破勝黨任，節去言談，任法而治矣。使吏非法無以守，則雖巧不得為奸；使民非戰無以做其能，則雖險不得為詐。夫以法相治，以數相舉者，不能相益；訾言者，不能相損。民見相譽無益，相管附惡；見訾言無損，習相憎不相害也。夫愛人者不阿，憎人者不害，愛惡各以其正，治之至也。〔註11〕

4. 千乘能以守者，自存也；萬乘能以戰者，自完也；雖桀為主，不肯詘半辭以下其敵。外不能戰，內不能守，雖堯為主，不能以不臣諧所謂不若之國。自此觀之，國之所以重，主之所以尊者，力也。於此二者力本，而世主莫能致力者，何也？使民之所苦者無耕，危者無戰。二者，孝子難以為其親，忠臣難以為其君。今欲驅其眾民，與之孝子忠臣之所難，臣以為非劫以刑而驅以賞莫可。〔註12〕

由上可知，作者在材料1中將世俗所謂的「舉賢能」稱之為黨人，這些人

〔註9〕 蔣禮鴻，《商君書錐指》，北京：中華書局，1986年版第136～137頁。
〔註10〕 蔣禮鴻，《商君書錐指》，第137頁。
〔註11〕 蔣禮鴻，《商君書錐指》，第137～138頁。
〔註12〕 蔣禮鴻，《商君書錐指》，第138頁。

結黨營私，賞罰不由功過，是非全憑好惡，互相標榜、沆瀣一氣，故往往能成其奸險巧詐。這種現象，如果任由發展，必然會對君主的權力產生威脅，故在材料 2 中作者明確指出了這樣的危害，具體而言就是會造成「不待我而有成事」和「君弱而臣強」的大權旁落的局面。在論述了現象和危害後，作者在材料 3 中提出了人主要用「任法而治」的辦法來「破勝黨任，節去言談」以達到「愛人者不阿，憎人者不害，愛惡各以其正」的「至治」境界。這實際上主張以法為重，崇尚實功和破除好惡。除此之外，作者還關注到了如何加強君主權威的問題，材料 4 中作者認為君主權威主要來自「力」，即所謂的「國之所以重，主之所以尊者，力也」。這種「力」是靠君主對臣下「劫之以刑」「驅之以賞」而得來的，因此從根本上說是刑罰的威力。故《慎法》篇的「君臣」思想主要有三點：一是反對結黨營私；二是推崇法治；三是崇尚刑罰之力。

如果拿《慎法》的「君臣」思想和《君臣》進行對比，我們就會發現《慎法》的「君臣」思想有許多新的發展。首先是針對性更強。在《君臣》中，作者所論大多比較寬泛，以致常常把「臣」與「民」的關係混為一談，這也說明當時的「君臣」矛盾還沒有太過激烈。到了《慎法》篇，雖然文中偶而還有臣民混為一談的現象，但針對「臣」的意圖非常明顯，證明作者此時已有較為清晰的「君」「臣」「民」的界限，對「君」與「臣」之間的矛盾認識已經加深。其次，《慎法》注意到了「朋黨」現象，這是《君臣》所沒有的，證明作者對大臣這個群體的認識已經深化。最後，雖然《君臣》《慎法》都主張推尊「君主」，但在推尊方法上，《君臣》主張通過加強「法治」來達到目的，《慎法》雖然也和《君臣》一樣將「任法」稱之為「治之至也」，但在如何加強君主權威方面，卻更重視賞罰的威力，其主宰意識更為強烈。

（三）秦昭王死後至秦始皇統一天下時期

這一時期《商君書》中有關「君臣」思想的論述整體上較多，觀點也較多樣化，主要分布在《算地》《錯法》《修權》《畫策》《禁使》這五篇之中。這五篇的寫作時間，據前文考證，《算地》《禁使》篇產生在韓非前後；《錯法》《修權》篇產生在秦武王後的戰國末年時期；《畫策》應該在秦始皇元年至其一統天下之前，所以這五篇在產生時間上大致相似。

首先是《算地》篇，這篇中有關「君臣」思想的論述主要有兩處。第一處是討論權柄數術的內涵及其作用：

> 主操名利之柄而能致功名者，數也。聖人審權以操柄，審數以

使民。數者，臣主之術，而國之要也。故萬乘失數而不危、臣主失
術而不亂者，未之有也。今世主欲闢地治民而不審數，臣欲盡其事
而不立術，故國有不服之民，主有不令之臣。〔註13〕

那麼何為權柄？何為術數呢？由上可知，權柄是和名利相關，對於名利的
作用，《算地》篇謂：「民之性：饑而求食，勞而求佚，苦則索樂，辱則求榮，
此民之情也。民之求利，失禮之法；求名，失性之常。奚以論其然也？今夫盜
賊上犯君上之所禁，而下失臣民之禮，故名辱而身危，猶不止者，利也。其上
世之士，衣不煖膚，食不滿腸，苦其志意，勞其四肢，傷其五臟，而益裕廣耳，
非性之常也，而為之者，名也。故曰：名利之所湊，則民道之。」由此可知，
名利的主要作用在於導民，亦即使民。所以，所謂的「審權以操柄」者，就是
考慮如何利用名利來驅使百姓。那麼，何為數呢？尹桐陽謂：「數，術也，法
也。」將其等同於術和法。高亨謂：「數，事物前進發展的必然順序和前因後
果的必然關係，古語叫做『數』，所以『數』等於今語所謂定律。」張覺認同
尹氏數即為法的說法而反對高氏的定律說。〔註14〕筆者認為，此處對於數術的
理解還是應該基於這裡的具體語境。文中明確講「數者，臣主之術」，證明在
作者眼裏，數即術。又謂「主操名利之柄而能致功名者，數也」，可見此處所
謂的「數」，就是人主通過操縱名利的方式來使自己或國家獲得「功」和「名」
的方法，故所謂的權柄數術之道就是君臣之間玩弄名利之道。

第二處是講權柄數術所帶來的效果：「故君子操權一正以立術，立官貴爵
以稱之，論榮舉功以任之，則是上下之稱平。上下之稱平，則臣得盡其力，而
主得專其柄。」由此可知，其主張權柄數術之道的主要目的，就是要達到大臣
能充分發揮才能，而君主能牢牢握住權力的效果，即所謂的「臣得盡其力，而
主得專其柄」，其君主專制的傾向越來越明顯。

其次是《錯法》篇。這篇和《算地》篇一樣，與「君臣」思想相關的論述
主要有兩處。第一處謂：「是以明君之使其臣也，用必出於其勞，賞必加於其
功。」注重功勞的觀點平淡無奇，無需贅述。第二處謂：

人君有爵行而兵弱者，有祿行而國貧者，有法立而亂者。此三
者，國之患也。故人君者先便請謁而後功力，則爵行而兵弱矣。民
不死犯難而利祿可致也，則祿行而國貧矣。法無度數，而事日煩，

〔註13〕蔣禮鴻，《商君書錐指》，第46頁。
〔註14〕張覺，《商君書校疏》，知識產權出版社，2012年版第95～96頁。

則法立而治亂矣。是以明君之使其民也,使必盡力以規其功,功立而富貴隨之,無私德也,故教流成。如此,則臣忠、君明,治著而兵強矣。故凡明君之治也,任其力不任其德,是以不憂不勞,而功可立也。〔註15〕

這段文字先是描述了當時社會中存在著「爵行而兵弱」「祿行而國貧」「法立而亂」的三種亂象,並指出導致這些亂象的原因是私德橫行、利祿易得和法無度數,最後作者相應地提出人主應該注重實績和杜絕私德,而這些觀念的核心就是要「任其力不任其德」。由上文可知,《慎法》篇對「力」也非常推崇,那麼這兩者所推崇的「力」是否相同呢?我們在上文中說《慎法》篇的「力」只是涉及到刑罰的威力,而這裡的「力」似乎和法、功與公這三方面有關。如果我們綜合《慎法》一文的全文來看,《慎法》中的「力」也和法、功與公相關,故在本質上它們兩者大致相同。

再次是《修權》篇。這篇有關「君臣」思想的論述一共有三處:

1. 國之所以治者三:一曰法,二曰信,三曰權。法者,君臣之所共操也;信者,君臣之所共立也;權者,君之所獨制也,人主失守則危。君臣釋法任私必亂。故立法明分,而不以私害法,則治。權制獨斷於君則威。〔註16〕

2. 公私之分明,則小人不疾賢,而不肖者不妒功。故堯、舜之位天下也,非私天下之利也,為天下位天下也;論賢舉能而傳焉,非疏父子親越人也,明於治亂之道也。故三王以義親,五霸以法正諸侯,皆非私天下之利也,為天下治天下。是故擅其名而有其功,天下樂其政,而莫之能傷也。今亂世之君、臣,區區然皆擅一國之利而管一官之重,以便其私,此國之所以危也。故公私之交,存亡之本也。〔註17〕

3. 夫廢法度而好私議,則姦臣鬻權以約祿,秩官之吏隱下而漁民。諺曰:「蠹眾而木析,隙大而牆壞。」故大臣爭於私而不顧其民,則下離上。下離上者,國之「隙」也。秩官之吏隱下以漁百姓,此民之「蠹」也。故有「隙」、「蠹」而不亡者,天下鮮矣。是故明王任

〔註15〕蔣禮鴻,《商君書錐指》,北京:中華書局,1986 年版第 65～66 頁。
〔註16〕蔣禮鴻,《商君書錐指》,第 82 頁。
〔註17〕蔣禮鴻,《商君書錐指》,第 84～85 頁。

法去私，而國無「隙」、「蠹」矣。〔註18〕

材料 1 中將治國的手段分為法、信、權三種，其中的權獨歸於君主，法則君與臣都可以用，信要君與臣共同建立。那麼，既然權是獨歸君主，這是否就意味著君主可以仗著自己手中的權力為所欲為呢？並非如此，材料 2 中作者進一步要求君臣嚴公私之分，不能以私害公，甚至還非常極端地認為即使君主大位也應該「為天下位天下也」。這就意味著將過去世代傳承的皇權不再看作是某家某族的私事，而是事關天下蒼生的公事。君主的職位如此，大臣的職位也是如此，故非常反對「區區然皆擅一國之利而管一官之重，以便其私」的人。材料 3 中更將這些「便其私」者稱為國之「隙」和「蠹」，並認為要防止這兩者的產生就必須推重法，只有君主「任法去私」，國家才能無「隙」和「蠹」。《修權》篇雖然將法、信和權區別開來，並認為權應該獨歸君主，但這種獨佔之權顯然不能凌駕在法律之上，也不能用這種權來謀取私利，所以《修權》篇是對法和公的絕對推崇，其程度甚至超過了君主的權威。

最後，是《畫策》和《禁使》兩篇。這兩篇整體上涉及到「君臣」思想的地方不多，大約有三處，而且有一定的相似性。

1. 所謂治主，無忠臣，慈父，無孝子；欲無善言，皆以法相司也，命相正也。〔註19〕（《畫策》）

2. 聖人知必然之理、必為之時勢，故為必治之政，戰必勇之民，行必聽之令。……所謂義者，為人臣忠，為人子孝，少長有禮，男女有別；非其義也，餓不苟食，死不苟生。此乃有法之常也。聖王者不貴義而貴法，法必明，令必行，則已矣。〔註20〕（《畫策》）

3. 得勢之至，不參官而潔，陳數而物當。今恃多官眾吏，官立丞、監。夫置丞立監者，且以禁人之為利也；而丞、監亦欲為利，則何以相禁？故恃丞、監而治者，僅存之治也。通數者不然也。別其勢，難其道，故曰：其勢難匿者，雖跖不為非焉。故先王貴勢。〔註21〕（《禁使》）

材料 1 中作者反對「忠臣」「孝子」的說法，而主張一切以法和命為準。材料 2 中，作者將法等同於必然之理和時勢，故對法的把握，也是對這種理

〔註18〕蔣禮鴻，《商君書錐指》，第 85 頁。
〔註19〕蔣禮鴻，《商君書錐指》，第 111 頁。
〔註20〕蔣禮鴻，《商君書錐指》，第 123 頁。
〔註21〕蔣禮鴻，《商君書錐指》，第 133 頁。

和勢的把握。當然，「君臣」關係也應該納入到這種理和勢之中。「臣忠」「子孝」也不再是某種道德高尚的表現，而是遵紀守法的常態。可見，於此作者實際上把法理想化了。對於勢的強調，材料 3 中得到了強化。材料 2 中的「勢」還和「法」聯繫在一起，貴「勢」就是貴「法」，但到了材料 3「勢」和「數」似乎已經從「法」那裡獨立出來，本身成了一個十分重要的手段。而且這種手段似乎比在官職中直接設置的監督官員還有效。故《畫策》《禁使》這兩篇的「君臣」思想主要有：一，重視法；二，將法和勢相結合，但最終強調的是法；三，貴勢。

　　如果拿第三階段的「君臣」思想和前兩個階段相比，那麼第三階段的思想特點是比較明顯的。首先是各類觀點明顯增多，其思想內涵更為豐富。前兩個階段涉及到「君臣」思想的篇幅較少，主張也較為單一，但這個階段有五篇之多，其主張較為複雜。像《算地》主張的「獨操權柄」；《錯法》注重「力」；《修權》主張法治；《禁使》《畫策》貴勢等等，觀點繁多不一。其次，各種觀點在本階段似乎都達到極端的狀態。像《修權》對法和公的絕對強調，《算地》對權的強調，《禁使》對勢的強調等等都是如此。最後，本階段的許多觀點融合性較強。像權、勢、術這類觀念，商鞅本人應該關注得較少，但本階段多有強調。而且，其對儒家「仁」「義」「忠臣」「孝子」等觀念也多有關注。

二、《商君書》中「君臣」思想的特點

　　《商君書》的「君臣」思想整體上是非常複雜的。首先從時間上看，它大致可以分為三個階段，而且每個階段的思想都各具特點。其次從它的分布上看，它分布在多個篇章之中。因為《商君書》它不是一部成於一人一時之手的著作，所以多個篇章的分布意味著它們是來自多個作者的思想。但是，在如何處理好君臣關係，或在君臣關係中應該堅持什麼樣的原則這個問題上，他們還是有一些共同的價值取向的。

　　第一，依法原則。對於法在處理「君臣」關係上的作用，《商君書》總體比較重視，但法在君臣關係中到底應該發揮多大的作用，他們之間又有差異。《君臣》篇謂：「故明主慎法制。言不中法者，不聽也；行不中法者，不高也；事不中法者，不為也。……故國治而地廣，兵強而主尊，此治之至也。」把「法」當作了國家治理的最高標準，並將以法為準的治理稱為「治之至也」，君臣關係作為國家治理的一部分，自然也在這個標準之內。在商鞅之後的一

段時期內，商學派大致沿襲了這種思想，《慎法》篇謂：「破勝黨任，節去言談，任法而治矣。使吏非法無以守，……愛惡各以其正，治之至也。」再次將「法治」稱為「治之至也」。但是這種情況在秦昭王死後至秦始皇統一天下時期發生變化。這第一個變化是繼續沿著《君臣》《慎法》的方向並有所強化，強調法在國家治理生活中至高無上的作用，如《修權》篇，甚至有用法來限制君權的傾向。第二個變化是將法深化，使其與理、勢、數等結合，當然這種結合本來可以限制君主濫權，但從結果看卻是進一步強化了君主的權力。劉澤華先生謂：「令人遺憾的是，思想家們把操必然之理的權利只交給了君主、聖人，一般的平民百姓無力，也無權問津。這樣一來，一個非常理性的命題卻帶來了一個反理性的結果，即君主、聖人獨操和壟斷理性。」〔註22〕《畫策》篇所強調的「聖人知必然之理、必為之時勢」就是這種情況，這樣一來法的原則在君臣關係中的作用必然有所減弱。第三個變化是，他們推尊的不是法的本身，而是法所帶來的威力，如《錯法》篇謂「故凡明君之治也，任其力不任其德」就是這種情況。故綜合以上幾篇的時間順序和思想特點，我們可以發現，依法原則在秦國的君臣生活中越來越弱，君主的權威越來越得到加強。甚至到後來有一種極端的思想，完全拋棄了法的作用，只是一味地強調權的作用，如《算地》篇謂「聖人審權以操柄，審數以使民」就是這種情況。

第二，依公原則。郭沫若謂：「戰國時法家所共同的一個傾向，是強公室而抑私門。這裡是含有社會變革意義的。」〔註23〕對公的崇尚，《商君書》也不例外，而且其尚公的思想，遠不止於強公室這一義項，比如社會公德、公心等《商君書》中同樣看重。而有關「君臣」思想方面，對公與私的關係似乎也特別看重，無論君或臣、或君與臣之間都被要求區分好公與私的界限，不能以私亂公和以公謀私。《君臣》：「法制設而私善行，則民不畏刑。」《慎法》：「民倍主位而向私交，則君弱而臣強。」《錯法》：「是以明君之使其民也，使必盡力以規其功，功立而富貴隨之，無私德也，故教流成。」《修權》：「君臣釋法任私必亂。」「故堯、舜之位天下也，非私天下之利也，為天下位天下也；……故三王以義親，五霸以法正諸侯，皆非私天下之利也，為天下治天

〔註22〕劉澤華，《中國的王權主義——傳統社會與思想特點考察》，上海：上海人民出版社，2000 年第 121 頁。

〔註23〕郭沫若，《十批判書》，北京：人民出版社，2012 年第 250 頁。

下。……故公私之交，存亡之本也。」這些篇章都在強調公義、公心、公德，當然也包括公室。由上可知，篇章的不同，它們強調公的程度和側重點也不同。簡而言之，《君臣》篇反對的是法外的私善，強調的是公心，它所針對的是削弱法律這種公器效力的個人行為，當然有能力削弱法律效力的人應該要麼是君主，要麼就是大臣。所以《君臣》篇所謂的公就是要求君主大臣在守法、執法上嚴格自律。《慎法》篇本身是針對結黨營私者而作的，所以它反對的是「私交」，強調的是公室，意在加強君主的權威和地位。《錯法》篇所反對的「私德」是與事功相對的，所以它反對的私是指向虛言獲利或不勞而獲，這是有關利益應該按照何種標準來分配的事，強調的是公德。《修權》篇對公最為推崇，它要求君臣一切行為，無論是日常的治理、王位的傳承，還是稱王稱霸，都應該出於公心，並把對公與私的處理，看成是國家存亡的根本。仝衛敏認為「這一思想既是對宗法社會『家天下』傳統的否定，又是對西周末年以來民本主義思潮的繼承和發展。」「流露出『天下為公』的思想萌芽，帶有較強的理想色彩。」〔註24〕當然，我們也應注意到，在《算地》《畫策》《禁使》篇中，對公義、公心的問題並沒有觸及，這些篇章都主張君主擁有絕對的權威，所以在君主是否時時需要注意公心的問題上，商鞅學派在後期是有比較大分歧的，但對於大臣卻沒有這樣的分歧。

第三，依功原則。所謂的依功原則，其實質是反對虛言、智術，注重農戰等功利思想在君臣領域中的反映。當然這條原則完全是君主對臣下的馭下之術，它不像法或公心一樣需要君臣共守。《君臣》：「明王之治天下也，緣法而治，按功而賞。……今世君不然，釋法而以知，背功而以譽。」強調的是功與法的結合，反對的是知譽。《慎法》：「彼言說之勢，愚智同學之，士學於言說之人，則民釋實事而誦虛詞。民釋實事而誦虛詞，則力少而非多。」這裡雖然沒有出現「功」的字眼，但對「實事」的強調無疑和「功」有相通的地方。《算地》篇謂：「故君子操權一正以立術，立官貴爵以稱之，論榮舉功以任之，則是上下之稱平。上下之稱平，則臣得盡其力，而主得專其柄。」將「舉功論榮」當作權術的一部分。《錯法》：「故人君者先便請謁而後功力，則爵行而兵弱矣。……是以明君之使其民也，使必盡力以規其功，功立而富貴隨之，無私德也，故教流成。如此，則臣忠、君明，治著而兵強矣。」把

〔註24〕仝衛敏，《出土文獻與〈商君書〉綜合研究》（下），新北市：花木蘭文化出版社，2013 年第 277 頁。

重功當作忠臣之道等。當然隨著時移世易，或重視實績漸漸成為一種社會常識以後，社會上對功的強調逐漸變談，故在《修權》《畫策》《禁使》篇，對功沒有太過強調，而是把重心轉移到了勢、數、法上去了。

以上三個原則，應該是商學派自始至終都比較推崇的處理君臣關係的原則。這三個原則不是孤立的，它們很多時候是緊密聯繫在一起的。對法制的提倡，很多時候是對公心、公德的提倡和對公室的加強，反過來也成立。而務實避虛，富國強兵又往往是前兩者的目的。故它們之間的關係是非常緊密的。當然，這些思想不是一成不變的，而是一直在發生變化。它們在不同階段的重要程度是不同的，這種程度的變化也反映了君臣之間權力的消長變化。在秦昭王死後至秦始皇統一天下這個時期，隨著法家眾多學派的出現，各種觀點越來越多，故在商學派內部也出現了一些相對他們前輩而言的新思想、新觀念，比如權柄、勢數術等，這些新觀念的出現和流行，當然會對先前的一些觀念產生衝擊，故法、公、功的觀念在商學派的後期有所削弱，但並沒有消失，而是可能轉為了一種習而為常的思想底色。由上也可知，商學派的君臣思想是非常複雜的，裏面也不乏分歧。故一些學者認為「商學派發展到末期，對國君及法律的提高和推崇，已經達到前所未有的境地」〔註25〕，這樣的說法應該不盡準確，因為商學派發展到末期應該是出現了分化，一部分繼續推尊法律，並企圖借助法律來限制王權；另一部分繼續推尊君主，並認為君主的權力應該超越法律。法律與君權在《君臣》等篇是相輔相成的，但在《修權》等篇又並非如此。所以，對待商學派有關君權與法律的問題，還應具體問題具體分析。

三、《商君書》「君臣」思想與秦國的君主專制

在上文我們大致探討了《商君書》中的「君臣」思想，那麼這些思想到底和秦國之間有著什麼樣的聯繫呢？

首先，這些思想的產生應該是基於秦國現實的需要。《史記・秦本紀》：

懷公四年，庶長晁與大臣圍懷公，懷公自殺。懷公太子曰昭子，蚤死，大臣乃立太子昭子之子，是為靈公。靈公，懷公孫也。

靈公六年，晉城少梁，秦擊之。十三年，城籍姑。靈公卒，子獻公不得立，立靈公季父悼子，是為簡公。簡公，昭子之弟而懷公子也。

〔註25〕鄭良樹，《商鞅評傳》，南京：南京大學出版社，1998 年第 308 頁。

簡公六年，令吏初帶劍。塹洛。城重泉。十六年卒，子惠公立。

惠公十二年，子出子生。十三年，伐蜀，取南鄭。惠公卒，出子立。

出子二年，庶長改迎靈公之子獻公於河西而立之。殺出子及其母，沈之淵旁。秦以往者數易君，君臣乖亂，故晉復強，奪秦河西地。〔註26〕

由上可知，田氏代齊後至秦孝公之前，秦國的皇室一直處於動盪之中，司馬遷用「君臣乖亂」一詞來形容。事實上，在這乖亂的背後，一直上演著殘酷的權力鬥爭，這些鬥爭因為發生在商鞅變法之前，所以這些鬥爭在本質上屬於分封貴族之間和貴族與皇室之間的鬥爭。據以上文本，懷公四年的懷公自殺事件及出子二年的改立獻公事件都是由庶長主導的，亦即是由大臣主導的，由此可知秦國大臣的力量在當時何其強大，已經大到可以操控廢立的程度。這種臣強主弱、廢立頻繁的局面使秦國在當時生死存亡的「國際」競爭中處於非常不利的位置：「孝公元年，……周室微，諸侯力政，爭相併。秦僻在雍州，不與中國諸侯之會盟，夷翟遇之。……下令國中曰：『……會往者厲、躁、簡公、出子之不寧，國家內憂，未遑外事，三晉攻奪我先君河西地，諸侯卑秦、丑莫大焉。賓客群臣有能出奇計強秦者，吾且尊官，與之分土。』」〔註27〕故秦國在孝公之前，事實上面臨著重整君臣秩序的迫切任務。商鞅變法作為一次較為全面的改革，加之其對法的推崇，對這個迫切的任務不可能不有所關注，故《商君書》中的《君臣》篇應該就是商鞅所作。《君臣》篇主張以法為綱，加強君主權威，也比較符合當時的實際。

但是商鞅變法的側重點畢竟是社會改革，其措施固然從根本上削弱了舊貴族的利益，但卻無法阻止新的權臣的產生，商鞅本人也是以功業為根基的新的權臣。

《韓非子·定法》：

公孫鞅之治秦也，……無術以知奸，則以其富強也資人臣而已矣。及孝公、商君死，惠王即位，秦法未敗也，而張儀以秦殉韓、魏。惠王死，武王即位，甘茂以秦殉周。武王死，昭襄王即位，穰侯越韓、魏而東攻齊，五年而秦不益尺土之地，乃城其陶邑之封。應侯攻韓八

〔註26〕（西漢）司馬遷，《史記》（一），北京：中華書局，2014 年第 253～254 頁。

〔註27〕（西漢）司馬遷，《史記》（一），北京：中華書局，2014 年第 254 頁。

年，成其汝南之封。自是以來，諸用秦者，皆應、穰之類也。故戰勝，則大臣尊；益地，則私封立：主無術以知奸也。〔註28〕

《戰國策‧秦策一‧衛鞅亡魏入秦章》：

> 孝公已死，惠王代後，蒞政有頃，商君告歸。人說惠王曰：「大臣太重者國危，左右太親者身危。今秦婦人嬰兒皆言商君之法，莫言大王之法。是商君反為主，大王更為臣也。且夫商君，固大王仇讎也，願大王圖之。」〔註29〕

故秦國在商鞅之後，在君臣秩序方面事實上面臨著新的矛盾。當然這種局面的形成和孝公對勳貴的刻意尊崇是分不開的，上文引用的求賢令中謂「賓客群臣有能出奇計強秦者，吾且尊官，與之分土」就是明證。這些勳貴的大量出現，最終結成了朋黨，《史記‧秦本紀》：「昭襄王元年，嚴君疾為相。甘茂出之魏。二年，彗星見。庶長壯與大臣、諸侯、公子為逆，皆誅，及惠文後皆不得良死。」〔註30〕與孝公之前由庶長一人主導的君主廢立不同，此次參與叛亂的人員包括了庶長、大臣、諸侯、公子等，從參與人員身份的構成看，當包括了貴族和勳貴兩部分，故此時新舊分權勢力實際上已經結成了朋黨。大約在這個時候，《商君書》中產生了《慎法》篇，因為《慎法》篇所談的主要內容就是破除黨人和加強公室。當然在《慎法》篇，提出破除黨人的主要方法還是崇尚法治，這無疑又回到了商鞅「無術以知奸」的老路中去，故在昭襄王之後，秦國還是出現了君主大權旁落的局面，其典型就是秦始皇初年時相國呂不韋、長信侯嫪毐與太后等人的聯合弄權亂國事件：

> 嫪毐封為長信侯。予之山陽地，令毐居之。宮室車馬衣服苑囿馳獵恣毐。事無小大皆決於毐。又以河西太原郡更為毐國。……長信侯毐作亂而覺，矯王御璽及太后璽以發縣卒及衛卒、官騎、戎翟君公、舍人，將欲攻蘄年宮為亂。……毐等敗走。即令國中：有生得毐，賜錢百萬；殺之，五十萬。盡得毐等。衛尉竭、內史肆、佐弋竭、中大夫令齊等二十人皆梟首。車裂以徇，滅其宗。……十年，

〔註28〕（清）王先慎撰，鍾哲點校，《韓非子集解》（第十七卷），北京：中華書局，1998 年第 398 頁。

〔註29〕何建章注釋，《戰國策注釋》，北京：中華書局，1990 年第 71 頁。

〔註30〕（西漢）司馬遷，《史記》（一），北京：中華書局，2014 年第 254 頁。

相國呂不韋坐嫪毒免。〔註31〕

大約在這一時期，法家學說中的法、勢、術各派開始融合，這從後來法家學說的集大成著作《韓非子》的出現就可以看出。或許是對只提倡法而造成無術知奸侷限的認識，或許是對時代思潮的回應，總之，這一時期在商學派中也逐漸出現了融合法、勢、術的趨勢，《算地》《畫策》《禁使》等篇的出現就是明證。故，由上可知，《商君書》中的「君臣」思想和當時秦國社會的發展是緊密相連的，它應該是秦國現實需要的產物。

其次，秦國君主專制的形成當受《商君書》中「君臣」思想的影響。我們在上文中論述了秦國社會現實對《商君書》中「君臣」思想的影響，那麼反過來，《商君書》中的「君臣」思想有沒有對秦國的現實產生影響呢？答案是肯定的。且不說商鞅本人對秦國社會的影響，而且據筆者的考證，整部《商君書》也應該是由秦始皇統一中國後當時的官方所編。其之所以會編集這部《商君書》，當然是看中了其中巨大的思想價值和曾經的影響。《荀子·強國》：

應侯問孫卿子曰：「入秦何見？」孫卿子曰：「入其國，觀其士

大夫，出於其門，入於公門；出於公門，歸於其家，無有私事也；

不比周，不朋黨，倜然莫不明通而公也，古之士大夫也。」〔註32〕

這是荀子在秦昭襄王四十年後到秦國時對秦國官員的直接觀感。我們上文已經提到，《商君書·慎法》篇大概就是產生在昭襄王時期，裏面的主要內容就是要破除朋黨，強化公室，其主要思想和《荀子·強國》篇的描述相當契合，加之《慎法》篇本為條上之文，所以昭襄王是非常可能看到過《慎法》這篇文章，當時的社會也確有可能是受了《慎法》篇思想的影響。至於後來的秦始皇也應多受商學派思想的影響，《史記·秦始皇本紀》：

侯生盧生相與謀曰：「始皇為人，……丞相諸大臣皆受成事，倚

辨於上。上樂以刑殺為威，天下畏罪持祿，莫敢盡忠。……天下之

事無小大皆決於上，……貪於權勢至如此，未可為求仙藥。」〔註33〕

這種靠「刑殺為威」來駕馭群臣的思想在《慎法》篇就曾出現，其謂「今欲驅其眾民，與之孝子忠臣之所難，臣以為非劫以刑而驅以賞莫可」，而「事無小大皆決於上」的做法和《修權》篇「權者，君之所獨制也」的思想也十分

〔註31〕 （西漢）司馬遷，《史記》（一），北京：中華書局，2014 年第 293～294 頁。

〔註32〕 （清）王先謙撰，沈嘯寰、王星賢點校，《荀子集解》（下），北京：中華書局，
　　　　 2013 年第 358 頁。

〔註33〕 （西漢）司馬遷，《史記》（一），北京：中華書局，2014 年第 328～329 頁。

相似。除此之外，還有尚法等方面，《史記》說他「事皆決於法」〔註34〕，並重視各方面的法制建設等，這些當然也會涉及到他對臣下的駕馭方面，後期其對北方、南越邊疆的開拓也體現他十分重視事功。故《商君書》中的「君臣」思想，不僅產生於秦國的現實需要，也反過來對秦國社會的發展產生過十分重要的影響。

這些影響概括起來有以下幾個方面：一，它改變了秦國官場的生態。這種生態應該是多方面的。崇尚法治有利於秦國官員依法施政，減少了官員濫權謀私的現象，從而有利於政府在社會中樹立較高的威望等。推崇公心，加強了官員的責任感，也有利於他們在處理各種事務中主持正義，從而贏得社會信任。崇尚實功，則有利於減少庸政、懶政和各種形式主義，從而提高辦事效率。同時，對法和事功的推崇，也打破了以出身論英雄的侷限，有利於有實際才幹的人脫穎而出、社會階層的流動。二，無論對法的推崇，還是對公心、公室和實功的推崇，都加強了君主的集權。因為當時君主才是最高的決策者，許多法的制定都受君主影響。故尚法，一定程度上就是在「尊君」，這在《君臣》等篇中都有論述。推崇事功而非出身，也在一定程度上削弱了貴族的實力，從而加強了皇權的力量。對公室、公心的推崇有力地維護了以皇帝為首的中央政府的權威，等等。三，當然這些原則也有它的弊端。比如對法的推崇削弱了道德的力量，而對功的推崇可能導致好大喜功和急功近利等，權力的集中也容易導致權力的盲目。後期秦國拋開法治，推崇勢術和獨斷就是如此。這種權力的獨斷最終也造成了秦朝的滅亡。

本節內容曾在《先秦文學與文化》第十一輯上發表，內容有刪改

第二節　從《商君書》中的「壹」看秦制的形成

秦國通過商鞅變法最終統一了六國，那麼到底是什麼因素才使秦國最終戰勝了六國呢？毫無疑問，這主要是由於秦國選擇的國家道路和國家模式，我們也可以稱之為「秦制」。那麼，什麼是秦制？它有何特點？又是如何形成的呢？如果我們無法深入瞭解它的特點和生成的歷程，很多時候我們對它的評價就無從談起。《商君書》主要是針對和反映當時秦國的社會現實，其寫作的時間就在商鞅變法至秦始皇統一六國時期。這段時間，正是秦制形成的關鍵時

〔註34〕　（西漢）司馬遷，《史記》（一），北京：中華書局，2014年第306頁。

期。故對《商君書》有關思想的考察，無疑對我們探討秦制的形成和特點具有重要的意義。當然，學界對《商君書》中所出現的各種制度已有所關注，如宋人黃震，近人楊寬，今人李零、仝衛敏等〔註35〕。但是，在這些秦制的背後到底有沒有一些主導思想，或者說是什麼樣的思想動機才促使秦國進行了廣泛的改革並取得了巨大的成功，這種思想是從哪裏來，又有什麼侷限性？對這些問題，學界還缺乏關注。

如果對《商君書》進行詳細考察，就會發現書中出現了大量的「壹」字，這是其他任何先秦典籍所沒有的現象。那麼這些「壹」字為何會在《商君書》中大量出現？其在《商君書》中具體的涵義有哪些？它與「一」之間有何聯繫與區別？它對當時秦制的形成有何意義？對於以上諸問題，學界少有論及。夏增民謂「壹」的主要政治內涵在「一於農戰、政令統一和使民心慮純樸」這三項，並認為其必然會「形成專制、威權的政治結構」和民眾沒有思想、生產自由的局面〔註36〕。但其觀點並不全面和準確，而且沒有把它放在歷史進程中考察，事實上「壹」在《商君書》中每個階段的意義是不同的。鄭良樹在其著作《商鞅評傳》中曾對「壹」字在《商君書》中的具體字義有所考究，但其最終目的是為了考證《商君書》中相關篇章的成書時間和作者問題，至於「壹」的其他涵義及意義則沒有觸及〔註37〕。但即使是鄭氏對於「壹」字義上的理解，學界也有不同的觀點〔註38〕。故有關《商君書》中「壹」字的諸多問題，還有待理清。

一、什麼是《商君書》中的「壹」？

《商君書》中「壹」字一共出現了 59 次，其中一次是篇章標題，故正文

〔註35〕宋人黃震說見其著《黃氏日抄》（卷五十五）（見《文津閣四庫全書・子部・儒家類》，上海：商務印書館，2005 年第 426 頁。）其謂：「然殿中與御史之號實用此書，必問法官亦出此書，後世一切據法為斷者，亦合省所自出矣。」楊寬說見其文《雲夢秦簡所反映的土地制度和農業政策》，其文收入《上海博物館集刊》，上海古籍出版社，1983 年版。李零說見其文《〈商君書〉中的土地人口與爵制》，見《李零自選集》。仝衛敏說見其著《出土文獻與〈商君書〉綜合研究》（下），新北市：花木蘭文化出版社，2013 年版。

〔註36〕夏增民，《先秦秦漢政治價值觀研究》，北京：人民出版社，2019 年版第 96～99 頁。

〔註37〕鄭良樹，《商鞅評傳》，南京：南京大學出版社，1998 年版第 220～226 頁。

〔註38〕仝衛敏，《出土文獻與〈商君書〉綜合研究》（下），新北市：花木蘭文化出版社，2013 年版第 140 頁。

一共出現了 58 次。這 58 次分別分布在《墾令》《農戰》《去強》《算地》《壹言》《立本》《靳令》《賞刑》《畫策》《境內》這 10 個篇章之中。這 10 個篇章的作者及寫作時間，大致情況為：《墾令》《農戰》《立本》《境內》應該是或極大可能是商鞅所作；《去強》《賞刑》大約成書在商鞅死後到秦昭王之間，其作者應該為商鞅後學；《算地》《壹言》《靳令》《畫策》應該是戰國末期至秦始皇統一天下前的作品，其作者應該同樣為商鞅後學。〔註39〕下面筆者將按照時間順序對其進行分析。

（一）商鞅作品中「壹」的具體涵義

首先是《墾令》篇。此篇一共出現了 6 個「壹」字，其詳細情況如下：

1. 訾粟而稅，則上壹而民平。上壹則信，信則官不敢為邪。〔註40〕

2. 聲服無通於百縣，則民行作不顧，休居不聽。休居不聽，則氣不淫；行作不顧，則意必壹。意壹而氣不淫，則草必墾矣。〔註41〕

3. 壹山澤，則惡農慢惰倍欲之民無所於食；無所於食則必農，農則草必墾矣。〔註42〕

4. 愚心躁欲之民壹意，則農民必靜。農靜，誅愚亂農之民欲農，則草必墾矣。〔註43〕

對於第 1 句中出現的「壹」，姚煥謂：「上一而民平，言上之取於民者，無貧富皆均一。」此處姚氏所見版本應該將「壹」混淆為「一」，故此處稱「一」，實際上此處應作「壹」。其將此處的「壹」作「平等」解。朱師轍謂：「上壹，謂上法令專一。」陳啟天認為：「『上壹』，謂上之收稅劃一也，朱說釋為『上法令專壹』，誤。」〔註44〕鄭良樹則將其釋為「統一」〔註45〕。筆者認為，原句的意思應該是按照統一的辦法來收稅，故此處訓為「統一」較為合理。而第 2、4 句中的「壹」則應該訓為「專一」。至於第 3 句中的

〔註39〕黃效，《〈商君書〉各篇的作者、創作時間及其成書考》，《管子學刊》，2020 年第一期。

〔註40〕蔣禮鴻，《商君書錐指》，北京：中華書局，1986 年版第 6 頁。

〔註41〕蔣禮鴻，《商君書錐指》，第 10 頁。

〔註42〕蔣禮鴻，《商君書錐指》，第 12 頁。

〔註43〕蔣禮鴻，《商君書錐指》，第 14 頁。

〔註44〕周立昇，《商子匯校匯注（下）》，南京：鳳凰出版社，2017 年版第 35～36 頁。

〔註45〕鄭良樹，《商鞅評傳》，南京：南京大學出版社，1998 年版第 220 頁。

「壹」字應該如朱師轍所言，指「專山澤之禁，不許妄樵採、佃漁」。〔註46〕故由上可知，單就字義而言，「壹」在《墾令》中有三個義項，分別為統一、專一和管制之意。但我們對其涵義的解讀，不能止於字義上的訓詁，還要結合具體語境考究其背後隱藏的意義。就第1句中的「壹」而言，它顯然包括了商鞅改革稅制和規範、整合國家政策的政治要求；而第2、4句中的「壹」則包含著他純樸民風、整治民俗，令人專心於農業的企圖。同樣的意圖還見於第3句之中。故《墾令》中的「壹」隱含著商鞅整頓吏治民風，改變社會發展形態、使社會專心務農，樹立政府權威等政治訴求。

其次是《農戰》。《農戰》中「壹」字出現得較多，共21個：

5. 善為國者，其教民也，皆作壹而得官爵，是故不官無爵。國去言則民樸；民樸，則不淫。民見上利之從壹空出也，則作壹；作壹，則民不偷營；民不偷營，則多力；多力，則國強。〔註47〕

6. 善為國者，倉廩雖滿，不偷於農；國大、民眾，不淫於言。則民樸壹。民樸壹，則官爵不可巧而取也。〔註48〕

7. 善為國者，官法明，故不任知慮。上作壹，故民不偷營，則國力摶。國力摶者強，國好言談者削。〔註49〕

8. 國待農戰而安，主待農戰而尊。夫民之不農戰也，上好言而官失常也。常官則國治，壹務則國富。國富而治，王之道也。故曰：王道作外，身作壹而已矣。〔註50〕

9. 今上論材能知慧而任之，則知慧之人希主好惡使官制物以適主心。是以官無常，國亂而不壹，辯說之人而無法也。〔註51〕

10. 聖人知治國之要，故令民歸心於農。歸心於農，則民樸而可正也，紛紛則易使也，信可以守戰也。壹則少詐而重居，壹則可以賞罰進也，壹則可以外用也。〔註52〕

11. 凡治國者，患民之散而不可摶也，是以聖人作壹，摶之也。

〔註46〕周立昇等，《商子匯校匯注（下）》，南京：鳳凰出版社，2017年版第55頁。
〔註47〕蔣禮鴻，《商君書錐指》，北京：中華書局，1986年版第20頁。
〔註48〕蔣禮鴻，《商君書錐指》，第21頁。
〔註49〕蔣禮鴻，《商君書錐指》，第22頁。
〔註50〕蔣禮鴻，《商君書錐指》，第22頁。
〔註51〕蔣禮鴻，《商君書錐指》，第22～23頁。
〔註52〕蔣禮鴻，《商君書錐指》，第25頁。

國作壹一歲者，十歲強；作壹十歲者，百歲強；作壹百歲者，千歲強；千歲強者王。〔註53〕

12. 君修賞罰以輔壹教，是以其教有所常，而政有成也。〔註54〕

13. 人君不能服強敵破大國也，則修守備，便地形，摶民力，以待外事，然後患可以去，而王可致也。是以明君修政作壹，去無用，止浮學事淫之民，壹之農，然後國家可富，而民力可摶也。〔註55〕

14. 故惟明君知好言之不可以強兵闢土也，惟聖人之治國作壹、摶之於農而已矣。〔註56〕

對於《農戰》中「壹」字的意義，鄭良樹謂《農戰》「不但大量使用『壹』字，而且意義突出，當作心志、力量專一於農戰來使用。……『作壹』，即推行百姓專務於農耕的政策；『壹教』，即專務於農耕的政令、教育。」〔註57〕但全衛敏認為：「本篇的『壹』並非專指農耕。……『壹』字也兼指戰。」〔註58〕筆者認為，對篇中「壹」字的理解，一定要結合全篇的語境和意圖來把握。由材料中出現的「上作壹」「國作壹」「民作壹」的字眼可知，此篇中的「壹」事實上有兩個層面，一個是國家層面要「作壹」；另一個是民眾層面要「作壹」。

那麼何謂國家層面的「作壹」呢？材料5中所體現出來的主要有三點：一是「不官無爵」；二是「去言」；三是「上利之從壹空出」。材料6中有兩點：一是「不偷於農」；二是「不淫於言」。材料7中強調「官法明，不任智慮」。材料8中有兩點：一是不能好言而使官失常；二是要「壹務」。材料9中強調不能「論材能智慧而任之」。材料10強調要「令民歸心於農」。材料11是強調國家「作壹」的持續性和穩定性問題。材料12強調要「修賞罰」。材料13強調要「去無用，止浮學事淫之民，壹之於農」。材料13則強調不可好言和「摶之於農」。概而言之，國家層面的「作壹」事實上包括三個方面的整頓：

〔註53〕 蔣禮鴻，《商君書錐指》，第25頁。
〔註54〕 蔣禮鴻，《商君書錐指》，第25頁。
〔註55〕 蔣禮鴻，《商君書錐指》，第25頁。
〔註56〕 蔣禮鴻，《商君書錐指》，第26頁。
〔註57〕 鄭良樹，《商鞅評傳》，南京：南京大學出版社，1998年版第221～222頁。
〔註58〕 仝衛敏，《出土文獻與〈商君書〉綜合研究》（下），新北市：花木蘭文化出版社，2013年版第140頁。

　　一是國家政策方面的整頓。爵位的授予事實上關乎國家可支配資源的利用與分配。如果爵制合理，則國家資源會得到合理利用、政權得到鞏固、社會充滿活力；如果失當，則局面會朝相反的方向發展。「不官無爵」「利出壹空」，事實上包含著對爵制政策的規範和整合，先前的官爵授予標準顯然是混亂無度和不能反映國家迫切的需要和價值觀念的標準，故要對其進行規範和整合。故此處國家層面的「作壹」，事實上就是通過對政策的整合、規範和謀劃，使其聚焦於國家面臨的主要矛盾、主要任務和富國強兵的最有效的生產方式。二是對官僚的整頓。這種整頓首先體現在任用標準上，要以爵位的授予作為標準；其次要修明官法，不能失常，不能以言辭智慧擾亂官員的事務，如材料 7、8 所示。三是社會思想和價值觀等方面的整頓。這主要體現在它對智慧、言辭等方面的否定，和利用政策、法律、官爵等引導人民專注於農業上。這種思想觀念上的整頓，應該包含著商鞅對當時社會上流行的，並被認為妨礙了農戰的諸家思想的批判〔註 59〕。除此之外，材料 12 還特別強調了要「修賞罰」以輔「壹教」。可見「賞罰」不是「壹教」的內容，而是手段。它的目的就是用強力手段使得「壹教」能夠順利推進。由上可知，《農戰》篇國家層面的「作壹」，就是要對當時的政策、官僚和社會進行全面的整頓，使整個國家都聚焦於主要矛盾和主要任務，對於影響中心任務的思想和行為，都進行否定和批判，並要用「刑罰」的手段來保障這種整頓。

　　至於民眾層面的「作壹」，大多是國家層面「作壹」的被動因應。顯然，由國家層面「作壹」的內涵可知，商鞅欲把整個秦國打造成為一個專注於農戰的機器，而民眾只是這機器上的一環。民眾在「利出壹空」「不官無爵」和強力刑罰的威逼利誘下，為了更好地生存，只能融入到這個機器之中。同時，當時的統治者還對可能威脅到民眾專心農戰的各家思想進行批判，使人民心智愚昧、精神麻木，這其實就是民眾層面的「樸」和「壹」。這種思想的本質是極度注重生產和生產效率，而在無法通過大規模和大幅度改善生產手段來提高生產力的當時社會，就必然要求加強社會控制和把民眾變成一種精神愚昧、麻木的高效的生產機器。

　　最後是《立本》篇和《境內》篇。這兩篇出現「壹」字的次數較少，每篇各一次，而且其內涵較為簡單。如《立本》篇謂：「賞壹則爵尊，爵尊則賞能

〔註 59〕高華平，《商鞅及早期法家的學術批評──以〈商君書〉與先秦諸子思想的關係為中心》，暨南大學學報（哲學社會科學版），2020 年第 6 期。

利矣。」這種要求對某種政策進行規範和整合的內涵在《墾令》《農戰》篇中皆有出現。至於《境內》篇中「將軍為木壹，與國正監、與王御史參望之」的「壹」字，有學者認為此表示「植木一」或「臺」字之誤〔註60〕，故無多大討論價值。

（二）商鞅死後至秦昭王之間《商君書》中「壹」的思想

我們在上文中提到，此段時間《商君書》中出現「壹」字的只有《去強》和《賞刑》。但是《去強》出現的「國作壹一歲，十歲強；作壹十歲，百歲強，作壹百歲，千歲強。千歲強者王」，在《農戰》已經出現，此處不過是繼承了商鞅這種思想而已。故我們需要進一步作分析的，只有《賞刑》篇：

15. 聖人之為國也，壹賞，壹刑，壹教。壹賞則兵無敵，壹刑則令行，壹教則下聽上。夫明賞不費，明刑不戮，明教不變，而民知於民務，國無異俗。〔註61〕

16. 所謂壹賞者，利祿官爵摶出於兵，無有異施也。〔註62〕

17. 所謂壹刑者，刑無等級，自卿相、將軍以至大夫、庶人，有不從王令、犯國禁、亂上制者，罪死不赦。〔註63〕

18. 所謂壹教者，博聞、辯慧，信廉、禮樂、修行、群黨、任譽、清濁，不可以富貴，不可以評刑，不可獨立私議以陳其上。堅者被，銳者挫。雖曰聖知、巧佞、厚樸，則不能以非功圄上利。然富貴之門，要存戰而已矣。〔註64〕

19. 夫故當壯者務於戰，老弱者務於守，死者不悔，生者務勸，此臣之所謂壹教也。〔註65〕

20. 聖人治國也，審壹而已矣。〔註66〕

材料15首先提攜綱領式地提出了三個方面「壹」的要求。這裡「壹」的具體意義，應該像上文論及的那樣指規範、整合和聚焦。但具體內涵的延伸，

〔註60〕周立昇等，《商子匯校匯注（下）》，南京：鳳凰出版社，2017年版第650頁。
〔註61〕蔣禮鴻，《商君書錐指》，北京：中華書局，1986年版第96頁。
〔註62〕蔣禮鴻，《商君書錐指》，北京：中華書局，1986年版第96頁。
〔註63〕蔣禮鴻，《商君書錐指》，第100頁。
〔註64〕蔣禮鴻，《商君書錐指》，第104頁。
〔註65〕蔣禮鴻，《商君書錐指》，第105頁。
〔註66〕蔣禮鴻，《商君書錐指》，第106頁。

相對於商鞅時期，又有較大的發展。其中「壹賞」的觀念在《立本》中已經出現，但《立本》中的「壹賞」只是為了使「爵尊」，而《農戰》中也有關於「爵」的論述，但只是說「不官無爵」，至於「爵」從哪裏來，則沒有明確點出，材料16則明確地將「利祿官爵摶出於兵，無有異施。」由此可知，此處的「壹賞」觀念是由《農戰》和《立本》發展而來，但與其相比更為完善和明確，這也符合我們對其寫作時間的推斷。「壹教」「壹刑」同樣如此。「壹教」觀念在《農戰》中已經出現，但《農戰》中的「壹教」似乎只涉及到「言辭」「智慮」「浮學」等方面的否定和批判，而這裡則涉及到「博聞、辯慧，信廉、禮樂、修行、群黨、任譽、清濁」等眾多方面的否定和批判，證明其對當時社會思潮的批判和否定更為廣泛和深刻。此外，《農戰》的「壹教」似乎更注重讓民眾專注於農，而此處的「壹教」讓人更專注於戰。「評刑」「私議」也首次出現在否定的範圍之內，可見其對社會的控制和改造不斷加碼。材料19則描述了「壹教」所要達到的狀態。此處新出現的是「壹刑」。但從《農戰》篇「修賞罰以輔壹教」的語句看，「壹刑」的觀念在《農戰》篇已經萌芽。我們在上文中曾論及，《農戰》篇曾將「官僚」也列入其整頓的範圍之內，並一直強調「官法明」。那麼何謂「官法明」呢？在材料17中，作者明確地表示要「刑無等級」，卿相與庶民要遵守同樣的法律，這在先前的篇章中是沒有提及的，這顯示「刑罰」觀念在商學派中得到進一步加強，國家治理更崇尚強力。從「壹刑」也可以看出，秦國內部官民之間的鴻溝進一步消除。由上可知，《賞刑》中的「壹」內涵更為豐富、完整和系統化。

（三）戰國末期至秦始皇統一天下前《商君書》中「壹」的思想

在這個階段，一共有四個篇章出現了「壹」的論述。它們分別是《算地》《靳令》《壹言》《畫策》篇。其中《畫策》篇謂：「能壹民於戰者，民勇；不能壹民於戰者，民不勇。」此平淡無奇，於上文中也多有體現。《靳令》篇謂，「守十者亂，守壹者治」「聖君知物之要，故其治民有至要，故執賞罰以壹輔仁者，必之續也，聖君之治人也，必得其心，故能用力。力生強，強生威，威生德，德生於力。王君獨有之，故能述仁義於天下」。其中第一句的思想多見於上文。第二句「執賞罰以壹輔仁者」頗具爭議，因為向來商鞅及其後學對所謂的「仁義道德」都持反對的態度，此處又何以會提倡「執賞罰以壹輔仁者」呢？蔣禮鴻謂：「德生於力，德非即此言仁義乎？夫此之仁義，商君之

仁義也。」〔註67〕由此可知，《靳令》雖可能受了其他各家學派的影響，但其所謂仁義者，當與通行儒家的「仁義」思想不同。事實上，對於「德」「仁義」的提及，不僅見於此處，也見於秦始皇石刻之中。此篇是近秦始皇統一時的作品，出現一些與始皇時期相似的詞語也不足為奇。但無論如何，我們從這篇中看到了一些新的變化，因為《農戰》曾謂要「修賞罰以輔壹教」，《靳令》已將「壹教」發展為了「仁義」，而且從秦始皇石刻看，當時的統治者也將自己的行為看成是一種對天下的「仁義」和「恩澤」，如《琅琊臺石刻》中「聖知仁義，顯白道理」「功蓋五帝，澤及牛馬。莫不受德，各安其宇」〔註68〕，云云。

接著是《算地》和《壹言》篇。首先看《算地》篇，此篇中涉及到「壹」的思想有兩處：一為「故為國之數，務在墾草；用兵之道，務在壹賞」；另一為「國之所以求民者少，而民之所以避求者多，入使民屬於農，出使民壹於戰，故聖人之治也，多禁以止能，任力以窮詐。兩者偏用，則境內之民壹；民壹，則農；農，則樸；樸，則安居而惡出」。其第一處思想在《立本》《賞刑》已經出現，第二處與《農戰》強調使民壹之於農、《賞刑》多強調於戰不同，此處強調「兩者偏用」。其當是對前文的繼承和發展。

其次是《壹言》，此篇中「壹」字共出現了五處：

21. 制度時，則國俗可化，而民從制；治法明，則官無邪；國務壹，則民應用；事本摶，則民喜農而樂戰。〔註69〕

22. 故民壹務，其家必富，而身顯於國。〔註70〕

23. 治國能摶民力而壹民務者強；能事本而禁末者富。〔註71〕

24. 故摶力以壹務也，殺力以攻敵也。治國者貴民壹，民壹則樸，樸則農，農則易勤，勤則富。富者廢之以爵，不淫；淫者廢之以刑，而務農。故能摶力而不能用者必亂，能殺力而不能摶者必亡。故明君知齊二者，其國強；不知齊二者，其國削。〔註72〕

〔註67〕蔣禮鴻，《商君書錐指》，北京：中華書局，1986年版第82頁。
〔註68〕（西漢）司馬遷，《史記》（一），北京：中華書局，2014年版第314～315頁。
〔註69〕蔣禮鴻，《商君書錐指》，北京：中華書局，1986年版第59～60頁。
〔註70〕蔣禮鴻，《商君書錐指》，第60頁。
〔註71〕蔣禮鴻，《商君書錐指》，第60頁。
〔註72〕蔣禮鴻，《商君書錐指》，第61頁。

25. 故聖王之治也，慎為察務，歸心於壹而已矣。〔註73〕

由上可知，此處有關「壹」的思想與前面最大的不同是，此處不僅強調了「搏力」，而且還強調了「殺力」。由上文材料 11、13、14 可知，《農戰》只強調了「搏力」，並沒有強調「殺力」。那麼以戰來「殺力」的觀念從何而來呢？材料 16 中謂「所謂壹賞者，利祿官爵搏出於兵，無有異施也。」所謂的「賞」其實就是國有資源的一種消耗，將「賞」搏之於「兵」，其實就是以戰來「殺力」。故「殺力」可能就是從「壹賞」中來，但是直到《壹言》才明確提出這一和「搏力」高度對應的概念。鄭良樹認為「殺力」概念的提出是作者「認為在『壹』的範疇內不足以概括及強調戰事的重要性，所以才獨立成項為『殺力』，以便和『搏力』並列。」〔註74〕筆者認為有一定的道理，但其根本原因可能是由前期強調農，中期強調戰，最後農戰並重的思想發展軌跡所致，這種思想也體現在《算地》篇中。

二、《商君書》中「壹」的思想特點

在上文，我們已經大致探討了「壹」在《商君書》中的內涵。那麼，具體而言，《商君書》中與「壹」有關的思想又有哪些特點呢？

首先，它涉及的範圍整體上越來越廣，但在秦昭王以後有所弱化。根據目前學界較為普遍的看法，《墾令》和《農戰》雖然都有可能是商鞅所作，但是一般認為《墾令》的寫作時間要比《農戰》早。在《墾令》中，有關「壹」的思想涉及的範圍主要在稅收、山澤這種某類具體的政策或「愚心躁欲」這類人的精神狀態上。《墾令》雖然處處圍繞農墾展開論述，但事實上並未明確提出全社會要壹於農。到了《農戰》，有關「壹」的思想已經不止涉及到稅收、山澤或某類人的精神狀態，它進一步擴展到日常的賞罰、爵位的授予、官僚的任用、社會價值觀念的規範等等。而到了《賞刑》，它幾乎擴展到了當時社會的所有層面，無論是精神上的還是行為上的，它都要求聚焦到當時國家設立的共同目標上，執行同樣的規定，信奉同樣的價值標準，最終要做到「國無異俗」，渾然一體。至此，它所涉及到的範圍事實上達到了巔峰狀態，以致後來「壹」的內涵雖然在某些方面上有所深化，但其牽涉的範圍卻無法再進一步拓展。這種範圍的擴大，事實上也意味著秦國改革整頓的範圍

〔註73〕蔣禮鴻，《商君書錐指》，第 63 頁。
〔註74〕鄭良樹著，《商鞅評傳》，南京：南京大學出版社，1998 年版第 224 頁。

和力度的擴大。

其次,它的內涵越來越深刻,體系越來越完整。上文中我們提到,在《墾令》篇中,「壹」的內涵在政策上只牽涉到了某項具體的政策,在社會上也只是牽涉到某類人的精神狀態。但到了《農戰》篇,它在政策上的要求越來越概括化和抽象化,出現了「不官無爵」「上利從壹空出」等表述,而且在社會層面也出現了「壹教」這種類似概念化的表述。到了《賞刑》篇更為抽象和系統,出現「壹賞」「壹刑」「壹教」這三組概括性、系統性都較高的表述,證明其對壹的思考更為深入和完善。而且除了概括性和系統性以外,《賞刑》篇對「壹」的理解還有兩個較為明顯的特點:一是,其對象越來越明確。比如對於《農戰》篇「利出壹空」的提法,到底這個「空」具體指哪個方面?《農戰》篇沒有明確,而這個對象在《賞刑》篇得到說明,這個「空」指的就是戰。同樣的還有《農戰》篇中的「官法明」的提法,到底如何才算「官法明」?《賞刑》篇謂「刑無等級」,王公卿相與庶民要遵循同樣的法律和行為規範,而非在法律之外有針對官僚階層的另外一套標準。這種明確而清晰的論述,顯示作者思考的成熟。二是,即使是同一觀念,其針對的範圍也有所不同。比如「壹教」這個觀念,其在《農戰》篇已經出現,但是在《農戰》篇中,它所針對的僅是言辭、浮學、智慮這幾種行為,但到了《賞刑》篇,其針對的是「博學、辯慧、信廉、禮樂、修行、群黨、任譽、清濁」「評刑」「私議其上」等各種行為,其內涵外延顯然要比《農戰》篇豐富、深刻和具體。《賞刑》之後,雖然其在總體框架上已大體完善,但其在某些方面,還有進一步深化,比如「殺力」觀念的提出,就是對「搏力」觀念的補充。如果只有「搏力」沒有「殺力」,那麼要力何用呢?所以「搏力」「殺力」這對高度對應觀念的提出,深刻地體現了作者對「力」在國家治理中的作用的認識。

最後,伴隨著秦國社會的發展及主要矛盾的轉移,它在每個階段的側重點也是不同的。商鞅時期,或許是由於處於國力的積累期和改革初期,所以它特別側重於農,對「壹」所適用的範圍和認識也有限;商鞅之後到秦昭王時期,隨著社會改革的全面鋪開、深入,及與諸侯間的兼併戰爭日益激烈,這種激烈的內外博弈也反過來要求不斷增強國家社會的凝聚力,所以它特別側重刑賞和戰,「壹」所涉及到的範圍也擴展到社會的方方面面。秦昭王後,或許由於之前的戰事等消耗過大,同時外部威脅尚未消除,故它一方面要注重生產,以補充長期征戰消耗的國力,以維持戰鬥力的持續性;另一方面也

要激發人民參戰的熱情和保證軍隊作戰的積極性，故其農、戰並重；到秦始皇統一前夕，由於威脅逐漸消除，國家的主要矛盾和任務已經從農戰轉變為維護戰爭成果和加強統治的合法性，故先前特別重視的農、戰、刑罰也隨著之淡化，故《靳令》篇中開始渲染政權的合法性和安撫民眾，宣揚「仁義」「德」之類溫和的價值觀念。故由此可知，「壹」字內涵的側重點是隨著秦國社會的發展變化而不斷發展變化的，它側重點的變化，也深刻反映了秦國當時面臨的主要任務和主要矛盾。

由上可知，由於時代的變化，《商君書》中與「壹」有關的思想也在不斷地發展變化，它涉及的範圍越來越廣，並在秦昭王時期達到頂峰。而它的意義卻自始至終都在深化和完善，並且每個階段的側重點也不同。但是通過詳細觀察我們會發現，如果單從字義上看，它在《商君書》中的意義也沒有多大的變化，大部分都可以理解為統一、整合、規範和專一等。因此它內涵的最大變化，不是字義上的，也不是哲學上的，而是政治上的和非常具體的社會的各個方面。這也是它最大的特色。

三、「一」與「壹」及《商君書》中「壹」的思想的來源

《商君書》中的「壹」大部分都可以作統一、整合、規範和專一解，那麼它與「一」的意義是否有區別呢？它的這些意義又是從哪裏來的呢？

如果從字源來說，「一」從甲骨文開始一直寫作「一」或偶而作「弌」，其所表示無非是數量、最小的整數或混沌的起源。但「壹」，金文作「壺」，這個字等於「壺」（壺，盛器）與「吉」（吉，祭頌）的組合，表示祭祀用的酒壺。篆文「壹」承續了金文字形，其造字的本義應指祭祀專用的酒壺。所以它一開始就不是表示數量，而是強調「專」和排他性。考慮到祭祀在金文流行的時代本來就是權力的體現，所以它的本意是和特殊的地位相關，很容易和世俗的「專權」結合起來的。

到了《左傳》時期，「一」與「壹」的分工仍然十分明確。在《左傳》中，「一」絕大多數的含義都與數量有關，極個別的「一」表示相同的意思。而「壹」的意義則頗為複雜。在《左傳》中「壹」字約出現了 16 次〔註75〕：

文公三年

1. 秦伯伐晉，濟河焚舟，取王官，及郊。晉人不出，遂自茅津

〔註75〕下列材料具體參考：楊伯峻，《春秋左傳注》，北京：中華書局，1981 年版。

濟，封殽尸而還。遂霸西戎，用孟明也。君子是以知秦穆公之為君也，舉人之周也，與人之壹也。（第二冊，P530）

文公五年

2. 晉陽處父聘於衛，反過寧，寧嬴從之，及溫而還。其妻問之，嬴曰：「以剛。《商書》曰：『沈漸剛克，高明柔克。』夫子壹之，其不沒乎。……」（第二冊，P541）

成公十三年

3. 昭告昊天上帝、秦三公、楚三王曰：「余雖與晉出入，余唯利是視。」不善惡其無成德，是用宣之，以懲不壹。（第二冊，P865）

成公十六年

4. 唐苟謂石首曰：「子在君側，敗者壹大。我不如子，子以君免，我請止。」（第二冊，P888）

襄公二十一年

5. 武仲曰：「……紀也聞之，在上位者，灑濯其心，壹以待人，軌度其信，可明徵也，而後可以治人。……《夏書》曰：『念茲在茲，釋茲在茲，名言茲在茲，允出茲在茲，惟帝念功。』將謂由己壹也。信由己壹，而後功可念也。」（第三冊，P1057）

6. 於是祁奚老矣，聞之，乘駟而見宣子，曰：「……夫謀而鮮過，惠訓不倦者，叔向有焉，社稷之固也。猶將十世宥之，以勸能者。今壹不免其身，以棄社稷，不亦惑乎？……」（第三冊，P1061））

襄公二十六年

7. 叔向曰：「鄭七穆，罕氏其後亡者也。子展儉而壹。」（用心專一，第三冊，P1117）

昭公元年

8. 疆場之邑，一彼一此，何常之有？王伯之令也，引其封疆，而樹之官。舉之表旗，而著之制令。過則有刑，猶不可壹。……自無令王，諸侯逐進，狃主齊盟，其又可壹乎？（第四冊，P1206～1207）

9. 僑聞之，君子有四時：朝以聽政，晝以訪問，夕以修令，夜以安身。於是乎節宣其氣，勿使有所壅閉湫底，以露其體。茲心不

爽，而昏亂百度。今無乃壹之，則生疾矣。（第四冊，P1220）

昭公十年

10. 曰：「周公其不饗魯祭乎！周公饗義，魯無義。《詩》曰：『德音孔昭，視民不佻。』佻之謂甚矣，而壹用之，將誰福哉？」（杜注為同，楊注為專一，第四冊，P1318）

昭公二十三年

11. 吾聞之曰：「作事威克其愛，雖小必濟」。胡、沈之君幼而狂，陳大夫齧壯而頑，頓與許、蔡疾楚政。楚令尹死，其師熸。帥賤、多寵，政令不壹。（第四冊，P1445）

昭公二十五年

12. 臧昭伯率從者將盟，載書曰：「戮力壹心，好惡同之。信罪之有無，繾綣從公，無通外內。」（第四冊，P1465）

昭公二十六年

13. 今王室亂，單旗、劉狄，剝亂天下，壹行不若。謂：「先王何常之有？唯余心所命，其誰敢請之？」帥群不弔之人，以行亂於王室。（第四冊，P1477）

由上可知，《左傳》中「壹」字的用法大多仍和其本意「專」有關聯，如材料4、5、7、9，雖然這四則材料的「壹」都可以按照楊伯峻的注釋為「專一」，但其具體意義的指向又是不同的，材料4中的「專一」是指戰敗後眾人都需保護好「大人」，材料5、7是指道德、品行、心意上的真誠始終如一，材料9是指專用於某一處，屬行為、喜好上的偏頗，類似的還有材料10、13。而材料1、3、8中的「壹」則強調行為、用心或事物的前後一致。材料2中的「壹」有整合兩種不同品性的意思。材料6表示「一旦如何」。材料11的「壹」則表示政令不統一、混亂。材料12中的「壹」則表示同心同力。故《左傳》中的「壹」已經由先前的專門用於祭祀的壺，發展成了行為的前後一致、向目標凝聚、心意的內外一致、政令統一、品性的整合等義項，從其表意上看，其和《商君書》中「壹」的涵義較為類似，因此可以說兩者有傳承性。

現傳戰國時期的「壹」多見於秦簡之中，睡虎地秦簡裏面似乎對「一」與「壹」的用法區分得特別清晰，這點和傳世文獻《商君書》的情況非常類似。秦國由於僻處西北，早期相對而言較少和中原諸國往來，而長期與西北落後的

少數民族交戰和交流，有時為了戰爭或維護政權需要，甚至向西北落後的少數民族學習，故文化發展緩慢，與此同時，也應該較多地保留了早期從中原流傳過去的文化的原貌，其特別注重「一」與「壹」用法上的區分，應該就是這種原因。而在《商君書》中，絕大部分的「一」都表示數量，只有極個別篇章的「一」字用法較為混亂，如《說民》篇把「作壹」變為「作一」。但在《農戰》篇，本來就有「國作壹一歲者，十歲強」的句子，證明「壹」與「一」是不同的，否則就應該是「國作一一歲者，十歲強」。而且，據筆者考證，《說民》篇是商鞅死後到秦昭王時期的作品，因為「壹」後來也作為「一」的大寫，所以隨著時間的推移，兩者逐漸出現混淆也是正常的現象。其次，《商君書》的原本已經失傳，故也不能排除版本的因素。但總體而言，這種現象是極個別的，因此很難有代表意義。

另外，在商鞅之前的一些傳世典籍也偶而會出現幾個「壹」字，如《墨子·尚同上》：

> 察鄉之所治者，何也？鄉長唯能壹同鄉之義，是以鄉治也。……
> 察國之所以治者，何也？國君唯能壹同國之義，是以國治也。……
> 察天下之所以治者，何也？天子唯能壹同天下之義，是以天下以治也。〔註76〕

這裡的「壹」與「同」基本同義，和《商君書》中的「壹」有一定的相似性，但《商君書》中的「壹」不盡指「同」，還指規範、整合、心志專一等等，其更傾向於「專」。此外，據有些學者的研究，「一」在道家中也發展出具有政治意義的「一」，但這種情況多見於戰國中晚期以後〔註77〕，沒法比《商君書》早，數量也沒有如此之多，也可能是後世「壹」與「一」混淆後的發展結果，而不僅僅是道家的「創造」。另外一些典籍中偶而出現的「壹」，也基本不能超出《左傳》的範疇。故由上可知，《商君書》中「壹」字的涵義，應該主要繼承的是「壹」字的古義，同時它還可能對同時代的各家思想有所借鑒，再根據秦國的具體需要不斷發展而來。它在《商君書》中大規模地出現，並且貫穿於整個《商君書》寫作時段，證明其對商學派的重要性，因此也鮮明地具有商學派的思想特色。

〔註76〕（清）孫詒讓撰，孫啟治點校，《墨子閒詁》（上），北京：中華書局，2001年版第75頁。

〔註77〕王中江，《早期道家「一」的思想的展開及其形態》，《哲學研究》，2017年第7期。

四、《商君書》中「壹」的思想可能對秦國社會的影響

由上可知，《商君書》中「壹」字思想的最大特色，不是字義上，也不是哲學上的，而是政治學上的和社會學上的。它的主要內涵在整合、規範和聚焦。那麼，這種注重於政治學和社會學的「壹」的思想又可能對秦國產生了什麼樣的影響呢？

一、極大地推進了秦國的一體化進程。秦國的一體化很大程度上是通過對政策等的標準化和整合而實現的。「訾粟而稅，則上壹而民平」，事實上指的就是稅收政策的標準化。除了個別政策的標準化以外，《農戰》《賞刑》篇還體現出了政治、經濟、文化的全面標準化，比如法律施行、官僚的任用、爵位的授予、社會的價值觀念等，都有一個唯一的標準。這種標準化的進程，有時也體現在對社會各種領域的界限的釐清與界定，如《定分》篇所述。這種無視社會身份的標準化推進，在事實層面上打破了階級之間的界限，使農可以變為官，官也可以變為民，因此加強了社會階層的流通，使人與人之間日益平等。價值觀念的一致、從事生計的類似（主要是農）、上升渠道的相同（主要是戰）和身份的平等，這些因素都極有利於消除人與人之間的隔閡，增強彼此的認同感和加強社會在各個層面要素的流通。而且對農業的全力提倡和對工、商、學等打壓，事實上也是在消除社會身份的差異，使其集中於農一類。當然，沒有直接反映在《商君書》中的封建制的廢除與郡縣制的全面推行事實上也是政治上的標準化和一體化。而且，從其標準化範圍看，是越來越大，這就從更多方面消除了社會的壁壘，提升了社會效率。更為重要的是，其持續性特別長，由商鞅變法開始，直到秦始皇時為止。秦始皇在統一天下後，還曾「一法度衡石丈尺。車同軌。書同文字」，〔註78〕這也應該是秦國向來重視「壹」的思想的延續。

二、迅速加強了權力的集中與專制化。我們在上文中還提到，《商君書》中的「壹」除了有標準化的意義以外，還有整合和聚焦的意義。其實所謂的標準化事實上就是權威化，就是對異己或威脅到上層意志的各種行為的清除，這種行為無論它是政治上的還是社會上的，無論是精神上的還是現實中的。這種消除與權威化，就是為了將權力集中到標準的制定者那裡和方便貫徹其權力意志。由於在當時的秦國，皇帝是最高意志的代表和最高標準的制訂者，所以秦國的標準化進程毫無疑問加強了皇權的專制。漢學家陸威儀認

〔註78〕 （西漢）司馬遷，《史記》（一），北京：中華書局，2014 年版第 307～308 頁。

為：「統一字體、文法、度量衡、幣制、法律在今天看來是最正常不過的，但在公元前 3 世紀，需要在想像和實現之間完成一個變革的跨越。……標準化對於有效管理和統治如此廣大的國土是至關重要的。」同時「也給人們傳達這樣一種信息：必須服從統治者和他的政府。」〔註79〕當然，陸威儀只是關注到秦始皇時的標準化進程，事實上這種進程在商鞅時期就已經鋪開。故秦國的集權和專制化，是一個漫長的歷史過程。

三、利與弊及秦國必然失敗的原因。我們在上文中已經論及，《商君書》中「壹」的思想發展到最後，便是「摶力」和「殺力」。其實這兩個詞語也高度概括了秦國模式的特點。可以說，「摶力」便是秦國模式的最大優點。其所推行的標準化和對社會各個領域的整頓的最終目的就是為了「摶力」。比如以軍功為唯一標準的爵位制的推行，調動了渴望通過戰爭改變命運的下層人民的參軍作戰熱情，而且將王公貴族一視同仁，也有利於兵源的擴大。同樣的還有稅收和農業政策，對貴族進行徵稅擴展了稅收的對象和來源，引導商人貴族從事農業也有利於生產的擴大，減輕下層人的負擔，使其更多地服務於國家而非個人，等等。所以，秦國的一體化事實上擴大了國家可支配的資源和人口，同時最大程度地調動了社會大眾的積極性。而權力的集中則消除了原來由於分權而可能產生的阻力和各種內耗，極大地提高了行政效率，同時也非常有利於集中社會力量聚焦國家面臨的主要矛盾和主要任務。正是在這種不斷的開源和高效運轉中，秦國的力量得到迅速的集中和加強，最終統一了中國。這就是「摶力」，也是其根本性的優勢所在。

問題就在於，這種模式是對國力竭澤而漁式的開發，資源源源不斷地由社會集中到國家手中，但是人畢竟不是毫無自主性和精神性的機器，個人和社會本身也要進行休養生息，需要進行建設和維護，以更好地維持生存和生產。可以說，更好地生存，才是生產的目的，而不是無限地服從國家的意志。而秦國所謂的「殺力」其根本目的是將國力無限地消耗在戰爭和統治者個人的欲望上，這必然會和社會要求更好地生存的意志產生背離。這種背離的烈度在面臨外部生死存亡和內部強力威脅的情況下會有所減弱，但一旦外部矛盾緩和，其矛盾必然爆發。故秦朝的滅亡必然是自下而上的社會大眾的反抗，其歷史也正是如此。而且，對民眾一味地強調樸壹以及對社會諸多價值觀念的壓制，事實

〔註79〕（加）卜正民主編，（美）陸威儀著，王興亮譯，《哈佛中國史（1）——早期中華帝國：秦與漢》，北京：中信出版社，2016 年版第 56 頁。

上導致了民眾精神的貧乏和麻木，其自由和權利遭到了極大的壓制，這必然會引發社會的反彈。從長遠看，這種盲目的一體化推進，也必然會妨礙社會的健康發展。

　　另外，權力的過度集中必然帶來權力的獨斷：一方面，其必然會視維持獨斷以外的存在都是威脅，而這往往會給社會帶來災難性後果，比如秦始皇焚書坑儒就是如此；另一方面，這種毫無制約的獨斷，極易讓統治者產生盲目自大情緒，這種情緒又必然會刺激個人慾望無限膨脹和對社會規律、社會大眾意志的忽視，以致任性妄為，最終加劇統治者與大眾的矛盾。以秦二世視之，亦若合符節。故，秦國模式讓其強大，也讓其滅亡。

第三節　《商君書》的「名」學思想及其對秦國社會的影響——兼論「名」「法」思想在秦國的結合歷程

　　自從孔子提倡「正名」說後，「正名」思想越來越受到當時思想界的重視，並且在戰國中期以後，「名」「法」的結合越來越緊密。白奚先生認為，戰國以後「名家思想遂向兩個方向發展：一部分人將名家理論同當時的變法實踐結合起來，以名論法，形成『名法派』，或稱『形名法術派』，此一派學說見於《黃帝四經》、《管子》、《尹文子》等書中。另一部分人專從形式邏輯的角度發揮名家理論，形成『名辯派』，此一派以惠施，公孫龍和後期墨家為代表。」〔註80〕但是，對於「名」「法」結合的歷程以及其對當時社會的影響，學界似乎還沒有詳細的探討。

　　《商君書》是商鞅至秦始皇統一六國時期的法家學派的作品，其中的許多篇章應該是當時的條上之文，它寫作的時間正在戰國中期以後，而且商鞅本人據《史記》的記載也是「少好刑名」之學，故研究《商君書》的「名」學思想，無疑對我們瞭解名法結合的歷程和秦國社會的發展具有重要的意義。高華平先生曾從學派交流的角度對其作過重要的探討〔註81〕，但對其在商學派中的發展歷程及其對秦國社會的影響，則沒有論及。故《商君書》中的「名」學思想還有待我們進一步理清。

〔註80〕白奚，《稷下學研究——中國古代的思想自由與百家爭鳴》，北京：生活・讀書・新知三聯書店，1998年版第203頁。

〔註81〕高華平，《商鞅及早期法家的學術批評——以〈商君書〉與先秦諸子思想的關係為中心》，《暨南學報（哲學社會科學版）》，2020年第六期。

一、《商君書》中所見的「名」學思想

因為戰國時期的「名」具有多種含義，所以在梳理《商君書》中的「名」學思想之前，我們對其含義應該有一個大致的把握。那麼什麼是戰國時期的「名」呢？曹峰認為先秦秦漢時期的「『正名』論可以從三個角度去分析：第一，和語言能否正確使用的問題有關；第二，和身份、職責的確定與管理有關；第三，『正名』有時直接等同於法律法令。」〔註 82〕而高華平先生則認為，「《商君書》中的『名』有兩個基本含義：一是指名聲、名譽、名利和功名，二是指倫理、政治意義上的『名位』或『名分』」〔註 83〕。筆者認為，雖然高華平先生大概指出了《商君書》中的「名」字的含義，但《商君書》中的「名」學思想和《商君書》中「名」字的含義應該不盡相同，它還應涉及到「名」字含義之外的「名辨派」的行為。故我們對《商君書》「名」學思想的分析，應該包含有對名辯、名聲、名譽、名利、功名、名分等思想的分析，當然如果還有其他義項，我們將根據文本的實際情況如實分析。

又，據筆者考證，《商君書》各篇的作者及寫作時間應為：《墾令》《境內》《農戰》這三篇都應該是商鞅所作；《戰法》《立本》《兵守》《開塞》《君臣》《立法》六篇雖然找不到確鑿的證據，但也極有可能是商鞅所作；《更法》《去強》《說民》《弱民》《賞刑》《徠民》《慎法》《外內》這八篇大約成書在商鞅死後到秦昭王之間，其中《更法》篇當為戰國時的史官所作，餘為商鞅後學或當時崇尚商鞅學說的法家者流所作；《算地》《錯法》《壹言》《靳令》《修權》《畫策》《禁使》《定分》這八篇應該是戰國末期至秦始皇統一天下前的作品，其中《定分》篇可能是《商君書》中最晚的作品〔註 84〕。下面筆者將按照時間順序，對涉及各篇作一一分析。

（一）商鞅的「名」學思想

商鞅著作中涉及「名」學思想的有《墾令》《農戰》《開塞》《君臣》這幾篇。首先是《墾令》篇，此篇有兩處涉及「名」學思想，一處是「以商之口數使商，令之廝輿徒重者必當名，則農逸而商勞」；另一處是「令送糧無得取僦，

〔註 82〕曹峰，《作為一種政治思想的「形名」論、「正名」論、「名實」論》，《社會科學》，2015 年第 12 期。

〔註 83〕高華平，《商鞅及早期法家的學術批評——以〈商君書〉與先秦諸子思想的關係為中心》，《暨南學報（哲學社會科學版）》，2020 年第六期。

〔註 84〕黃效，《〈商君書〉各篇的作者、創作時間及其成書考》，《管子學刊》，2020 年第一期。

無得反庸；車牛輿重設，必當名」。這兩個「當名」大概都是指與登記的實際
情況相符，即名與實的問題。

其次是《農戰》篇。其涉及的地方詳細如下：

1. 今民求官爵，皆不以農戰，而以巧言虛道，此謂勞民。勞民
者，其國必無力；無力者，其國必削。……國去言則民樸；民樸，
則不淫。民見上利之從壹空出也，則作壹；作壹，則民不偷營；民
不偷營，則多力；多力，則國強。〔註85〕

2. 善為國者，倉廩雖滿，不偷於農；國大、民眾，不淫於言，
則民樸壹。……今境內之民及處官爵者，見朝廷之可以巧言辯說取
官爵也，故官爵不可得而常也。〔註86〕

3. 上作壹，故民不偷營，則國力摶。國力摶者強，國好言談者
削。故曰：農戰之民千人，而有《詩》、《書》辯慧者一人焉，千人者
皆怠於農戰矣。〔註87〕

4. 今上論材能知慧而任之，則知慧之人希主好惡使官制物以適
主心。是以官無常，國亂而不壹，辯說之人而無法也。……《詩》、
《書》、禮、樂、善、修、仁、廉、辯、慧，國有十者，上無使守戰。
〔註88〕

5. 國好力者以難攻，以難攻者必興；好辯者以易攻，以易攻者
必危。〔註89〕

6. 是以其君惛於說，其官亂於言，其民惰而不農。故其境內之
民，皆化而好辯、樂學，事商賈，為技藝，避農戰。如此，則不遠
矣。〔註90〕

7. 今世主皆憂其國之危而兵之弱也，而強聽說者。說者成伍，
煩言飾辭，而無實用。主好其辯，不求其實。說者得意，道路曲辯，
輩輩成群。民見其可以取王公大人也，而皆學之。夫人聚黨與，說議

〔註85〕蔣禮鴻，《商君書錐指》，北京：中華書局，1986 年版第 20 頁。
〔註86〕蔣禮鴻，《商君書錐指》，第 21 頁。
〔註87〕蔣禮鴻，《商君書錐指》，第 22 頁。
〔註88〕蔣禮鴻，《商君書錐指》，第 22～23 頁。
〔註89〕蔣禮鴻，《商君書錐指》，第 23 頁。
〔註90〕蔣禮鴻，《商君書錐指》，第 23 頁。

於國，紛紛焉，小民樂之，大人說之。故其民農者寡而遊食者眾。眾，
則農者殆；農者殆，則土地荒。學者成俗，則民舍農從事於談說，高
言偽議。舍農游食而以言相高也，故民離上而不臣者成群。此貧國弱
兵之教也。夫國庸民之言，則民不畜於農。故惟明君知好言之不可以
強兵闢土也，惟聖人之治國作壹，摶之於農而已矣。〔註91〕

　　由上可知，《農戰》篇用了大量的篇幅來描述「巧言辯說」的危害。材料
1 認為不以農戰而以「巧言虛道」求官爵，是一種「勞民」的行為，這種行
為危害了人民的心智，使其不能專心從事生產，影響了生產的效率，這就妨
礙了國力的提高。材料 2 則強調「巧言辯說」對官爵秩序的危害，事實上這
種危害是在妨礙國家對人力資源的控制和利用。材料 3 強調「辯」對農戰的
危害。材料 4 在強調「辯說」對官爵秩序、農戰危害的同時，也強調對「法」
的危害。材料 5、6 都強調「辯」對戰力的危害。材料 7 則較為複雜，它首先
批判了「煩言飾辭」是「無實用」，其次則批判了人主「好辯」帶來的可怕後
果，其不僅會形成不良的社會風氣，而且還會影響官爵的授予。由於價值的
錯位，故從事生產的人少而遊食者眾，這又會導致土地荒蕪、農業凋敝，最
終導致人民的離心和反叛。這段材料事實上是對上文中提及的影響國力、戰
力、農業、官爵、法律、人民心智的詳細的推導，邏輯性較強。

　　由上可知，《農戰》篇的「名」學思想，主要是反對「名辨」一派的行為，
它不是對「名辨」派的某種思想觀點的反對，而是對他們這種行為和價值取
向的反對。《史記·商君列傳》：「令行於民期年，秦民之國都言初令之不便者
以千數。……。行之十年，秦民大說，道不拾遺，山無盜賊，家給人足。民
勇於公戰，怯於私鬥，鄉邑大治。秦民初言令不便者有來言令便者，衛鞅曰
『此皆亂化之民也』，盡遷之於邊城。其後民莫敢議令。」〔註92〕由此可知，
商鞅本人對「議」這種行為的反感程度，而這種「議」恰恰可能是因為人們
「好辯」。

　　再次是《開塞》篇。《開塞》涉及「名」學思想主要有兩處：

　　8. 天地設而民生之。當此之時也，民知其母而不知其父，其道
親親而愛私。親親則別，愛私則險。民眾，而以別、險為務，則民
亂。當此時也，民務勝而力征。務勝則爭，力征則訟，訟而無正，

〔註91〕蔣禮鴻，《商君書錐指》，第 25～26 頁。
〔註92〕（西漢）司馬遷，《史記》（七），北京：中華書局，2014 年版第 2712 頁。

則莫得其性也。故賢者立中正，設無私，而民說仁。當此時也，親
親廢，上賢立矣。凡仁者以愛利為務，而賢者以相出為道。民眾而
無制，久而相出為道，則有亂。故聖人承之，作為土地、貨財、男
女之分。分定而無制，不可，故立禁；禁立而莫之司，不可，故立
官；官設而莫之一，不可，故立君。既立君，則上賢廢而貴貴立矣。
然則上世親親而愛私，中世上賢而說仁，下世貴貴而尊官。上賢者
以道相出也，而立君者使賢無用也。親親者以私為道也，而中正者
使私無行也。此三者非事相反也，民道弊而所重易也，世事變而行
道異也。故曰：王道有繩。〔註93〕

9. 今世之所謂義者，將立民之所好，而廢其所惡；此其所謂
不義者，將立民之所惡，而廢其所樂也。二者名貿實易，不可不察
也。〔註94〕

材料8中出現了「故聖人承之，作為土地、貨財、男女之分。分定而無
制，……」云云，其中的「分」，張之純在《評注諸子菁華錄商君書》中認
為是指「定分」〔註95〕。「定分」思想在戰國後期較為流行，但這裡的「定
分」實是一種較為原始的「定分」思想，它只是涉及到固定財產（土地）、
流動財產（貨財）的產權的界定以及婚姻制度的確定，這些只是社會中最為
基本和原始的社會規則。因此這裡的「定分」還和法律或政治秩序無關，這
從它後面提到了立「制」和立「君」就可以看出了。材料9強調的是「名」
與「實」的關係，這和《墾令》篇相似，只不過《墾令》篇強調的是政策層
面的名實，而這裡強調的是國家治理精神和社會價值觀層面的名實。

最後是《君臣》篇。《君臣》篇涉及「名」學思想的主要有六處：

10. 古者未有君臣、上下之時，民亂而不治。是以聖人列貴賤，
制爵位，立名號，以別君臣上下之義。地廣，民眾，萬物多，故分
五官而守之。民眾而姦邪生；故立法制、為度量以禁之。是故有君
臣之義、五官之分、法制之禁，不可不慎也。處君位而令不行，則
危；五官分而無常，則亂；法制設而私善行，則民不畏刑。〔註96〕

〔註93〕蔣禮鴻，《商君書錐指》，北京：中華書局，1986年版第51～52頁。
〔註94〕蔣禮鴻，《商君書錐指》，第56頁。
〔註95〕周立昇等注，《商子匯校匯注》（上），南京：鳳凰出版社，2017年第289頁。
〔註96〕蔣禮鴻，《商君書錐指》，北京：中華書局，1986年版第129～130頁。

11. 今世君不然，釋法而以知，背功而以譽，故軍士不戰而農民流徙。〔註97〕

12. 瞋目扼腕而語勇者得，垂衣裳而談說者得，遲日曠久積勞私門者得——尊向三者，無功而皆可以得，民去農戰而為之，或談議而索之，或事便辟而請之，或以勇爭之。

13. 故農戰之民日寡，而遊食者愈眾，則國亂而地削，兵弱而主卑。此其所以然者，釋法制而任名譽也。〔註98〕

14. 言不中法者不聽也，行不中法者不高也，事不中法者不為也。言中法，則辯之；行中法，則高之；事中法，則為之。故國治而地廣，兵強而主尊，此治之至也。〔註99〕

材料10中「五官之分」的「分」應該讀第一聲，表示的是區分和區別。那麼區分或區別和讀第四聲的「分」有沒有聯繫呢？筆者認為兩者是有一定聯繫的，因為讀第四聲的「分」雖然帶有「確權」的意思，但是這種權利的確定往往需要以合理的區分或分派為前提的，沒有區分，就無法「確權」。材料11～13都是涉及到名譽的問題，我們在上文中已經明確，對名譽的看法應該也屬「名」學思想的範疇。材料11主要強調君主不能以名譽作為評價標準，而應該以事功作為評價標準。材料12、13的思想與《農戰》中材料7的思想較為相似，只不過此處特別強調了法制和名譽的衝突。材料14則在言與法的對舉中強調了「法」的重要性。學界歷來認為法家法、勢、術三派中，商鞅是重法的一派，故材料14提出一切要以法為標準也就不足為奇了。

故由上可知，商鞅時期《商君書》的「名」學思想主要有幾個特點。一是對名辨行為進行批判和否定。其主要出發點在國力、農戰、人民心智、統治的穩固、生產和效率的提高方面。二是對於「名」「實」相符觀念的推崇。這種推崇無論是具體政策上的，還是價值觀念上的都是如此。三是他有關「分」的思想還處於較為原始的階段，而且還非常強調第一聲的「分」。四是在名譽與事功、法制的關係上，推崇事功、法制而否定名譽。這種重視農、戰、功、法的思想也較為符合商鞅的思想特色。

〔註97〕 蔣禮鴻，《商君書錐指》，第131頁。
〔註98〕 蔣禮鴻，《商君書錐指》，第131頁。
〔註99〕 蔣禮鴻，《商君書錐指》，第131～132頁。

（二）商鞅死後至秦昭王時期《商君書》的「名」學思想

這階段涉及到「名」學思想的主要有《去強》《說民》《賞刑》《外內》《慎法》等篇。首先看《去強》篇，此篇涉及到「名」學思想的地方有兩處：一處是「國有禮……有辯。國有十者，上無使戰，必削至亡；國無十者，上有使戰，必興至王」；另一處是「國好力，曰以難攻；國好言，曰以易攻」。因為《去強》篇據學界的研究可能是雜錄而成，故其「名」學思想也了無新意。其次《說民》篇，此篇向來被學界認為是《去強》的說，其與「名」學思想相關的也有一處：「辯慧，亂之贊也；禮樂，淫佚之徵也；慈仁，過之母也；任譽，奸之鼠也。」這裡它將「辯慧」視為「亂之贊也」，「贊」即「助」，其意即謂「辯慧」是助亂的行為。此外其還將「任譽」視作「奸之鼠」，即將以名譽作為評價標準的行為視作助奸。其批判的態度似乎比商鞅時期更為激烈。

再次是《外內》篇，此篇涉及「名」學思想的地方只有一處：「奚謂淫道？為辯知者貴、遊宦者任、文學私名顯之謂也。……故欲戰其民者，必以重法。賞則必多，威則必嚴，淫道必塞，為辯知者不貴，遊宦者不任，文學私名不顯。」此處仍然如商鞅時的思想一樣，是對「辯」和「私名」的批判和否定。只是與先前對「名」不加區分地否定不同，這裡否定的是「私名」，至於「公名」，則沒有論及。

復次是《賞刑》篇，這篇也只有一處，其謂：「所謂壹教者，博聞、辯慧，信廉、禮樂、修行、群黨、任譽、清濁，不可以富貴，不可以評刑，不可獨立私議以陳其上。」這裡雖然也是對「辯」「譽」的批判與否定，其中的「譽」也沒有像《外內》篇那樣明確區分公私。但除了「不可富貴」外還有「不可評刑」「不可獨立私議」這兩項，這明顯是在維護政權的權威和合法性，有加強國家權力集中和壓制異見的傾向。

最後是《慎法》篇，此篇涉及「名」學思想的有三處：

> 15. 而今夫世俗治者，莫不釋法度而任辯慧，後功力而進仁義，民故不務耕戰。〔註100〕

> 16. 彼言說之勢，愚智同學之，士學於言說之人，則民釋實事而誦虛詞。民釋實事而誦虛詞，則力少而非多。君人者不察也，以戰必損其將，以守必賣其城。〔註101〕

〔註100〕 蔣禮鴻，《商君書錐指》，北京：中華書局，1986 年版第 138 頁。
〔註101〕 蔣禮鴻，《商君書錐指》，137 頁。

17. 故有明主忠臣產於今世而散領其國者，不可以須臾忘於法。破勝黨任，節去言談，任法而治矣。使吏非法無以守，則雖巧不得為奸；使民非戰無以傚其能，則雖險不得為詐。夫以法相治，以數相舉者，不能相益；訾言者，不能相損。民見相譽無益，相管附惡；見訾言無損，習相憎不相害也。〔註102〕

材料 15 作者把「辯慧」與「法度」對舉，批評了「辯慧」而肯定了「法度」，這和商鞅時期的《君臣》篇思想類似。材料 16 則批判了「虛詞」而肯定了「實事」，這事實上是一種務實思維，和先前注重「事功」的思想類似。材料 17 則主張「節去言談」「任法而治」。這幾處的「名」學思想似乎也不能出商鞅時期的範疇。由上可知，商鞅死後至秦昭王時期，「名」學思想、特別是「名辯」行為在秦國仍然處於被漠視和否定的狀態。《史記》載秦昭王：「數困三晉。厭天下辯士，無所信。」〔註103〕從這段時間《商君書》中的作品來看，也是如此。

（三）秦昭王死後至秦始皇時期《商君書》的「名」學思想

從大的環境講，這段時期正是名學思想的興盛時期，因此《商君書》中這段時期涉及到「名」學思想的地方較多，它們分別分布在《壹言》《算地》《靳令》《修權》《定分》等篇之中，下面筆者將對此作一一介紹。

首先是《壹言》篇。此篇涉及到「名」學思想的有一處：

18. 夫民之從事死制也，以上之設榮名、置賞罰之明也，不用辯說私門而功立矣。故民之喜農而樂戰也，見上之尊農戰之士，而下辯說技藝之民，而賤遊學之人也。故民壹務，其家必富，而身顯於國。〔註104〕

材料 18 認為人民之所以能為統治者所驅使，是由於榮名、賞罰設置得合理，同時反對「辯說私門」。值得注意的是，這是《商君書》中第一次出現要利用「榮名」來為統治服務思想，而且此處第一次明確指出，主要反對的是「辯說私門」，至於公門中的「榮名」則要充分利用，以更好地驅使民眾。即公門的榮名利用得當，可以有利於農戰；私門的榮名如果泛濫，則會削弱農戰。這裡有明確的「公私」之辨。

〔註102〕蔣禮鴻，《商君書錐指》，137～138 頁。
〔註103〕（西漢）司馬遷，《史記》（七），北京：中華書局，2014 年版第 2918 頁。
〔註104〕蔣禮鴻，《商君書錐指》，北京：中華書局，1986 年版第 60 頁。

其次是《靳令》篇。此篇涉及到「名」學思想的主要有三處：

19. 法已定矣，不以善言害法。任功，則民少言；任善，則民多言。〔註105〕

20. 國以功授官予爵，則治省言寡，此謂以治去治、以言去言。國以六蝨授官予爵，則治煩言生，此謂以治致治、以言致言。則君務於說言，官亂於治邪，邪臣有得志，有功者日退，此謂失。〔註106〕

21. 雖有辯言，不能以相先也，此謂以數治。以力攻者，出一取十；以言攻者，出十亡百。國好力，此謂以難攻；國好言，此謂以易攻。〔註107〕

材料19中以法、功和言對舉，作者肯定了法和功，批判了言。材料20也同樣強調對功的重視和對言的批判。材料21也是在否定「辯言」。因此整體而言，《靳令》篇的「名」學思想基本上是因襲前人的，沒有多大的新意。

再次是《算地》篇。此篇涉及到「名」學思想的一共有五處：

22. 易苦則地力盡，樂用則兵力盡。夫治國者，能盡地力而致民死者，名與利交至。〔註108〕

23. 求名，失性之常。奚以論其然也？今夫盜賊，上犯君上之所禁，而下失臣民之禮，故名辱而身危，猶不止者，利也。其上世之士，衣不煗膚，食不滿腸，苦其志意，勞其四肢，傷其五臟，而益裕廣耳，非性之常也，而為之者，名也。故曰：名利之所湊，則民道之。〔註109〕

24. 主操名利之柄而能致功名者，數也。聖人審權以操柄，審數以使民。數者臣主之術，而國之要也。〔註110〕

25. 故民生則計利，死則慮名。名利之所出，不可不審也。利出於地，則民盡力；名出於戰，則民致死。入使民盡力，則草不荒；出使民致死，則勝敵。勝敵而草不荒，富強之功可坐而致也。〔註111〕

〔註105〕蔣禮鴻，《商君書錐指》，第77頁。
〔註106〕蔣禮鴻，《商君書錐指》，第79頁。
〔註107〕蔣禮鴻，《商君書錐指》，第80頁。
〔註108〕蔣禮鴻，《商君書錐指》，第45頁。
〔註109〕蔣禮鴻，《商君書錐指》，第45～46頁。
〔註110〕蔣禮鴻，《商君書錐指》，第46頁。
〔註111〕蔣禮鴻，《商君書錐指》，第46～47頁。

26. 夫治國舍勢而任說，則身修而功寡。故事《詩》、《書》談說之士，則民游而輕其君；事處士，則民遠而非其上；事勇士，則民競而輕其禁；技藝之士用，則民剽而易徙；商賈之士佚且利，則民緣而議其上。故五民加於國用，則田荒而兵弱。談說之士，資在於口；處士，資在於意；勇士，資在於氣；技藝之士，資在於手；商賈之士，資在於身。故天下一宅，而圜身資。民資重於身，而偏託勢於外。挾重資，歸偏家，堯、舜之所難也。故湯、武禁之，則功立而名成。〔註112〕

材料 22 指出了國家的名利之道就在於對土地和民力的充分利用。我們先前分析的材料多涉及到個人或社會層面的名利觀，而這裡則涉及到了國家層面的名利觀。材料 23 則著重從人性的角度來分析普通大眾的名利觀，並以盜賊為例，說明了名利對人性的扭曲。材料 24 則主張君主要通過數術之道來操縱名利之道，以驅使臣民讓國家獲得名利。材料 25 則強調要利用名利來使人民樂於農戰。材料 26 則認為談說之士會導致「功寡」和「民游而輕其君」，這有注重事功、生產和維護君主權威的考慮。故從整體而言，《算地》篇進一步區分了國家層面的名利之道與個人、社會層面的名利之道。對於國家層面的名利，要用數術來實現最大化；對於民眾層面的名利之心，則要極盡利用之能事，而且在利用的同時還要注重事功、生產和維護君主的權威。

復次是《修權》篇。此篇涉及「名」學思想的有三處：

27. 國之所以治者三：一曰法，二曰信，三曰權。法者，君臣之所共操也；信者，君臣之所共立也；權者，君之所獨制也，人主失守則危。君臣釋法任私必亂。故立法明分，而不以私害法，則治。權制獨斷於君則威。〔註113〕

28. 世之為治者，多釋法而任私議，此國之所以亂也。先王縣權衡，立尺寸，而至今法之，其分明也。夫釋權衡而斷輕重，廢尺寸而意長短，雖察，商賈不用，為其不必也。故法者，國之權衡也。夫倍法度而任私議，皆不知類者也。不以法論知、能、賢、不肖者，惟堯；而世不盡為堯。是故先王知自議譽私之不可任也，故立法明分，中程者賞之，毀公者誅之。……君好法，則臣以法事君；君好

〔註112〕 蔣禮鴻，《商君書錐指》，第 46～47 頁。
〔註113〕 蔣禮鴻，《商君書錐指》，第 82～83 頁。

言，則臣以言事君。君好法，則端直之士在前；君好言，則毀譽之臣在側。〔註114〕

29. 公私之分明，則小人不疾賢，而不肖者不妒功。故堯、舜之位天下也，非私天下之利也，為天下位天下也；論賢舉能而傳焉，非疏父子親越人也，明於治亂之道也。故三王以義親，五霸以法正諸侯，皆非私天下之利也，為天下治天下。是故擅其名而有其功，天下樂其政，而莫之能傷也。今亂世之君、臣，區區然皆擅一國之利而管一官之重，以便其私，此國之所以危也。故公私之交存亡之本也。〔註115〕

材料27將治國之道分為三種，其中在論述法時第一次將其和「名分」的「分」聯繫了起來，認為立法就是為了「明分」，故法具有了「定分」的功能，而且這種「分」不能以「私」害之，就說明這種「明分」是具有「公共」的性質，它不是屬於某個或某類人的。材料28又將「權衡」「尺寸」稱為「分」，證明「分」也可以是某類公共的標準，既然是「公器」，當然不能有私心在裏面，所以材料28繼續謂「是故先王知自議譽私之不可任也，故立法明分，中程者賞之，毀公者誅之。」反對以「自議譽私」來破壞這種「分」。接著又把言與法對舉，肯定法，否定言。至此「名」與「法」已經結合起來了，但「法」不等同於「分」，「法」只是明「分」的手段而已。材料29繼續辨明「公」與「私」，肯定「公」否定「私」，並認為只有做到公心才能「擅其名而有其功，天下樂其政，而莫之能傷也」。即功名是從公心而來。

故《修權》篇的「名」學思想有四：一是認為「分」需要通過「法」來明；二是「法」和「分」都是公器，不能挾有私心，不能以私害公；三是「權衡」「尺寸」也是「分」，這種「分」是指某種應該共同遵守的標準；四是功名需要從公心來獲得。

最後是《定分》篇。《定分》篇是《商君書》中成書最晚的一篇，也是最具有「名」學特色的一篇，當然也是商學派「名法」思想論述得最為系統的一篇。其主要涉及的地方如下：

30. 法令者，民之命也，為治之本也，所以備民也。為治而去法令，猶欲無饑而去食也，欲無寒而去衣也，欲東而西行也，其不幾

〔註114〕蔣禮鴻，《商君書錐指》，第83～84頁。
〔註115〕蔣禮鴻，《商君書錐指》，第84～85頁。

亦明矣。一兔走，百人逐之，非以兔為可分以為百，由名之未定也。
夫賣兔者滿市，而盜不敢取，由名分已定也。故名分未定，堯、舜、
禹、湯且皆如驚焉而逐之；名分已定，貪盜不取。今法令不明，其
名不定，天下之人得議之。其議，人異而無定。〔註116〕

31. 人主為法於上，下民議之於下，是法令不定，以下為上也。
此所謂名分之不定也。夫名分不定，堯、舜猶將皆折而奸之，而況
眾人乎？此令奸惡大起、人主奪威勢、亡國滅社稷之道也。今先聖
人為書而傳之後世，必師受之，乃知所謂之名；不師受之，而人以
其心意議之，至死不能知其名與其意。故聖人必為法令置官也，置
吏也，為天下師，所以定名分也，名分定，則大詐貞信，巨盜願愨，
而各自治也。故夫名分定，勢治之道也；名分不定，勢亂之道也。
故勢治者不可亂，勢亂者不可治。夫勢亂而治之，愈亂；勢治而治
之，則治。故聖王治治不治亂。〔註117〕

材料30首先強調了「法令」在國家治理和人民大眾中的根本性的作用，
所以「法令」的確定就顯得極端重要。接著用野兔與市兔的對比來強調確定
「名分」的重要。那麼什麼才是「名分」的確定呢？材料中沒有明說，但我
們卻可以通過野兔與市兔的不同遭遇來進行解讀：

首先，野兔之所以會被眾人哄搶，是因為它的所有權還沒有明確，人人
都有擁有和享用它的可能。而市兔之所以沒有被人哄搶，是因為它的所有權
是非常明確的，而且這種權利是獨佔性的，是未經所有者同意和一定程序不
能被隨便分享和剝奪的權利。其次，市兔所有權的背後存在著一套保證它能
正常享有權利的規則和強制力，任何人破壞所有者所享有的權利都可能招致
國家強力的制裁，故「貪盜不取」。所以筆者認為，材料30的定名分應該包
含著對所有權以及各種規則、程序的確定。擴展到其他領域，就應該包括對
職責、地位、關係、程序、規則的確定和界定。所以這裡的「名」，事實上也
是「明」，即確定、明確、界定。而在古代，能承擔起權利、職責、地位、關
係、程序和規則界定的最好載體，就莫過於「法」了。

材料31主要闡述了「名分」不定的後果，即名分的確定與否關乎社會的
治亂、君主的權威和國家的存亡，亦即是「令奸惡大起、人主奪威勢、亡國滅

〔註116〕蔣禮鴻，《商君書錐指》，第144～145頁。
〔註117〕蔣禮鴻，《商君書錐指》，第145～146頁。

社稷」之道也。為了確定名分，還要設置相應的官員來保證實施。

二、《商君書》中「名」學思想的特點及名法合流歷程

我們在上文中詳細分析了《商君書》中各個階段和各種「名」學思想，那麼這些思想的發展歷程又是如何的呢？它們又有何特點？名法又是在什麼樣的歷史環境中實現合流？

一、內涵的發展與變化。我們知道，戰國時期是思想發展狂飆突進的時代，「名」學思想也不例外。商鞅時期，《墾令》篇中的「名」學思想只涉及到具體政策層面的名實相符而已。到了《開塞》篇又涉及到社會價值和國家治理層面的名實相符。而對於「分」的思想，亦只是在歷史觀中呈現，它只是涉及到土地和流動財產所有權的界定和婚姻這種關係的界定。當然，對於它的區分的意義也有所強調。而對於名譽的問題，則是概而論之，沒有站在公私、家國的角度進行區分和論述。它最多涉及的是「名辯」這種行為對國家社會的危害。這種情況直到秦昭王去世之前也沒有多大的變化。但到了秦昭王死後至秦始皇統一六國時期，其內涵出現了較大的變化。《壹言》篇首次出現了明確的名譽的公私之辨和利用名利之道為國家服務的思想。《算地》篇則結合人性和權術之道來討論對名利的利用和對私門的批判，並且在個人、社會的名利之道外開出了國家的名利之道。《修權》篇則強調法、「分」和公的和融共生，認為「分」是一種「公器」，它的確定和執行都應該大公無私，不受私心的影響。《定分》篇則進一步將名分的含義擴大到所有權、職責、關係、地位、程度和規則等的明確。並且系統地論述了如何進行「定分」的問題。故《商君書》中「名」學思想的內涵是不斷發展變化的，而且這種變化的範圍是非常大的，程度也是不同的。它內涵的變化同樣也體現了秦國社會的不斷發展。大概在商鞅時期，秦國的主要任務是富國強兵，在社會的改革和生產的提高。所以它的內涵主要和農戰牽涉。秦昭王以後，隨著國家日強、地域日廣、人民日眾，國家越來越需要考慮政權的合法性、如何加強政治權威和社會的高效、有序的運轉的問題，所以它的內涵又和權力與社會治理牽涉較多。

二、由批判、忽視到提倡和利用。由上文可知，在商鞅時期，《商君書》中對「名」學思想的肯定，主要見於《墾令》和《開塞》篇中，且僅在名實相符這一義項而已。而對於「名」學思想中的「名分」思想，則只在其歷史觀中呈現，可以說是處於一種被忽視的狀態。對於「名」學思想中的名譽、

名利等問題，商鞅也站在法制與維護統治者權威的角度給予否定和批判。而對於「名」學中的「名辯」行為，則批判得至為激烈，認為它不僅會影響社會人心，而且會影響農業的生產、社會的運轉、官爵的授予、國力的增強和增加社會負擔等等。《農戰》篇幾乎把它當成主要矛盾來批判。商鞅死後至秦昭王期間沿襲了商鞅對「名辯」行為的批判態度，而且相應篇章涉及「名」學思想的較少，故「名」學思想在這一時期的秦國實整體上處於一種被忽視的狀態。到了秦昭王死後至秦始皇統一六國的時期，其所涉的篇章又多了起來。雖然此時也有少量篇章繼續前期對「名辯」行為的批判態度，《修權》篇在明確了公私之分後依然對辯與私名進行批判，但這段時間的側重點，是探討國家應該如何結合權術之道和人性的弱點來設置榮名、利用榮名，以實現國家對土地和人力資源利用的最大化的問題。《修權》篇已經將「分」提到了國家公器的位置，而這種提倡的態度在《定分》篇中走向了極端，《定分》篇中將「名分」的確定提高到了與法持平的地位，認為這是國家治理的根本。故在整部《商君書》中，「名」學思想經歷了從被批判到忽視，再到利用和大力提倡的變化。

三、農戰、功法、權術與公私視野的融合和切換。我們都知道，商學派不是嚴格意義上的思想家，而是一群政治家或政論家，這就極大地影響了他們關注問題的視野。《商君書》中的「名」學思想，它更多的不是關乎「名」學內涵的思想意義的問題，而是社會意義和政治意義的問題。在商鞅至秦昭王時期，無論其對「名」學思想是批判還是肯定，它都不是站在「名」學思想本身是否合理的基礎之上，而是站在社會人心、社會生產、農戰、事功、法制等角度來考慮問題的。秦昭王之後至秦始皇統一六國這段時間，由於對公私、權術的關注，所以他們又站在這兩個角度上重新審視「名」學思想。視野的變化是現實關切的反映，也是思想創新的起點，正是不同視角的切換故致使其對「名」學的態度發生了變化。態度的變化又加深了其對「名」學思想的思考和認識。這樣在態度、視野的不斷變化中，名法開始從若即若離走向了融合發展。

故綜上所述，《商君書》中的「名」學思想是歷時性的，也是有著強烈的社會文化背景的。它的內涵是隨著秦國社會的不斷發展而不斷發展完善的。它的每個階段的側重點和變化的程度都是不同的。而且，它在秦國整體上經歷了由被批判、忽視，再到利用和大力提倡的階段。當然，這些變化都和商學派們

視野的變化是分不開的。由於現實、態度和視野的不斷變化，故促進了「名」學思想與法家思想的合流，最終使「定分」思想獲得了與「法」同等重要的位置。

三、《商君書》中「名」學思想對秦國社會的影響

在上文的分析與總結中，我們大致釐清了《商君書》中的「名」學思想的具體情況，並對其特點進行了總結。那麼作為當時的條上之文，它可能對秦國產生什麼樣的影響呢？秦始皇石刻謂其「作立大義，昭設備器，咸有章旗。職臣遵分，各知所行，事無嫌疑。」「男修其疇，女修其業，事各有序。」「秦聖臨國，始定刑名，顯陳舊章。初平法式，審別職任，以立恒常。」「運理群物，考驗事實，各載其名。」〔註118〕從其刻文看，其中多有「名」學思想的痕跡，如有關「分」和名實的論述，而且其中多有和《定分》中的「定分」的含義——對權力、職責、地位、關係、程序和規則的界定——相對應的地方。而除了石刻中所提到的這些地方以外，筆者認為概而言之應有以下幾點：

一、社會各方面效率的提高。我們在上文中已經梳理，在商鞅時期至秦昭王時期，商鞅推崇名實思想，否定名辯行為。而商鞅之所以要對名辯行為進行批判和否定，因為它會影響人民的心智、爵位對社會資源的引導、法令的行政效率和對農戰的熱情。所以在商鞅至秦昭王時期，對名辯行為的否定確實在某種程度上提高了資源的集中程度、人民的生產和作戰的效能。而在秦昭王之後，政論家們又主張利用權術和人性之道來操縱名利，以提高人民農戰的積極性。到了《修權》《定分》篇，「分」獲得了與法相同的地位，它的主要含義是對權利、職責、地位、關係、程序和規則的界定。對各種財產所有權的界定，無疑方便了人們根據自身的需求和利益的最大化考量進行交易，這種以需求為基礎的便捷交易提高了資源的流通效率和利用效率。而且對社會各種職責、地位、關係、規則的理清和確定，也降低了社會內部由無序競爭所引起的不必要的內耗。因為本質上，社會機構的設置也是基於社會資源的利用，職責的明確、流程的確定、目標的明確減少了先前由無序競爭、推卸責任等行為所帶來的，在決策、執行過程中的成本和消耗，從而在最大程度上實現對人力和社會資源的利用。故秦國在「名」學思想的影響之下，

〔註118〕 （西漢）司馬遷，《史記》（一），北京：中華書局，2014年版第320，333頁。

社會運轉的效率得到整體上提高,這種高效的運轉也反過來使其能夠騰出更多的資源和勞動力從事生產。這樣,就在整體上促進了秦國社會的進步。

　　二、權力的集中與加強。首先,在商鞅時期,商鞅已經注意到了「名辯」的行為可能會危害到法制的實施。故商鞅極力批判「名辯」行為,以維護法制的權威。在《君臣》篇商鞅又注意到了名譽對法制的威脅,故屢屢將名譽與法制對舉,以強調法制的重要。到了秦昭王時期,《賞刑》篇又提出談說之人「不可以評刑,不可獨立私議以陳其上。」這就有明顯的和民間爭奪話語權和打壓異己的傾向。秦昭王死後至秦始皇統一六國期間,商學派進一步推進了公私之辨,並最終意識到名譽這種話語權不僅可以被人民大眾利用,也可以被統治者所利用。於是在《算地》篇,作者提出要結合權術之道、人性的弱點來利用名利為國家和君主服務。對私的否定,事實上就意味著對公的加強,對公的加強實質上也是對權力的加強和集中。而且自始至終,商學派都強調法的權威,法對名辯、名譽、私議、言談的超越。這種法,事實上也是國家權力的意志。最後,所謂的「定分」,事實上也在分明和鞏固社會的等級,這點在秦始皇石刻中有所體現。在社會的金字塔等級中,皇帝無疑是至高無上的一級,所以等級的加強事實上也是對皇權的鞏固。

　　三、社會和個人空間的收縮。文中已經論及,商鞅時期十分注重對名辯行為的批判,事實上這種辯有時不僅涉及到語言的運用和思維邏輯上的推理是否合理,它也可能涉及到社會中各種地位、政策、職責、權利、程序和規則的設置是否合理。對以上這些事項的論辯,事實上涉及到民意的表達和權利的爭取,如果對其進行一味的打壓,無疑損害了社會和個人的利益,長期以往,必然加劇社會、個人與統治者的緊張。對異見或言論自由的打壓,也致使許多問題和矛盾被刻意地掩蓋,使其得不到及時的關注和解決,從而拖累了社會的進步,也會加劇局勢的惡化。此外,對公私之辯的過分強調,也會導致統治者忽略了社會個人的需求。對等級秩序的過分追求,也會致使社會流動性的滯緩和彈性空間的收縮。皇權的過度集中和強大也可能引起統治者對社會和個人權利的忽視和破壞等等,從而最終導致了社會、個人和統治者的衝突。

　　故《商君書》中的「名」學思想事實上是一把雙刃劍,它既能給秦國社會帶來效率的提高、權力的集中和加強,也會導致統治者和社會、個人的緊張關係。最終,其興也名分,其亡也名分。

小　結

　　綜上所述，《商君書》中的「君臣」思想是非常複雜的，也是歷時性的，它大概可以分為三個階段，而且每個階段的特點是不同的。具體而言，在商鞅時期，他對「法」非常推崇，認為君對臣的統率應該主要通過「法」來實現；在對臣下的識別、晉升方面，也要「按功而賞」，反對以「知」和「譽」作為用人的標準；他雖然推尊君主，但也是基於「法治」所帶來的附帶效果，還沒有到達主張「乾綱獨斷」的時候。商鞅死後至秦昭襄王時期，又非常反對結黨營私，繼續推崇法治，並崇尚刑罰之力。秦昭王死後至秦始皇統一天下時期，首先是各類觀點明顯增多，其思想內涵更為豐富。前兩個階段涉及到「君臣」思想的篇幅較少，其主張也較為單一，但是這個階段有五篇之多，其主張也較為複雜。像《算地》篇主張的「獨操權柄」；《錯法》篇注重「力」；《修權》篇主張法治；《禁使》《畫策》篇貴勢等等，觀點繁多不一。其次，各種觀點在本階段似乎都達到一種極端的狀態。像《修權》篇對法和公的絕對強調，《算地》篇對權柄的強調，《禁使》篇對勢的強調等等都是如此。最後，本階段的許多觀點融合性較強。像權、勢、術這類觀念，商鞅本人應該關注得較少，但本階段多有強調。而且，其對儒家「仁」「義」「忠臣」「孝子」等觀念也多有關注。

　　當然在這眾多觀念中，商學派在整體上較為重視法、公和功的觀念，這些觀念雖然在不同時期被重視的程度是不同的，但其應該是整個商學派「君臣」思想的底色。後來出現的權柄、勢術數等觀念也非常重要，因為它即可能是法家各學派逐漸走向融合的先聲。而通過對秦國君主專制形成歷程的梳理，我們發現《商君書》中的「君臣」思想不僅是秦國現實發展的需要，同時它反過來也深刻地影響著秦國社會的發展。它改變了秦國官場的生態，同時也加強了權力的集中和獨斷，等等。所以，《商君書》中的「君臣」思想，應該是秦國君主專制形成過程的鮮明反映。對其進行發掘和理清，無疑非常有助於我們深刻地理解秦國發展的歷史。

　　《商君書》中有關「壹」的思想異常豐富。首先，從字義上說，它有統一、規範、整合、聚焦和專一等意思。但是《商君書》中對「壹」的思想的豐富，主要不是字義上或哲學意義上的發展，而是社會學和政治學上的發展。它在《商君書》中，有國家層面的「壹」，也有民眾層面的「壹」。但民眾層面的「壹」是對國家層面的「壹」的因應。它主要繼承了「壹」字的古義，同時也可能對同時代的各家思想有所借鑒，再根據秦國的具體需要不斷發展

而來的。它在《商君書》中大規模地出現，並且貫穿於整個《商君書》寫作的時段，證明其對商學派的重要性，因此也鮮明地具有商學派的思想特色。《商君書》中有關「壹」的思想，事實上包含著秦國對政治、經濟、社會和軍事領域全面改革和整頓的要求。而其這種改革的範圍是越來越大，其意義也是越來越深刻，同時它在每個時段的側重點是不同的。這種改革，事實上是一種標準化的改革和權力的集中。這種改革，一定程度上消除了社會階層之間的界限、調動了下層人民的積極性和能動性，使秦國的一體化進程得到了極大的推進，也使國家在最大程度上擴大了可支配的資源和人員。同時，權力的集中提高了社會運轉的效率和降低了社會內部的消耗，使整個社會聚焦到國家的主要矛盾和主要任務。但這種改革是竭澤而漁式的改革，它是以犧牲社會和個人的發展為代價的。因此也必然會導致上下之間緊張的關係和權力的獨斷等等。但這，便是秦國獨特的模式。它的精華就在於「搏力」和「殺力」。「搏力」和「殺力」，正是秦制的最鮮明特點。但是這種模式的內部卻蘊含著致命的矛盾，正是這種矛盾，決定了秦國必然由輝煌走向失敗。我們今天對其進行深入的探討，就是要在盡量真實的歷史語境中對它進行評判，以更好地為未來的發展提供借鑒。

　　《商君書》中的「名」學思想是歷時性的，也有著強烈的社會文化背景。它的內涵是隨著秦國社會的不斷發展而不斷發展完善的。商鞅時期《商君書》的「名」學思想主要是對名辨行為進行批判和否定、對於「名」「實」相符觀念的推崇。其主要出發點在國力、農戰、人民心智、統治的穩固、生產和效率的提高方面，而且對「名」「實」相符的推崇既體現在許多具體政策上，也體現在許多價值觀念上，而且他有關「分」的思想還處於較為原始的階段，還非常強調第一聲的「分」。最後，在名譽與事功、法制的關係上，商鞅推崇事功、法制而否定名譽。這種重視農、戰、功、法的思想也較為符合商鞅的思想特色。而商鞅死後至秦昭王時期，「名」學思想、特別是「名辯」的行為在秦國仍然處於被漠視和否定的狀態。只是其對名辯行為的批判的態度似乎比商鞅時期更為激烈。這段時期的「名學」思想與先前對「名」不加區分地否定不同的是，這裡否定的是「私名」，至於「公名」，則沒有論及。而且這段時期的「名學」思想帶有明顯的加強權力集中和壓制異己的傾向。

　　秦昭王死後至秦始皇時期的「名學」思想已經逐漸出現了加強「公私」之辨的方向。《算地》篇進一步區分了國家層面的名利之道與個人、社會層面的

名利之道。對於國家層面的名利，要用數術來實現最大化；對於民眾層面的名利之心，則要極盡利用之能事，而且在利用的同時還要注重事功、生產和維護君主的權威。《修權》篇的「名」學思想有四：一是認為「分」需要通過「法」來明；二是「法」和「分」都是公器，不能挾有私心，不能以私害公。三是「權衡」「尺寸」也是「分」，這種「分」是指某種應該共同遵守的標準。四是功名需要從公心來獲得。

至於《定分》篇，「定分」應該是指對權利、職責、地位、程序和規則的明確和界定。它的每個階段的側重點和變化的程度都是不同的。而且，它在秦國整體上經歷了由被批判、忽視，再到利用和大力提倡的階段。這些變化都和商學派們視野的變化是分不開的。由於現實、態度和視野的不斷變化，故促進了「名」學思想與法家思想的合流，最終使「定分」思想獲得了與「法」同等重要的位置。

最後，《商君書》中的「名」學思想事實上是一把雙刃劍，它既能給秦國社會帶來效率的提高、權力的集中和加強，也會導致統治者和社會、個人的緊張關係。最終，其興也名分，其亡也名分。

第六章 戰國至兩宋商鞅思想接受述略

　　目前學界有關《商君書》的研究，基本上都是一種橫向研究。事實上，商鞅作為一個曾經對中國的歷史進程產生巨大影響的人物，他的思想無論人們喜歡與否，歷朝歷代都有人回應。人們對他的認可、反思或批判，既反映出當時的社會現實、價值取向，也是商鞅思想在後人中迴響。而對這個源流的梳理，無疑有助於我們對商鞅思想進一步認識。

　　商鞅是一位兩千多年以前、並且是對中國的歷史進程產生過重要影響的人物，故實際上他的影響幾乎在每個朝代都是廣泛和深刻的，或者說自商鞅以後歷代歷朝的思想家都有許多人從不同角度和不同程度接受過商鞅的影響。如戰國時期的荀子、韓非等人；兩漢時期的晁錯、賈誼、劉向、劉歆等人；魏晉南北朝時期的劉備、劉晝等人；隋唐時期的韓愈、陸龜蒙、皮日休等人；兩宋時期的王安石、蘇軾等人；元明清時期的楊維楨、方孝孺、姚鼐等人；直到近代的康有為、成本璞等都是其例。但是由於這一問題本身的複雜性，加之作為學位論文撰寫在研究時間上的限制，在短期內與其做面面俱到的粗淺描述，不如選取某些重點時段和人物做出較為深入的探討，故我們在本章選取戰國至兩宋間的一些具有代表性的論述進行分析，以見出商鞅思想在歷代流傳的脈絡。當然，我們之所以只選取戰國至兩宋間的論述進行分析，也是因為宋代以後人們對商鞅思想的評價，其基本著眼點大致不能出於先前的範疇。

第一節　以積極評價為主的戰國時期

有關商鞅思想的流傳與接受的情況，最早見於《戰國策》，其中有兩章涉及，《衛鞅亡魏入秦章》：

> 商君治秦，法令至行，公平無私，罰不諱強大，賞不私親近，法及太子，黥劓其傅。期年之後，道不拾遺，民不妄取，兵革大強，諸侯畏懼。然刻深寡恩，特以強服之耳。孝公行之八年，疾且不起，欲傳商君，辭不受。孝公已死，惠王代後，蒞政有頃，商君告歸。人說惠王曰：「大臣太重者國危，左右太親者身危。今秦婦人嬰兒皆言商君之法，莫言大王之法。是商君反為主，大王更為臣也。且夫商君，固大王仇讎也，願大王圖之。」商君歸還，惠王車裂之，而秦人不憐。〔註1〕

由上可知，文章謂商鞅之法首先在秦地得到實施，並且取得了富國強兵的效果，這是對商鞅思想功用的肯定，也是商鞅思想在秦國實踐的真實記載。其次，從上文中「今秦婦人嬰兒皆言商君之法，莫言大王之法」這句可知，商鞅思想及其變法在秦孝公死時，已經普遍獲得了秦國社會的認可，並且這種影響力甚至超過了剛剛繼位的秦惠王。但文中也指出了商鞅「刻深寡恩」的缺點，故在此章的記載中，作者對商鞅思想主要以肯定為主，批評為輔。

《蔡澤見逐於趙章》：

> 1. 澤曰：「若秦之商君，楚之吳起，越之大夫種，其卒亦可願（矣）〔歟〕？」應侯知蔡澤之欲困己以說，復曰：「何為不可？夫公孫鞅事孝公，極身毋二〔慮〕，盡公不（還）〔顧〕私，信賞罰以致治，竭智慧，示情素，蒙怨咎，欺舊交，虜魏公子卬，卒為秦禽將破敵，攘地千里。吳起事悼王，使私不害公，讒不蔽忠，言不取苟合，行不取苟容，行義不（圖）〔顧〕毀譽，必有伯主強國，不辭禍凶。大夫種事越王，主離困辱，悉忠而不解，主雖亡絕，盡能而不離，多功而不矜，貴富不驕怠。若此三子者，義之至，忠之節也。故君子殺身以成名，義之所在，身雖死，無憾悔，何為不可哉？」〔註2〕
>
> 2. 蔡澤得少間，因曰：「商君、吳起、大夫種，其為人臣，盡忠

〔註1〕諸祖耿，《戰國策集注匯考》（上），南京：鳳凰出版社，2008年版第114頁。

〔註2〕諸祖耿，《戰國策集注匯考》（上），南京：鳳凰出版社，2008年版第333～334頁。

致功，則可願矣。閎夭事文王，周公輔成王也，豈不亦忠乎？以君臣論之，商君、吳起、大夫種，其可願孰與閎夭、周公哉？」應侯曰：「商君、吳起、大夫種不若也。」蔡澤曰：「然則君之主，慈仁任忠，不欺舊故，孰與秦孝公、楚悼王、越王乎？」應侯曰：「未知何如也。」蔡澤曰：「……夫商君為孝公平權衡、正度量、調輕重，決裂阡陌，教民耕戰，是以兵動而地廣，兵休而國富，故秦無敵於天下，立威諸侯。功已成，遂以車裂。……今君相秦，計不下席，謀不出廊廟，坐制諸侯，利施三川，以實宜陽，決羊腸之險，塞太行之口，又斬范、中行之途，棧道千里，〔通〕於蜀、漢，使天下皆畏秦。秦之欲得矣，君之功極矣。此亦秦之分功之時也！如是不退，則商君、白公、吳起、大夫種是也。……」應侯曰：「善。」乃延入坐為上客。〔註3〕

　　由上應侯范睢的回答可知，應侯顯然是瞭解商鞅思想的，其謂商鞅「極身毋二〔慮〕，盡公不（還）〔顧〕私，信賞罰以致治，竭智慧，示請素，蒙怨咎，欺舊交，虜魏公子卬，卒為秦禽將破敵，攘地千里」，是「義之至，忠之節也」。這說明在范睢眼裏，無論是道德方面還是功業方面，商鞅都是當時完美的代表。蔡澤顯然對此表示認同，故其謂商君乃「盡忠致功」。後來范睢再次稱讚商鞅為秦孝公「平權衡、正度量、調輕重，決裂阡陌，教民耕戰」的功績。蔡澤也對此表示認可，並從君臣際遇的角度對商鞅之死的原因進行分析，從其語氣看，也是略帶惋惜之情的。由此可知，雖然商鞅在秦國被車裂而死，但是商鞅的思想學說卻在秦國當時及往後一段時間，獲得秦國社會普遍的認可，商鞅之死也頗受時人同情。

　　《戰國策》後是《呂氏春秋》。《呂氏春秋》一書應受過商鞅思想的影響，其對商鞅的評價見於《無義篇》：

先王之於論也極之矣。故義者，百事之始也，萬利之本也，中智之所不及也。不及則不知，不知趨利。趨利固不可必也。公孫鞅、鄭平、續經、公孫竭是已。以義動則無曠事矣，人臣與人臣謀為奸，猶或與之，又況乎人主與其臣謀為義，其孰不與者？非獨其臣也，天下皆且與之。公孫鞅之於秦，非父兄也，非有故也，以能用也。

〔註3〕　諸祖耿，《戰國策集注匯考》（上），南京：鳳凰出版社，2008年版第334～336頁。

欲埋之責，非攻無以。於是為秦將而攻魏。魏使公子卬將而當之。
公孫鞅之居魏也，固善公子卬。使人謂公子卬曰：「凡所為遊而欲貴
者，以公子之故也。今秦令鞅將，魏令公子當之，豈且忍相與戰哉？
公子言之公子之主，鞅請亦言之主，而皆罷軍。」於是將歸矣，使
人謂公子曰：「歸未有時相見，願與公子坐而相去別也。」公子曰：
「諾。」魏吏爭之曰：「不可。」公子不聽，遂相與坐。公孫鞅因伏
卒與車騎以取公子卬。秦孝公薨，惠王立，以此疑公孫鞅之行，欲
加罪焉。公孫鞅以其私屬與母歸魏，襄疵不受，曰：「以君之反公子
卬也，吾無道知君。」故士自行不可不審也。〔註4〕

由上可知，《呂氏春秋》謂商鞅是「以能用也」，對其才能還是較為認可
的。但對其人品卻提出異議，這也是目前所見最早對商鞅的人品表示異議的
記載。由材料可知，這種異議的產生是因為公孫鞅在對魏戰爭中曾經欺騙過
故交公子卬，故當時魏國人對他非常反感，後來這種反感的情緒逐漸擴大，
最終導致《呂氏春秋》也這樣認為。

《呂氏春秋》後是《荀子》。《荀子》一書也應該受過商鞅思想的影響，
《荀子·議兵篇》謂「故齊之田單，楚之莊蹻，秦之衛鞅，燕之繆蟣，是皆
世俗所謂善用兵者也」〔註5〕。由此可知，當時社會普遍認為商鞅是一位善
於用兵的將才。

《荀子》之後是《韓非子》。作為法家學派集大成的著作，《韓非子》本
身就包含有許多商鞅思想的色彩，《韓非子·五蠹篇》：「今境內之民皆言治，
藏商、管之法者家有之。」〔註6〕證明到韓非生活時期，商鞅學說早已溢出
秦國，成為當時社會思潮的時髦。又《和氏》《姦劫弒臣》篇謂：

　　1. 古秦之俗，君臣廢法而服私，是以國亂兵弱而主卑。商君
說秦孝公以變法易俗而明公道，賞告姦、困末作而利本事。當此之
時，秦民習故俗之有罪可以得免，無功可以得尊顯也，故輕犯新
法。於是犯之者其誅重而必，告之者其賞厚而信，故姦莫不得而被

〔註4〕 許維遹撰，梁運華整理，《呂氏春秋集釋》（下），北京：中華書局，2009 年版
　　　第 604～605 頁。
〔註5〕 （清）王先謙撰，沈嘯寰、王星賢點校，《荀子集解》（下），北京：中華書局，
　　　1988 年版第 326 頁。
〔註6〕 （清）王先慎撰，鍾哲點校，《韓非子集解》，北京：中華書局，1998 年版第
　　　493 頁。

刑者眾，民疾怨而眾過日聞。孝公不聽，遂行商君之法。民後知有罪之必誅，而告私姦者眾也，故民莫犯，其刑無所加。是以國治而兵強，地廣而主尊。此其所以然者，匿罪之罰重，而告姦之賞厚也。此亦使天下必為己視聽之道也。至治之法術已明矣，而世學者弗知也。〔註7〕

2. 治國之有法術賞罰，猶若陸行之有犀車良馬也，水行之有輕舟便楫也，乘之者遂得其成。伊尹得之，湯以王；管仲得之，齊以霸；商君得之，秦以強。此三人者，皆明於霸王之術，察於治強之數，而不以牽於世俗之言；適當世明主之意，則有直任布衣之士，立為卿相之處；處位治國，則有尊主廣地之實：此之謂足貴之臣。湯得伊尹，以百里之地立為天子；桓公得管仲，立為五霸主，九合諸侯，一匡天下；孝公得商君，地以廣，兵以強。故有忠臣者，外無敵國之患，內無亂臣之憂，長安於天下，而名垂後世，所謂忠臣也。〔註8〕

3. 商君教秦孝公以連什伍，設告坐之過，燔詩書而明法令，塞私門之請而遂公家之勞，禁遊宦之民而顯耕戰之士。孝公行之，主以尊安，國以富強，八年而薨，商君車裂於秦。楚不用吳起而削亂，秦行商君法而富強。二子之言也已當矣，然而枝解吳起而車裂商君者，何也？大臣苦法而細民惡治也。當今之世，大臣貪重，細民安亂，甚於秦、楚之俗，而人主無悼王、孝公之聽，則法術之士，安能蒙二子之危也而明己之法術哉？此世所以亂無霸王也。〔註9〕

在材料1中，韓非首先肯定了商鞅在秦國「變法易俗而明公道，賞告姦、困末作而利本事」所取得的效果，並將此稱為「至治之法術」。材料2則從「外無敵國之患，內無亂臣之憂」的角度將商鞅稱為「忠臣」。材料3則對商鞅的許多施政措施表示認可，言語之間也含有對商鞅被車裂而死的憤慨。由上可知，韓非對商鞅治秦的措施、策略和效果等都非常認可，而且即使從倫理道德的角度看，也認為商鞅是「忠臣」。

〔註7〕 （清）王先慎撰，鍾哲點校，《韓非子集解》，第101～102頁。

〔註8〕 （清）王先慎撰，鍾哲點校，《韓非子集解》，第105～106頁。

〔註9〕 （清）王先慎撰，鍾哲點校，《韓非子集解》，北京：中華書局，1998年版第97頁。

綜上所述，戰國時期商鞅思想的傳播具有以下幾個特點：一、流傳的範圍廣。商鞅思想的社會實踐最早在秦國取得巨大成功，用《韓非子》的話說是「國治而兵強，地廣而主尊」，這種現實效果迅速產生溢出效果，故到秦惠王時期，已經是「秦婦人嬰兒皆言商君之法，莫言大王之法」，到了韓非時期，已經遍及當時社會各個角落，故韓非謂「今境內之民皆言治，藏商、管之法者家有之。」證明到了戰國後期，商鞅思想獲得了當時社會的普遍接受，從「家有之」的描述看，這種接受應該是不分學派和社會階層的。二、評價的著眼點雖然有異，但是整體上是較為積極的評價。范雎、蔡澤二人是從商鞅在秦國所採取的具體措施、取得的效果及其對秦國和秦孝公忠心耿耿等三個方面來評價的。《呂氏春秋‧無義篇》對商鞅的才能是肯定的，只是對他的道德提出批評。而《荀子‧議兵篇》所轉述世人對商鞅的評價，則體現時人對商鞅用兵能力的肯定。《韓非子》對商鞅的評價類似於蔡澤、范雎二人的視角，但顯然比二人走得更遠，以至於將商鞅治秦的方法稱為「至治之法術」。蔡澤、范雎二人之所以認為商鞅是忠臣，是因為商鞅「極身毋二慮，盡公不顧私」「示情素」等，多少還帶有點感情色彩。韓非則完全脫去情感上的視角，轉而從「外無敵國之患，內無亂臣之憂」的客觀效果來看待的。此外，他還對商鞅最終被車裂而死的結果表示憤慨。從以上所述的幾個評價看，他們之間雖然著眼點不同，但對商鞅的評價整體上是積極的。三、商鞅思想流傳的種類應該是多樣的。從上面的記述看，應包括各種治國之術和兵家之法等等。

第二節　由多元評價轉向批判為主的兩漢時期

據《史記‧袁盎晁錯列傳》的記載，晁錯「學申商刑名於軹張恢先所，與雒陽宋孟及劉禮同師。以文學為太常掌故。」〔註10〕由此可知，商鞅學說在漢初一直有傳承，秦漢之際的代表是軹張恢先，漢初是宋孟、劉禮、晁錯等人。又《漢書藝文志》法家類在「《晁錯》三十一篇」之前著錄有「《遊棣子》一篇」〔註11〕，其作者已經失傳，但應該是比晁錯稍前的秦漢之際的人物。又《酷吏列傳》謂「孝景時，晁錯以刻深頗用術輔其資，而七國之亂，

〔註10〕（西漢）司馬遷，《史記》（八），北京：中華書局，2013 年版第 3306 頁。
〔註11〕張舜徽，《漢書藝文志通釋》，武漢：華中師範大學出版社，2004 年版第 311頁。

發怒於錯，錯卒以被戮。其後有郅都、寧成之屬。」〔註12〕故漢代眾多的「酷吏」，其實和晁錯是一脈相承的，頗受商鞅思想的影響。《漢書‧藝文志》謂：「法家者流，蓋出於理官。信賞必罰，以輔禮制。《易》曰：『先王明罰飭法』，此其所長也。及刻者為之，則無教化，去仁愛，專任刑法而欲以致治，至於殘害至親，傷恩薄厚。」〔註13〕或許正是由於漢代法家逐漸流於酷吏一路，故激起漢代許多人士對其進行批判，商鞅學說也在漢代由盛轉衰了。

一、西漢中期以前的多元化評價

首先是賈誼對商鞅的評價。《漢書‧賈誼列傳》謂其「頗通諸家之書」，但考其平生所為，實是推崇儒家之學。《漢書‧賈誼傳》錄其上文帝書謂：

> 商君遺禮義，棄仁恩，並心於進取，行之二歲，秦俗日敗。故秦人家富子壯則出分，家貧子壯則出贅。借父耰鋤，慮有德色；母取箕帚，立而誶語。抱哺其子，與公並倨；婦姑不相說，則反脣而相稽。其慈子耆利，不同禽獸者亡幾耳。然並心而赴時，猶曰蹶六國，兼天下。功成求得矣，終不知反廉愧之節，仁義之厚。信併兼之法，遂進取之業，天下大敗；眾掩寡，智欺愚，勇威怯，壯陵衰，其亂至矣。是以大賢起之，威震海內，德從天下。曩之為秦者，今轉而為漢矣。然其遺風餘俗，猶尚未改。今世以侈靡相競，而上亡制度，棄禮誼，捐廉恥，日甚，可謂月異而歲不同矣。逐利不耳，慮非顧行也，今其甚者殺父兄矣。盜者剟寢戶之簾，搴兩廟之器，白晝大都之中剽吏而奪之金。矯偽者出幾十萬石粟，賦六百餘萬錢，乘傳而行郡國，此其亡行義之尤至者也。而大臣特以簿書不報，期會之間，以為大故。至於俗流失，世壞敗，因恬而不知怪，慮不動於耳目，以為是適然耳。夫移風易俗，使天下迴心而鄉道，類非俗吏之所能為也。俗吏之所務，在於刀筆筐篋，而不知大體。陛下又不自憂，竊為陛下惜之。〔註14〕（又見於賈誼《新書‧時變》篇）

由上可知，賈誼謂商鞅思想的最大缺點是「遺禮義，棄仁恩」，其在兼併

〔註12〕（西漢）司馬遷，《史記》（十），北京：中華書局，2013年版第3778頁。
〔註13〕張舜徽，《漢書藝文志通釋》，武漢：華中師範大學出版社，2004年版第312～313頁。
〔註14〕張烈主編，《漢書注譯‧傳》（三），海口市：南方出版社，1997年版第2365頁。

時期，尚可「並心而赴時，猶曰蹶六國，兼天下」，但在得天下後，如果不能「反廉愧之節，仁義之厚」，就會導致「眾掩寡，智欺愚，勇威怯，壯陵衰，其亂至矣」。由此可知，賈誼對商鞅的評價主要基於兩點：一是取天下時與守天下時的形勢不同。取天下時，商鞅之法無疑是成功的，故能「兼天下」；但攻守易勢後，就要轉換思維，採取不一樣的辦法。二是以儒家的仁義之說來評價商鞅的思想，並指出秦時風氣，已經流毒當時。應該說，賈誼對商鞅思想的評價，昭示著漢代社會形勢和社會思潮的變化。就像賈誼所說的，商鞅注重農戰、嚴刑峻法的思想，實只適合戰亂時期，漢初社會已經基本穩定，恢復生產、重建秩序、繁榮社會成為當時的主要任務，相應地，統治者的思維也應該轉型，故商鞅思想在當時已經不適時宜。而主張寬以待民、注重較為寬鬆社會秩序的儒家思想，相較法家而言，更適合生產恢復和社會的穩定與發展，賈誼顯然意識到了這點，故站在儒家的立場對商鞅思想進行批判。

其次是劉安對商鞅的評價。相關觀點主要見於《淮南子》相關篇章之中：

1. 百家異說，各有所出，若夫墨、楊、申、商之於治道，猶蓋之無一撩而輪之無一輻，有之可以備數，無之未有害於用也。已自以為獨擅之，不通之於天地之情也。〔註15〕

2.《周書》曰：「掩雉不得，更順其風。」今若夫申、韓、商鞅之為治也，梓拔其根，蕪棄其本，而不窮究其所由生，何以至此也？鑿五刑，為刻削，乃背道德之本而爭於錐刀之末，斬艾百姓，彈盡太半，而忻忻然常自以為治，是猶抱薪而救火，鑿竇而出水。夫井植生梓而不容甕，溝植生條而不容舟，不過三月必死。所以然者何也？皆狂生而無其本者也。河九折注於海而流不絕者，崑崙之輸也。潦水不泄，瀇瀁極望，旬月不雨，則涸而枯澤，受瀷而無源者。譬若弄請不死之藥於西王母，姮娥竊以奔月，悵然有喪，無以續之。何則？不知不死之藥所由生也。是故乞火不若取燧，寄汲不若鑿井。〔註16〕

3. 此公孫鞅之所以抵罪於秦，而不得入魏也。功非不大也，然而累足無所踐者，不義之故也。〔註17〕

由材料1可知，《俶真訓》的作者認為，商鞅之道，只是眾多治道中可有

〔註15〕何寧撰，《淮南子集釋》，北京：中華書局，1998年版第117頁。
〔註16〕何寧撰，《淮南子集釋》，第498～502頁。
〔註17〕何寧撰，《淮南子集釋》，第1251～1252頁。

可無的一種，無足輕重。那些把它們看得過於重要的人，是「不通之於天地之情」。《覽冥訓》進一步批判申商之治是違背道德根本之治，是靠殘害百姓實現治理，只是治表，而不知治所由生的治道。材料3雖然承認商鞅的功業，但也站在倫理道德的立場來否定商鞅的行為。總體上看，與賈誼站在儒家的立場來看待商鞅不同的是，《淮南子》是主要站在道家的立場來指責商鞅的思想行為，當然材料3認為商鞅無義的說法，應該是繼承《呂氏春秋‧無義》的說法而來的。漢初注重黃老之術，《呂氏春秋》道家思想極濃，故不難理解它會站在道家的立場對商鞅進行批判。

再次是司馬遷對商鞅的評價。司馬遷的評價主要見於《史記‧商君列傳》末尾：

> 太史公曰：商君，其天資刻薄人也。跡其欲干孝公以帝王術，挾持浮說，非其質矣。且所因由嬖臣，及得用，刑公子虔，欺魏將卬，不師趙良之言，亦足發明商君之少恩矣。余嘗讀商君開塞耕戰書，與其人行事相類。卒受惡名於秦，有以也夫！〔註18〕

由上可知，司馬遷主要著眼於商鞅刻薄少恩的行為，並且認為他的學說是「浮說」，其獲得任用的途徑不光彩，變法和對外擴張的手段也過於薄情，故總體而言，司馬遷對商鞅的思想和行為是持否定態度的。

最後是劉向父子對商鞅的評價。劉向《新序‧善謀》錄《商君書‧更法》來記錄歷史上為政者善於決策的典型事例，其後附評論云：

> 及孝公死，國人怨商君，至於車裂之，其患流漸，至始皇赤衣塞路，群盜滿山，卒以亂亡，削刻無恩之所致也。三代積德而王，齊桓繼絕而霸，秦項嚴暴而亡，漢王垂仁而帝，故仁恩，謀之本也。〔註19〕

由上可知，劉向站在儒家仁恩的立場，認為正是商君之法的肖刻無恩，所以才導致後來秦國的滅亡。除此以外，還有被認為是劉歆所作的《新序‧論商君》也對商鞅的思想行為進行評價：

> 秦孝公保崤函之固，以廣雍州之地，東並河南，北收上郡，國富兵強，長雄諸侯，周室歸籍，四方來賀，為戰國霸君，秦遂以強，六世而並諸侯，亦皆商君之謀也。夫商君極身無二慮，盡公不顧私，

〔註18〕　（西漢）司馬遷撰，《史記》（三），北京：中華書局，2011年版第1979頁。

〔註19〕　（西漢）劉向著，趙仲邑注，《新序詳注》，北京：中華書局，2017年版第275頁。

使民內急耕織之業以富國，外重戰伐之賞以勸戎士。法令必行，內不私貴寵，外不偏疏遠。是以令行而禁止，法出而奸息。故雖《書》云：「無偏無黨」，《詩》云：「周道如砥，其直如矢」，司馬法之勵戎士，周后稷之勸農業，無以易此。此所以並諸侯也。……今商君倍公子□之舊恩，棄交魏之明信，詐取三軍之眾，故諸侯畏其強而不親信也。藉使孝公遇齊桓、晉文，得諸侯之統，將合諸侯之君，驅天下之兵以伐秦，秦則亡矣。天下無桓、文之君，故秦得以兼諸侯，衛鞅始自以為知霸王之德，原其事不喻也。……今衛鞅內刻刀鋸之刑，外深□鉞之誅，步過六尺者有罰，棄灰於道者被刑。一日臨渭，而論囚七百餘人。渭水盡赤，號哭之聲，動於天地，畜怨積仇，比於丘山。所逃莫之隱，所歸莫之容。身死車裂，滅族無姓，其去霸王之佐亦遠矣。然惠王殺之亦非也，可輔而用也。使衛鞅施寬平之法，加之以恩，申之以信，庶幾霸者之佐哉。（《史記·商君傳贊》集解引《新序論》，《索隱》曰：《新序》是劉歆所撰，其中論商君，故裴氏引之。）〔註20〕

《新序論》中對商鞅的評價大概有以下幾個方面：首先是對商鞅平生功業的評價。對商鞅平生功業，劉歆基本上是持肯定態度的，其重點關注了商鞅在治國理政和農、戰、法等方面的成就，認為「故雖《書》云『無偏無黨』，《詩》云『周道如砥，其直如矢』，司馬法之勵戎士，周后稷之勸農業，無以易此」。其次，劉歆顯然認可了范睢對商鞅的評價，說其是「極身無二慮，盡公不顧私」，這是對商鞅政治品格的肯定。再次，劉歆指出商鞅對外背恩負義，故諸侯不親信，對內嚴刑峻法，故積仇如山。最後，劉歆對商鞅最終被車裂的結果表示異議，並指出了商鞅之道改進的路徑。應該說，劉歆的立場是站在學派之外的立場，這點與先前的評價有所不同。

故縱觀西漢前中期對商鞅思想的評價，褒貶各異，立場不一。晁錯等商鞅學說的傳承者自然是以認同為主，賈誼等人多以批判為主。但同是批判，有人是出於儒家立場，有人是出於道家立場，有人立場不是太過明顯，也有人採取較為客觀和務實的態度。各方觀點的差異，事實上反映出漢初思想多家爭鳴並存的生態。但這種多元化的評價在後來逐漸消弭，取而代之的基本是對商鞅思想的全面否定。

〔註20〕（西漢）漢司馬遷，《史記》（三），北京：中華書局，2011 年版第 1980 頁。

二、《鹽鐵論》所反映的西漢中後期對商鞅評價的全面轉變

　　《鹽鐵論》是西漢時期，由桓寬所著的一本政論性文集。漢昭帝始元六年，當時的西漢朝廷召開了一次「鹽鐵會議」，以賢良文學為一方，以御史大夫桑弘羊為另一方，就鹽鐵專營、酒類專賣和平準均輸等問題展開激烈辯論。桓寬根據當時的會議記錄，並加上與會儒生朱子伯的介紹，將其整理撰成《鹽鐵論》。故其中關於商鞅的論述，應該是較為全面和系統地反映了西漢中後期人們對商鞅的看法。今本《鹽鐵論》中涉及到對商鞅的評價有《非鞅》《尊道》《論勇》《刑德》《大論》數章，其中《非鞅》篇更是目前所見最早針對商鞅個人的文章。

《非鞅》篇對商鞅的評價

　　《非鞅》篇全文共有十段，約五個主題。其中第一個主題是有關商鞅治秦的具體效果的問題。以大夫為代表的一方認為：「商君相秦也，內立法度，嚴刑罰，飭政教，姦偽無所容。外設百倍之利，收山澤之稅，國富民強，器械完飾，蓄積有餘。是以征敵伐國，攘地斥境，不賦百姓而師以贍。」〔註21〕但是以文學為代表的一方卻並不這樣認為，他們認為：「商鞅峭法長利，秦人不聊生，相與哭孝公。吳起長兵攻取，楚人搔動，相與泣悼王。其後楚日以危，秦日以弱。故利蓄而怨積，地廣而禍構，惡在利用不竭而民不知，地盡西河而人不苦也？」〔註22〕兩者的著眼點不一樣，大夫們著眼的是國家層面的財政實力和軍事實力的增強，故對商鞅的各種措施進行肯定，但是文學從民生的立場出發，認為商鞅之舉是強國弱民之舉，最終會導致國家的滅亡，故對其進行極力否定。

　　第二個主題是關於秦朝的滅亡到底是誰造成的問題。這個主題事實上是承上一個主題而來，在第一個回合中，文學們顯然認為造成秦朝滅亡的主要原因是商鞅變法。大夫們對此表示異議：「秦任商君，國以富強，其後卒並六國而成帝業。及二世之時，邪臣擅斷，公道不行，諸侯叛弛，宗廟隳亡。《春秋》曰：『末言爾，祭仲亡也。』夫善歌者使人續其聲，善作者使人紹其功。椎車之蟬攫，負子之教也。周道之成，周公之力也。雖有裨諶之草創，無子產之潤色，有文、武之規矩，而無周、呂之鑿枘，則功業不成。今以趙高之

〔註21〕桓寬撰，王利器校注，《鹽鐵論校注》，北京：中華書局，1992 年版第 93 頁。
〔註22〕桓寬撰，王利器校注，《鹽鐵論校注》，第 94 頁。

亡秦而非商鞅，猶以崇虎亂殷而非伊尹也。」〔註23〕故在大夫們眼裏，商鞅猶如伊尹，是秦國富強的締造者，秦國的滅亡完全是秦二世時「邪臣擅斷，公道不行」所致。對此，文學們反駁道：「商鞅以重刑峭法為秦國基，故二世而奪。刑既嚴峻矣，又作為相坐之法，造誹謗，增肉刑，百姓齋栗，不知所措手足也。賦斂既煩數矣，又外禁山澤之原，內設百倍之利，民無所開說容言。崇利而簡義，高力而尚功，非不廣壤進地也，然猶人之病水，益水而疾深，知其為秦開帝業，不知其為秦致亡道也。」〔註24〕由此可知，文學們認為，商鞅實行嚴刑峻法、漁利百姓的政策，雖然有利於國家的對外擴張，但同時也加劇了國家內部之間的矛盾，故越是擴張，矛盾越大，最終導致了秦國的敗亡。

第三個主題是關於國家擴張的程度問題。這個主題也是沿著第二個主題而來。在第二個主題中，文學們認為國家的擴張與國內的民生構成矛盾，故要重民生。但是大夫們卻對此表示異議，他們認為：「昔商君明於開塞之術，假當世之權，為秦致利成業，是以戰勝攻取，並近滅遠，乘燕、趙，陵齊、楚，諸侯斂袵，西面而向風。其後，蒙恬征胡，斥地千里，逾之河北，若壞朽折腐。何者？商君之遺謀，備餉素修也。故舉而有利，動而有功。夫畜積籌策，國家之所以強也。故弛廢而歸之民，未睹巨計而涉大道也。」〔註25〕顯然，在大夫們眼裏，商鞅的政策使秦國開疆拓土、國家富強，故為政需以國強為本，民生為次。文學們反駁道：「商鞅之開塞，非不行也；蒙恬卻胡千里，非無功也；威震天下，非不強也；諸侯隨風西面，非不從也；然而皆秦之所以亡也。商鞅以權數危秦國，蒙恬以得千里亡秦社稷：此二子者，知利而不知害，知進而不知退，故果身死而眾敗。」〔註26〕文學們雖然對商鞅的功業進行肯定，但是反對的是無休止的擴張，認為商鞅是「知利而不知害，知進而不知退」，過度擴張，導致民生凋敝，最終敗亡。

第四個主題是商鞅的功業是否值得肯定的問題。這個主題實際上也是沿著第三個主題而來。在第三個主題中，大夫們對商鞅的功業進行了肯定，但文學們卻認為商鞅所謂的功業，正是亡國之舉。故第四個主題是到底商鞅的功業是否值得肯定的問題。大夫們認為：「夫商君起布衣，自魏入秦，期年

〔註23〕桓寬撰，王利器校注，《鹽鐵論校注》，第 94 頁。
〔註24〕桓寬撰，王利器校注，《鹽鐵論校注》，第 94～95 頁。
〔註25〕桓寬撰，王利器校注，《鹽鐵論校注》，第 95 頁。
〔註26〕桓寬撰，王利器校注，《鹽鐵論校注》，第 95 頁。

而相之，革法明教，而秦人大治。故兵動而地割，兵休而國富。孝公大說，封之於、商之地方五百里，功如丘山，名傳後世。世人不能為，是以相與嫉其能而疵其功也。」〔註27〕故在大夫們眼裏，商鞅的功業讓人高山仰止，後人對商鞅功業的異議，根本上是出於嫉妒心理。文學們卻認為：「君子進必以道，退不失義，高而勿矜，勞而不伐，位尊而行恭，功大而理順；故俗不疾其能，而世不妒其業。今商鞅棄道而用權，廢德而任力，峭法盛刑，以虐戾為俗，欺舊交以為功，刑公族以立威，無恩於百姓，無信於諸侯，人與之為怨，家與之為讎，雖以獲功見封，猶食毒肉愉飽而罹其咎也。蘇秦合縱連橫，統理六國，業非不大也；桀、紂與堯、舜並稱，至今不亡，名非不長也；然非者不足貴。故事不苟多，名不苟傳也。」〔註28〕故文學們認為，商鞅的功業之所以會引起非議，其根本原因是商鞅的所作所為不符合道義，即所謂的「棄道而用權，廢德而任力，峭法盛刑，以虐戾為俗，欺舊交以為功，刑公族以立威，無恩於百姓，無信於諸侯，人與之為怨，家與之為讎」〔註29〕。

　　第五個主題是對商鞅之死的評價問題。大夫們認為商鞅之死與箕子、比干、伍員、樂毅、大夫種等人類似，是忠臣之死，其死因是「驕主背恩德，聽流說，不計其功故也，豈身之罪哉？」〔註30〕故商鞅之死與其本身行為道不道義無關，而主要原因是人主昏悖。文學們則認為比干、伍員之死與商鞅之死性質上有異，商鞅之死完全是自作孽，不可活：「比干剖心，子胥鴟夷，非輕犯君以危身，強諫以干名也。憯怛之忠誠，心動於內，忘禍患之發於外，志在匡君救民，故身死而不怨。君子能行是不能御非，雖在刑戮之中，非其罪也。是以比干死而殷人怨，子胥死而吳人恨。今秦怨毒商鞅之法，甚於私仇，故孝公卒之日，舉國而攻之，東西南北莫可奔走，仰天而歎曰：『嗟乎，為政之弊，至於斯極也！』卒車裂族夷，為天下笑。斯人自殺，非人殺之也。」〔註31〕

《尊道》《論勇》《刑德》《大論》等篇對商鞅的評價

　　首先是《尊道》篇。這篇涉及商鞅的評價，主要是獨智之慮是否可取的問題，丞相史認為：「商君昭然獨見存亡不可與世俗同者，為其沮功而多近也。庸人安其故，而愚者果所聞。故舟車之治，使民三年而後安之。商君之

〔註27〕桓寬撰，王利器校注，《鹽鐵論校注》，第 95～96 頁。
〔註28〕桓寬撰，王利器校注，《鹽鐵論校注》，第 96 頁。
〔註29〕桓寬撰，王利器校注，《鹽鐵論校注》，第 96 頁。
〔註30〕桓寬撰，王利器校注，《鹽鐵論校注》，第 96 頁。
〔註31〕桓寬撰，王利器校注，《鹽鐵論校注》，第 96～97 頁。

法立，然後民信之。孔子曰：『可與共學，未可與權。』文學可令扶繩循刻，非所與論道術之外也。」〔註32〕故在丞相史眼裏，治術很多時候是一些能人志士的獨斷行為，與普通民眾無關，更在道術之外。文學們反對這種說法，「君子多聞闕疑，述而不作，聖達而謀大，叡智而事寡。是以功成而不墮，名立而不頓。小人智淺而謀大，羸弱而任重，故中道而廢，蘇秦、商鞅是也。無先王之法，非聖人之道，而因於己，故亡。……商鞅之立法，民知其害，莫不畏其刑。故夏后功立而王，商鞅法行而亡。商鞅有獨智之慮，世乏獨見之證。文學不足與權當世，亦無負累蒙殃也。」〔註33〕文學們則主張多方參考，參先王之法，因聖人之道，以避免獨智之慮的危害。故因大道還是因個人之智，是雙方爭論的焦點。

其次是《論勇》篇。這篇涉及商鞅的評價，主要是什麼才是真正的強大的問題。大夫一方認為，強大主要依靠軍備的完善等：「故孟賁奮臂，眾人輕之；怯夫有備，其氣自倍。況以吳、楚之士，舞利劍，蹶強弩，以與貃虜騁於中原？一人當百，不足道也！夫如此，則貃無交兵，力不支漢，其勢必降。此商君之走魏，而孫臏之破梁也。」〔註34〕但文學們卻認為真正的強大在仁義道德的提升：「言以道德為城，以仁義為郭，莫之敢攻，莫之敢入。文王是也。以道德為胄，以仁義為劍，莫之敢當，莫之敢御，湯、武是也。今不建不可攻之城，不可當之兵，而欲任匹夫之役，而行三尺之刃，亦細矣！」〔註35〕大夫們傾向形而下的器械，文學們注重形而上的道德。

再次是《刑德》篇。這篇涉及商鞅的主題是，要不要以嚴刑峻法來治國的問題。大夫們認為：「文學言王者立法，曠若大路。今馳道不小也，而民公犯之，以其罰罪之輕也。千仞之高，人不輕凌，千鈞之重，人不輕舉。商君刑棄灰於道，而秦民治。……故輕之為重，淺之為深，有緣而然。法之微者，固非眾人之所知也。」〔註36〕顯然大夫們是支持嚴刑峻法的。文學們則謂：「故德明而易從，法約而易行。……故德教廢而詐偽行，禮義壞而姦邪興，言無仁義也。……法者，緣人情而制，非設罪以陷人也。」〔註37〕主張先德後法，仁義

〔註32〕桓寬撰，王利器校注，《鹽鐵論校注》，第 292 頁。
〔註33〕桓寬撰，王利器校注，《鹽鐵論校注》，第 293 頁。
〔註34〕桓寬撰，王利器校注，《鹽鐵論校注》，第 536 頁。
〔註35〕桓寬撰，王利器校注，《鹽鐵論校注》，第 536～537 頁。
〔註36〕桓寬撰，王利器校注，《鹽鐵論校注》，第 566 頁。
〔註37〕桓寬撰，王利器校注，《鹽鐵論校注》，第 566～567 頁。

道德才是社會治理的根本。

最後是《大論》篇。這篇是關於人是否應該在意通過哪種方式來獲得重用的問題。大夫們否認孔子清高的行徑，轉而肯定商鞅和范雎的行為：「文學所稱聖知者，孔子也，治魯不遂，見逐於齊，不用於衛，遇圍於匡，困於陳、蔡。夫知時不用猶說，強也；知困而不能已，貪也；不知見欺而往，愚也；困辱不能死，恥也。若此四者，庸民之所不為也，而況君子乎！商君以景監見，應侯以王稽進。故士因士，女因媒。至其親顯，非媒士之力。孔子不以因進見而能往者，非賢士才女也。」〔註38〕文學們則認為聖人不可被否定，而且聖人之所以為聖，正是因為他不會隨意苟合社會，不會降志辱身。

故由上可知，《鹽鐵論·非鞅》篇主要是圍繞著商鞅治秦的實際效果、秦國滅亡的是否是商鞅變法造成的、國家擴張的度、商鞅的功業是否應該被肯定、對商鞅之死的評價這五個方面展開的，其中暗含的線索是如何處理國家與人民的矛盾問題。大夫們顯然都是以國家利益為重，故肯定商鞅的功業；文學們則以民生為重，故否定商鞅的功業。《尊道》《論勇》《刑德》《大論》諸篇所涉及的議題，實質上是法家理念與儒家理念之爭，大夫們堅持以法家學說治國，文學們則認為需要以儒學思想來治國，故雙方在是否應該尊道、國家強大的真正所在、用嚴刑峻法還是仁義為本來治國、聖人是否可以否定等議題上分歧巨大。應該說，《鹽鐵輪》時期，是西漢國家政策重點的轉折點，也是商鞅學說在西漢接受的轉折點。由於西漢前中期，國家初立，民生凋敝，北方又面臨少數民族政權的威脅，故富國強兵應該是國家生活的主題，商鞅學說自然與國家需要相契。西漢中期，周圍少數民族政權相繼被擊敗，國家疆域空前遼闊，但伴隨著國家擴張而來的是國內民生再次凋敝，國內局勢動盪不安，故西漢中期實際上是國家政策面臨轉向，需要以民生為重。正是在這樣的背景之下，文學們對商鞅的思想功業進行極力否定。商鞅之學，也由盛轉衰。

三、漢代其他有關商鞅思想的接受

漢代商鞅思想的接受情況除了上述賈誼、劉安、司馬遷、劉向父子、《鹽鐵論》中相關評價外，漢代還有其他的一些相關記載。如《漢書·藝文志》法家類著錄有「《商君》二十九篇」；兵權謀家類又著錄有「《公孫鞅》二十七篇」，

〔註38〕桓寬撰，王利器校注，《鹽鐵論校注》，第 604～605 頁。

農家類中載「《神農》二十篇。」顏師古注曰:『劉向《別錄》云,疑李悝及商君所說。』」故漢時商君學說實廣泛涉及法、兵、農諸領域。又雜家類「《博士臣賢對》一篇」,班固注:「漢世難韓子商君。」〔註39〕加之《鹽鐵論》中的互相攻訐,故知漢世商鞅思想影響甚廣。又《後漢書·桓譚馮衍列傳》載馮衍說廉丹:「蓋聞明者見於無形,智者慮於未萌,況其昭皙者乎?凡患生於所忽,禍發於細微,敗不可悔,時不可失。公孫鞅曰:『有高人之行,負非於世;有獨見之慮,見贅於人。』故信庸庸之論,破金石之策,襲當世之操,失高明之德。夫決者智之君也。疑者事之役也。時不重至,公勿再計。」〔註40〕其中的公孫鞅所言即見於今本《商君書·更法篇》中,故知王莽時期,商君學說尚有傳承。《後漢書·酷吏列傳》中一干人物亦應多受商鞅思想影響。

第三節　利用、批判與推崇交替變化的三國至隋唐朝時期

一、利用與批判為主的三國魏晉南北朝時期

　　或許是因為西漢中後期思想對商鞅的思想展開了全面的批判,故西漢以後,有關商鞅的記載在典籍中出現得較少。《三國志·蜀書·先主傳》裴松之引《諸葛亮集》謂劉備在遺詔中叮囑劉禪云:「閑暇歷觀諸子及《六韜》《商君書》,益人意智。」〔註41〕可知《商君書》在蜀國朝堂之中頗受重視。晉時,《晉書·庾峻傳》謂:「今山林之士,利出一官。商君謂之六蝨,韓非謂之五蠹。不聞讓德,惟爵是聞。」〔註42〕由此可知,晉人或對商鞅思想較為熟悉。

　　至於南北朝時期,梁庾仲容《子抄》法家類:「《商子》五卷」〔註43〕,故可知《商君書》在梁地亦有流行。又《魏書·志第十六·刑罰》謂:「商君以《法經》六篇,入說於秦,議參夷之誅,連相坐之法。風俗凋薄,號為虎狼。」

〔註39〕 以上幾條見張舜徽,《漢書藝文志通釋》,武漢:華中師範大學出版社,2004 年版第 309、375、335、333 頁。

〔註40〕 (宋)范曄撰,(唐)李賢等注,《後漢書》(四),北京:中華書局,1965 年版第 963 頁。

〔註41〕 (三國)陳壽:《百納本二十四史·三國志》(第 4 冊),臺北:臺灣商務印書館 2014 年版,第 444 頁。

〔註42〕 (唐)房玄齡等,《晉書》(五),北京:中華書局,1974 年版第 1393 頁。

〔註43〕 (宋)高似孫:《子略》,北京:中華書局 1985 年版,第 61 頁。

〔註44〕可見，北魏時人或多對商鞅思想持否定看法。這段時期對商鞅思想最為詳細的評價見北齊劉晝所作的《劉子》，其《隨時》篇謂：

> 秦孝公問商鞅治秦之術，鞅對以變法峻刑。行之三年，人富兵強，國以大治，威服諸侯。以孟軻之仁義，論太王之去邠，而不合於世用；以商君之淺薄，行刻削之苛法，而反以成治。非仁義之不可行，而刻削之為美，由乾淳澆異跡，則政教宜殊，當合縱之代，而仁義未可全行也。〔註45〕

由上可知，劉晝注意到了商鞅之術有富國強兵的功效，但認為這是淺薄之術、刻削之法。其拿孟子的「仁義」之說與商鞅之術作對比，認為商鞅之所以會取得成功，而孟子不見用的原因，不是因為「仁義」不可行，而是因為「乾淳澆異跡，則政教宜殊，當合縱之代，而仁義未可全行也」。注意到了戰國時期環境的因素。

二、從利用、批判到推崇的隋唐朝時期

目前所見，隋時有關商鞅思想的記載相對較少。《隋書‧經籍志》法家類謂：「《商君書》五卷。秦相衛鞅撰。」〔註46〕至於其具體的接受情況，則由於文獻缺佚，不得而知。唐初，魏徵、虞世南及褚遂良等人，為了配合唐太宗「偃武修文」政策，搜羅歷代經典，著成《群書治要》，以期為新王朝提供歷史借鑒和思想資源。其中就收錄有《商君書》中《六法》《修權》《定分》三篇部分內容。由此可知，《商君書》中的治國理政思想應頗受時人重視。其之所以會只節選部分內容，而非全部收錄，也可能是由於他們對《商君書》中的一些內容不認可。

中唐時期，唐人對商鞅思想的評價，逐漸由批判轉為肯定。杜甫《述古三首》中謂：「秦時任商鞅，法令如牛毛。」〔註47〕對商鞅持否定態度。《白氏六帖（卷十二）》謂：「商君遺禮義，滅天理而窮人慾，愚弄其民官邪。」〔註48〕

〔註44〕（南北朝）魏收撰，《魏書》（八），北京：中華書局，1974年版第2872頁。
〔註45〕李蒓，《增訂劉子校注》，成都：巴蜀書社，2008年版第658～659頁。
〔註46〕（唐）魏徵，《百衲本二十四史‧隋書》（第13冊），臺北：臺灣商務印書館，2014年版第461頁。
〔註47〕蕭滌非主編，張忠綱終審統稿，《杜甫全集校注》（五），北京：人民文學出版社，2014年版第2864～2865頁。
〔註48〕董治安主編，《唐代四大類書》（三），北京：清華大學出版社，2003年版第2062頁。

這種對商鞅思想持激烈批判的態度當是承賈誼而來。但這種批判的態度在安史之亂後逐漸發生了變化，唐杜牧《書處州韓吏部孔子廟碑陰》：「彼商鞅者，能耕能戰能行其法，秦基為強，曰：『彼仁義，蝨官也，可以置之。』」〔註49〕對商鞅的才能頗為肯定。後來韓愈在《進士策問》中道：

> 問：所貴乎道者，不以其便於人而得於己乎？當周之衰，管夷吾以其君霸，九合諸侯，一匡天下，戎狄以微，京師以尊，四海之內，無不受其賜者。天下諸侯，奔走其政令之不暇，而誰與為敵！此豈非便於人而得於己乎？秦用商君之法，人以富，國以強，諸侯不敢抗，及七君而天下為秦。使天下為秦者，商君也。而後代之稱道者，咸羞言管、商氏，何哉？庸非求其名而不責其實歟？願與諸生論之，無惑於舊說。〔註50〕

由上可知，韓愈對商鞅之法非常讚賞，將其稱為秦國統一六國的功臣，認為正是由於秦國施行了商鞅之法，所以秦國才會「人以富，國以強，諸侯不敢抗」，後人羞言商鞅之術，是求名不責實。從韓愈專門就此問題進行討論看，韓愈之前的唐朝社會，應該多是對商鞅思想持否定的態度，故韓愈對此進行批判。除了韓愈外，當時歐陽詹也對商鞅思想較為推崇，《自明誠論》謂：

> 自性達物曰誠，自學達誠曰明。上聖述誠以啟明，其次考明以得誠。苟非將聖，未有不由明而致誠者。文武周孔，自性而誠者也。無其性，不可得而及矣。顏子游夏，得誠自明者也。有其明，可得而至焉。從古而還，自明而誠者眾矣：尹喜自明誠而長生，公孫宏自明誠而為卿，張子房自明誠而輔劉，公孫鞅自明誠而佐嬴。〔註51〕

將商鞅與儒家《中庸》中「誠明」思想進行比附，歐陽詹或許是第一個。雖然這種比附沒什麼邏輯和道理，但卻反映了其對商鞅思想的推崇。

晚唐時期，世風日下，時局動盪，賢者思治，故人們對商鞅思想更為肯定，甚至一度成為批判社會弊病的思想武器，如李商隱的《蝨賦》《蠍賦》就是受《商君書》中「蝨官」思想的啟發，後陸龜蒙又作《後蝨賦》來回應李

〔註49〕 （唐）杜牧，《文津閣四庫全書・集部・別集類・樊川集（卷七）》，上海：商務印書館，2005 年版第 462 頁。

〔註50〕 （唐）韓愈撰，劉真倫、岳珍校注，《韓愈文集匯校箋注》（二），北京：中華書局，2010 年版第 435～436 頁。

〔註51〕 （清）董誥等編，《全唐文》（六），北京：中華書局，1983 年版第 6041 頁。

商隱之作。至皮日休，更對許多前人對商鞅的批判提出異議，《皮日休文集·卷四碑銘贊·易商君列傳贊》：

> 商君者，用於孝公。制其法，而秦給；御其謀，而魏敗。封邑未居，而轘刑以及。嗚呼，商君之匡秦，雖不必盡是，然亦至矣。太史貶之過實，非以欺公子卬、刑公孫虔、拒杜摯之說者乎？然有一是亦足救斯非也。余悲商君忠而受刑，因重述其行事而贊曰：商君之於孝公也，一、二見孝公不悟其說，非皇王之道行之難不及其身者乎？斯公之罪也。在商君有心於是道不亦多乎？當商君一、二說孝公行之，商君必為阿衡矣。嗚呼，卒以其令特用自蒙於摻，悲乎！〔註52〕

　　由上可知，皮日休首先對商鞅思想及其功業進行肯定，接著他對司馬遷有關商鞅的評價表示異議，認為其批判得太過了，並對商鞅遭車裂而死的結局表示同情。最後他認為秦國不行王道責任不在商鞅，而在秦孝公，商鞅已經向秦孝公說以帝道和王道，只是秦孝公不用而已，故責任不在商鞅。應該說，皮日休的觀點，帶有強烈的亂世思治的特點和懷才不遇的情懷。

　　由上可知，唐人對商鞅思想的接受，和當時的社會形勢是息息相關的。當唐朝初立，百廢待興，需要富國強兵之術，魏徵等人肯定了《商君書》中的部分內容，並將其收入《群書治要》中。唐朝中期，國力強盛，國泰民安，時人總體上對商鞅思想持批判態度。安史之亂後，社會危機叢生，割據勢力強大，中央統治力開始減弱，韓愈等人轉而肯定商鞅思想。唐代末期，社會動盪，人心思治，賢才失志，需以商鞅思想為武器，針砭時弊，並抒發懷才不遇之情。故有唐一代，商鞅思想的接受情況，都是和當時的社會形勢息息相關的。

第四節　與時代密切相關的兩宋時期

一、以王安石為代表的變法派對商鞅思想的推崇

　　有關北宋早期對商鞅的評價，目前所見甚少。但在北宋中期以後，由於宋代實行重視文士等政策，故逐漸出現了冗官、冗兵、冗費的現象，一些有識之士對局勢非常不滿，開始用商鞅思想為武器，通過肯定商鞅思想，以針

〔註52〕《四庫提要著錄叢書·集部（234）》，北京：北京出版社，2011 年版第 366～367 頁。

砭時弊。宋祁《雜興》一詩謂：「商君要術惟強國，孟子深心肯信書，大抵空言是糟粕，跰輪甘苦定何如。」〔註53〕對商鞅的富國強兵之術和實幹精神進行肯定，而對孟子的迂闊之論進行否定。從宋祁的詩中，多少可以看到點法家學說與儒家思想相互攻訐的味道。或許正因為如此，當肯定商鞅思潮逐漸興起之時，道學家們對商鞅的否定也更為激烈。北宋著名理學家邵雍的《商君吟》謂：

> 商鞅得君持法處，趙良終日正言時。當其命令炎如火，車裂如何都不知。〔註54〕

暗示商鞅是做法自斃，不可推崇。又在《言行吟》中謂：

> 言不失仁，行不失義。自天佑之，吉無不利。言與仁背，行與義乖。天且不佑，人能行哉。有商君者，賊義殘仁。為法自弊，車分其身。始知行義修仁者，便是延年益壽人。〔註55〕

從道學家的立場出發，指責其「賊義殘仁」。當然，道學家們的攻擊並未能阻擋禮讚商鞅思潮的興起。特別是在王安石寫詩稱讚商鞅後，在肯定商鞅與否定商鞅之間，多少帶有點政治色彩。王安石《商鞅》一詩謂：「自古驅民在信誠，一言為重百金輕。今人未可非商鞅，商鞅能令政必行。」〔註56〕對商鞅信賞必罰、令行禁止的思想多有稱讚。後又在《謝安》一詩云：「謝公才業自超群，誤長清談助世紛，秦晉區區等亡國，可能王衍勝商君。」〔註57〕對商鞅的實幹精神頗為推崇，又藉此抨擊了當時的一些空談人士。又《郡齋讀書志·讀書附志·卷下》載：

> 《元澤先生文集》三十六卷。右王雱字元澤之文也，雱未冠，著書已數百千言，舉進士，為旌德尉，……遷龍圖閣直學士，雱不拜而卒。雱論議刻深，常稱商君，以為豪傑之士。言不誅異議者法不行，嘗勸安石誅不用命大臣。〔註58〕

對於王雱的建議，王安石並沒有採納。但由此也可見，在當時的朝堂，

〔註53〕張弘泓等，《全宋詩》（四），北京：北京大學出版社，1999 年版第 2568 頁。
〔註54〕張弘泓等，《全宋詩》（七），北京：北京大學出版社，1999 年版第 4591 頁。
〔註55〕張弘泓等，《全宋詩》（七），第 4590 頁。
〔註56〕（宋）詹大和等編，戎默、蘇賢整理，《王安石全集》，上海：復旦大學出版社，2017 年版第 645 頁。
〔註57〕（宋）詹大和等編，戎默、蘇賢整理，《王安石全集》，第 648 頁。
〔註58〕（宋）晁公武，《郡齋讀書志（下）·讀書附志·卷下》，上海：上海古籍出版社，1990 年版第 1191 頁。

商鞅及其思想頗受部分人歡迎，王安石及王雱等變法派，也應深受商鞅思想的影響。《東都事略・卷八十五・列傳六十八》謂：「陳襄謂王安石的青苗法，『貸民以取利』，是特為管仲商君之術。」〔註59〕吳龍翰《王荊公讀書堂》謂：「六籍紛紛盡可奴，翻騰字說乃嗇夫。可知山半青燈夜，只讀商君一卷書。」〔註60〕由上可知，北宋中期，以王安石為代表的變法派，為了改變當時北宋朝廷中冗官、冗兵、冗費的現象，為政治改革營造聲勢，在對商鞅進行極力禮讚的同時，也對其他造成空談的各種思想進行攻訐。故此時的商鞅，更多是一種思想上的武器和政治上改革進取、令行禁止和富國強兵的象徵。當然，王安石的變法遭到各方勢力反對，其所推崇的商鞅，亦是如此。

二、蘇軾及其門人對商鞅思想的批判

由於對變法持不同見解，而變法派又多從商鞅那裡尋找施政的合理性，故蘇軾曾多次對商鞅進行批判。《宋史・蘇軾傳》：「議者必謂：『民可與樂成，難與慮始。』故陛下堅執不顧，期於必行。此乃戰國貪功之人，行險僥倖之說，未及樂成，而怨已起矣。臣之所願陛下結人心者，此也。」〔註61〕其引用《商君書・更法》篇中的語言，並謂其是「貪功之人，行險僥倖之說。」又專門作《商鞅論》，對商鞅進行全面的否定：

> 吾以謂遷（司馬遷）有大罪二……所謂大罪二則論商鞅、桑弘羊之功也。……秦之所以富強者，孝公務本力穡之效，非鞅流血刻骨之功也。秦之所以見嫉於民，如豺虎毒藥。一夫作難，而子孫無遺種，則鞅實使之。〔註62〕

材料中蘇東坡對商鞅的功績進行了全面的否定，並且認為秦國的強大並非由於商鞅變法，秦國的滅亡反而是商鞅變法導致的。不得不說，這是蘇東坡為針砭時弊而作的過激之言。這種偏激的態度在後來他所作的《商君說》中有所緩和，但依然將秦國滅亡的原因歸咎到商鞅：

> 商君之法，使人務本力農，勇於公戰，怯於私鬥，食足兵強以

〔註59〕《文津閣四庫全書・史部（132）》，上海：商務印書館，2005年版第47頁。
〔註60〕張弘泓等，《全宋詩》（六十八），北京：北京大學出版社，1999年版第42890頁。
〔註61〕（元）脫脫等撰，《宋史》（三十一），北京：中華書局，1985年版第10806頁。
〔註62〕《續修四庫全書・集部別集類》（1315），上海：上海古籍出版社，2002年版第34頁。

成帝業。然其民見刑而不見德，知利而不知義，卒以此亡。故帝秦
者商君也，亡秦者亦商君也。其生有南面之樂，既足以報其帝秦之
功矣；而死有車裂之禍，蓋僅足以嘗其亡秦之罰。理勢自然，無足
怪者。後之君子有商君之罪，而無其功；享商君之福，而未受其禍
者，吾為之懼矣。〔註63〕

由材料可知，蘇軾對商鞅在富國強兵方面的功績並未否定，但是認為其
缺點是導致民眾只知刑罰而不見道德，只見利益而不見大義，故致使秦朝滅
亡。即把秦國的功過都歸於商鞅一人，這與《商鞅論》中持全面否定的態度
有所不同。當然，與《商鞅論》相似的是，蘇軾對商鞅的評價並不僅僅是為
了總結歷史，而更多的是針對當下王安石等人的變法措施，認為他們只獲得
了商鞅的名位，但卻沒有商鞅的功勞。

蘇軾門人頗受其影響。蘇門六君子中的張耒、陳師道都有專門評價商鞅
的文章。張耒撰的《商君論》，其要旨和蘇軾的興也商鞅、亡也商鞅之說類似。
不過在另外一些地方，張耒顯示出了對商君才智功業的推崇，《蘇門六君子文
粹‧卷十八‧宛丘（張耒）文粹一‧上邵提舉書》中論人之才，「在齊不過管
仲，在秦不過商君，此二人者，治國用兵，理財制敵，術兼四民，智過天下，
人莫得出其右。」〔註64〕又，《蘇門六君子文粹‧卷十八‧宛丘（張耒）文粹
一‧代高玘上彭器資書》：「古之功名之士，若管仲之賢，寧戚之奇，商君之
才……」〔註65〕陳師道的《商君論》與蘇軾、張耒相同的是，都是為了針砭
時弊而否定商鞅，不同的是陳師道批判的態度比其師和同門更為激烈，謂商
鞅「莫非罪也」，有「亡秦」「賊民」「賊君」「亡身」四大罪狀〔註66〕，而且
陳師道通篇都採取批判的態度。

從蘇軾及其門人對商鞅評價的具體情況看，無論是蘇軾還是其門人，其對
商鞅的評價多是出於對現實的針砭或政治立場的需要，因此很多時候很難說
是一種客觀的評價。

三、宋代其他對商鞅的評價

宋代除了上面變法與保守派對商鞅的評價外，其他人也相繼對商鞅進行

〔註63〕《續修四庫全書‧集部別集類》（1315），第284頁。
〔註64〕《文津閣四庫全書‧集部（455）》，上海：商務印書館，2005年版第90頁。
〔註65〕《文津閣四庫全書‧集部（455）》，2005年版第90頁。
〔註66〕《文津閣四庫全書‧集部（455）》，上海：商務印書館，2005年版第133頁。

評價。晁公武（1105～1180）謂：「商鞅之術無他恃，恃告姦而止耳。故具法不告姦者，與降敵同罰；告姦者，與殺敵同賞。此秦俗所以日壞，至於父子相夷，鞅亦不能自脫也。」〔註67〕對商鞅的功業隻字不提，而且將商鞅變法的眾多措施歸結為「告姦」，顯然是一種以偏概全的觀點。晁公武生活在北宋後期，彼時社會矛盾激烈，朝堂之上，宵小當道，晁公武或由此所感。後洪邁（1123～1202）《容齋隨筆·容齋續筆卷第三·一定之計》：「管仲以其君霸，商君基秦為強，雖聖門羞稱，後世所賤，然考其為政，蓋未嘗一戾於始謀。」〔註68〕洪氏生活在北宋與南宋過渡時期，邊疆矛盾突出，故一反蘇軾以來否定商鞅的常態，轉而肯定商鞅的功業。洪邁之後，否定商鞅似乎又成了當時的主流，陳耆卿（1180～1236）《篔窗集·卷十·讀商君傳二首序》謂：「荊公詩云：『自古驅民在信誠，一言為重百金輕。今人未可非商鞅，商鞅能令政必行。』余謂鞅非誠信者，慮民不服，設徙木事以劫之，真詐偽之尤耳。欲政必行，自是一病。古人之治，正其本而已，行不行非所計也。荊公以新法自負，不恤人言，患正墮此。故余詩反之。」〔註69〕其詩內容正與其序所陳相似。陳氏之後黃震（1213～1280）《黃氏日鈔·卷四十六·讀史》：「商君之術能強秦，亦秦之所以亡。能顯其身，亦身之所以滅。然則何益矣。」〔註70〕觀點與蘇軾類似。南宋末年，陳普（1244～1315）《詠史上·商鞅》：「此天此地此經文，學者何嘗溺所聞。盡道李斯焚典籍，不知吹火是商君。」〔註71〕南宋末年，朝政動盪，宵小當道，許多有志之士失勢，故陳普借抨擊《商君書·更法》篇商鞅「學者多溺於所聞」的觀點來抒發時憤，其把秦亡的原因歸結於商鞅，應該是承蘇軾的觀點而來。由上亦可知，整個宋代對商鞅的評價與當時的時局是息息相關的。

〔註67〕（宋）晁公武，《郡齋讀書志》（上），上海：上海古籍出版社，1990 年版第 494 頁。

〔註68〕（宋）洪邁撰，孔凡禮點校，《容齋隨筆》（上），北京：中華書局，2005 年版第 245 頁。

〔註69〕張弘泓等，《全宋詩》（五十六），北京：北京大學出版社，1999 年版第 35201 頁。

〔註70〕（宋）黃震，《黃氏日抄》，《全宋筆記第十編（九）》，上海：大象出版社，2018 年第 373 頁。

〔註71〕張弘泓等，《全宋詩》（六十九），北京：北京大學出版社，1999 年版第 43793 ～43794 頁。

小　結

綜上所述，戰國時期商鞅思想的傳播具有流傳範圍廣、以積極評價為主和類型多樣等特點。當然這些流傳特點和商鞅思想本身所具有的特點是分不開的。商鞅思想產生並應用於那個時代，而且從結果看取得了巨大的成功，秦國因此而富國強兵、無敵於天下，故在戰國時期，人們普遍對商鞅思想進行推崇就不足為奇了。

西漢前中期各人對商鞅思想的評價，褒貶各異，立場不一。晁錯等商鞅學說的傳承者自然是以認同為主，賈誼等人多以批判為主。但同是批判，有人是出於儒家立場，有人是出於道家立場，有人立場不是太過明顯，也有人採取較為客觀和務實的態度。各方觀點的差異，事實上反映出漢初思想多家爭鳴並存的生態。但這種多元化的評價在後來逐漸消弭，取而代之的基本是對商鞅思想的全面否定。《鹽鐵論‧非鞅》篇主要是圍繞著商鞅治秦的實際效果、秦國滅亡的是否是商鞅變法造成的、國家擴張的度、商鞅的功業是否應該被肯定、對商鞅之死的評價這五個方面展開的，其中暗含的線索是如何處理國家與人民的矛盾問題。大夫們顯然都是以國家利益為重，故肯定商鞅的功業；文學們則以民生為重，故否定商鞅的功業。《尊道》《論勇》《刑德》《大論》諸篇所涉及的議題，實質上是法家理念與儒家理念之爭，大夫們堅持以法家學說治國，文學們則認為需要以儒學思想來治國，故雙方在是否應該尊道、國家強大的真正所在、用嚴刑峻法還是仁義為本來治國、聖人是否可以否定等議題上分歧巨大。應該說，《鹽鐵輪》時期，是西漢國家政策重點的轉折點，也是商鞅學說在西漢接受的轉折點。

到了魏晉南北朝時期，對商鞅思想的接受，主要以利用和批判為主。劉晝注意到了商鞅之術有富國強兵的功效，但卻認為這是淺薄之術、刻削之法。唐人對商鞅思想的接受，和當時的社會形勢是息息相關的。當唐朝初立，百廢待興，需要富國強兵之術，故魏徵等人肯定了《商君書》中的部分內容，並將其收入《群書治要》中。唐朝中期，國力強盛，國泰民安，故時人總體上對商鞅思想持批判態度。安史之亂後，社會危機叢生，割據勢力強大，中央統治力開始減弱，故韓愈等人轉而肯定商鞅思想。唐代末期，社會動盪，人心思治，賢才失志，故需以商鞅思想為武器，針砭時弊，並抒發懷才不遇之情。故有唐一代，商鞅思想的接受情況，應該經歷了利用、批判到推崇的轉變，這種轉變應該影響到了宋代。

　　宋代，以王安石為代表的變法派，為了改變當時北宋朝廷中冗官、冗兵、冗費的現象，為政治改革營造聲勢，故對商鞅極力進行禮讚的同時，也對其他造成空談的各種思想進行攻訐。故此時的商鞅，更多時候是一種思想上的武器和政治上改革進取、令行禁止和富國強兵的象徵。蘇軾對於商鞅在富國強兵方面的功績並未否定，但是認為其缺點是民眾只知道刑罰，而不見道德；只見利益而不見大義，故致使秦朝滅亡。即把秦國的功過都歸於商鞅一人。當然蘇軾對商鞅的評價並不僅僅是為了總結歷史，而更多的是針對當下王安石等人的變法措施，認為他們只獲得了商鞅的名位，但卻沒有商鞅的功勞。後來蘇軾的門人張耒和陳師道等人都對商鞅進行評價，但基本不能出蘇軾論述之範疇，其中陳師道對商鞅的批判最為激烈，認為商鞅具有「亡秦」「賊民」「賊君」「亡身」四大罪狀。南宋時期基本上對商鞅都處於批判的狀態。應該說在宋代，特別是北宋時期，商鞅思想與時代的關係非常密切。

　　由上可知，商鞅思想的傳播與接受，與商鞅思想本身的特點、社會形勢、社會思潮、個人的思想立場等因素密切相關的。

結　語

　　我們在上文中分別對商鞅的生平、身世、《商君書》各篇的作者、寫作時間、編者、《商君書》的流傳變化、版本源流、思想淵源、重要思想及其發展脈絡、《商君書》中一些思想可能對秦國社會產生的影響、商鞅思想的接受情況、《商君書》中的思想與《老子》思想的區別與聯繫等都作了詳細而系統的探索。這些探索在整體上包括了歷史脈絡的梳理、文獻的整理、思想範疇的界定等方面，具體而言：

　　歷史上對商鞅身世實際存在兩種不同的看法：一種就像司馬遷所說的，商鞅可能是衛之庶孽公子，他生長在衛國，後由衛入魏。另外一種可能就是商鞅是衛國公子之後，故稱衛鞅，他可能出生在魏國，他的父親是公叔痤。商鞅入秦時應該在二十五歲左右，並卒於秦孝公二十四年，享年四十九歲左右。在秦惠王被冊立後，他試圖以告歸的名義逃亡魏國，但因為其屢次對魏用兵和曾欺騙故友魏公子卬而被拒。回到秦國後旋即起兵擊鄭，最後失敗被殺於黽池。至於商鞅離開魏國的原因，《戰國策》的奔亡說應該要比《史記‧商君列傳》的君臣風雲際會說顯得合理。商鞅居秦的經歷也大致是清晰的，商鞅於秦孝公元年由魏國奔亡秦國，並於秦孝公六年獲任命為左庶長，正式開始大規模變法；於秦孝公十年獲任命為大良造，開始第二次變法，直至秦孝公十四年。在第二次變法中，太子和公子虔都可能觸犯了法令，並受到相應的處罰。他還發動了一系列對魏戰爭，並最終擊敗魏國。對魏戰爭結束後，他因功獲封於商。最後，從商鞅個人的情況、秦孝公的個人情況、時代觀念的情況等綜合看，秦孝公應該沒有打算禪位給商鞅的可能。禪位說的產生，可能是當時策士誇張的說法或商鞅政敵散佈的謠言所致。

　　《商君書》的成書情況也是十分複雜的，它不是一時一人之作，應該是歷時性的產物。具體而言，《商君書》中的《墾令》《境內》《農戰》這三篇都應該是商鞅所作。《墾令》篇可能是《墾草令》產生的依據而非說明。《戰法》《立本》《兵守》《開塞》《君臣》《立法》六篇雖然找不到確鑿的證據，但也極有可能是商鞅所作。《更法》《去強》《說民》《弱民》《賞刑》《徠民》《慎法》《外內》這八篇大約成書在商鞅死後到秦昭王之間，其中《更法》篇當為戰國時的史官所作，餘為商鞅後學或當時崇尚商鞅學說的法家者流所作。《算地》《錯法》《壹言》《靳令》《修權》《畫策》《禁使》《定分》這八篇應該是戰國末期至秦始皇統一天下前的作品，其中《定分》篇可能是《商君書》中最晚的作品。而把它們結集成書的，則極有可能是在秦始皇統一六國後開始推行「書同文，車同軌」時官方主導下所為。

　　而對於《商君書》的流傳變化及其版本源流問題，兵權謀家《公孫鞅》與法家《商君》在篇數上差了兩篇，其文本情況也可能有諸多差異，但其中的內容應該絕大部分是重合的，其之所以會被重複著錄，可能是由於兩者的版本不同。「商子」的出現可能和經、子學術的分化以及目錄學中分類方法的變化有關。《商君書》也可能在魏晉南北朝時期或唐初被重新整合。根據一些新材料，我們把它開始缺佚的時間推定為韓愈之後的唐代後期。後來雖然發現了一些似乎是佚文的語句，但它們屬於誤引的可能性較大。從《新序·善謀》篇對《更法》篇的引用看，它們之間還有許多字句上的差異。《商君書》在漢代雖然經過劉向整理，但其內容在後來應該依然有變化，或經過二次整理。通過對《群書治要》本和明代《范氏奇書》本的對比我們發現，其書名、篇目、遣詞造句、文本繁簡到思想側重點等都和後世流傳的版本存在較大的差異。造成這些差異的原因較為複雜，有政治原因、版本原因，同時也有流傳的原因。明代眾多版本大概都不外乎馮覲點評本、綿眇閣本和《范氏奇書》本這三個系統。

　　對於商鞅思想的淵源問題，公叔座思想上的多元氣質和衛國文化中的尚剛強、氣力、權謀、法制，薄恩禮的特點應該影響到了商鞅。早在三家分晉前的晉文公時期，晉國已經展現出崇尚信賞必罰、不避親貴的思想傾向，這種傳統顯然被後來的魏國所繼承。魏國文化應該從魏文侯開始，較為繁榮且具有多元性特點，這個趨勢也應該一直延續到魏惠王前期。而且隨著形勢的發展，傳統迂闊的儒道之學逐漸褪去，適應富國強兵的法、兵、農思想開始崛起，故這種多元化特色，逐漸由兼容並包轉向了以法兵農為主。而商鞅必然受這種文化

特點的影響，這從李克、吳起、公叔痤等人對他的影響就可以知道。應該說，魏國文化中注重法、兵、農才是商鞅一生思想的底色。商鞅思想中最直接、最根本的來源，應該就是魏文侯後的魏國文化。秦孝公、秦穆公及其朝臣、秦國原來的風俗制度都曾對商鞅產生巨大影響。此外，兵家孫武、農家許行、雜家尸子等人也或多或少對商鞅思想產生影響。商鞅學說或許不存在嚴格意義上的「商鞅學派」，但是因為商鞅在秦國的變法實踐獲得了巨大的成功，秦國在車裂商鞅之後事實上也保留了大部分商鞅時期的制度。故實際上商鞅學說在戰國時期廣為流傳，有些理念，如重法、重戰、重農、重功、重公等，或已成為當時社會的某種共識。故當時及以後的眾多人物，都或多或少地受商鞅影響，其中秦國的執政者、官僚和當時的法家後學們應該受影響最大。但文獻中注明專治商鞅之學的，實只有尉繚子一人。

《商君書》中的「君臣」思想是非常複雜的，也是歷時性的，它大概可以分為三個階段，而且每個階段的特點是不同的。具體而言，在商鞅時期，他對「法」非常推崇，認為君對臣的統率應該通過「法」來實現；在對臣下的識別、晉升方面，也要「按功而賞」，反對以「知」和「譽」作為用人的標準；他雖然推尊君主，但也是基於「法治」所帶來的附帶效果，還沒有到達主張「乾綱獨斷」的時候。商鞅死後至秦昭襄王時期，它又非常反對結黨營私，繼續推崇法治，並崇尚刑罰之力。秦昭王死後至秦始皇統一天下時期，首先是各類觀點明顯增多，其思想內涵更為豐富。其次，各種觀點在本階段似乎都達到一種極端的狀態。最後，本階段的許多觀點融合性較強。當然在這眾多觀念中，商學派在整體上較為重視法、公和功的觀念，這些觀念雖然在不同時期被重視的程度是不同的，但其應該是整個商學派「君臣」思想的底色。這些都應該改變了秦國官場的生態，同時也加強了君主權力的集中和獨斷。

《商君書》中有關「壹」的思想異常豐富。從字義上說，它有統一、規範、整合和聚焦等意思。但是《商君書》對「壹」的思想的豐富，主要不是字義上或哲學意義上的發展，而是社會學和政治學上的發展。它在《商君書》中，有國家層面的「壹」，也有民眾層面的「壹」。但民眾層面的「壹」是對國家層面的「壹」的因應。《商君書》中有關「壹」的思想，事實上包含著秦國對政治、經濟、社會和軍事領域全面改革和整頓的要求。它與「一」有著明顯的區別，而且它的涵義應該主要繼承的是「壹」字的古義，同時它可能還對同時代的各家思想有所借鑒，再根據秦國的具體需要不斷發展而來的。

它的精華就在於「搏力」和「殺力」。「搏力」和「殺力」，正是秦制的最鮮明特點。但是這種模式的內部卻蘊含著致命的矛盾，正是這種矛盾，決定了秦國必然由輝煌走向失敗。

《商君書》中的「名」學思想是歷時性的，也有著強烈的社會文化背景。它的內涵是隨著秦國社會的不斷發展而不斷發展完善的。「定分」應該是指對權利、職責、地位、程序和規則的明確和界定。它的每個階段的側重點和變化的程度都是不同的。而且，它在秦國整體上經歷了由被批判、忽視，再到利用和大力提倡的階段。這些變化都和商學派們視野的變化是分不開的。由於現實、態度和視野的不斷變化，故促進了「名」學思想與法家思想的合流，最終使「定分」思想獲得了與「法」同等重要的位置。《商君書》中的「名」學思想事實上是一把雙刃劍，它既能給秦國社會帶來效率的提高、權力的集中和加強，也會導致統治者和社會、個人的緊張關係。最終，其興也名分，其亡也名分。

戰國時期商鞅思想的傳播具有流傳範圍廣、評價較為積極等特點。兩漢時期，商鞅學說在漢初一直有傳承，秦漢之際的代表是軹張恢先，漢初是宋孟、劉禮、晁錯等人，後來其逐漸流於酷吏一路。賈誼對商鞅的評價主要基於兩點：一是取天下時與守天下時的形勢不同。二是以儒家的仁義之說來評價商鞅的思想。《淮南子》是主要站在道家的立場來指責商鞅的思想行為。司馬遷主要著眼於商鞅刻薄少恩的行為。《新序論》中首先是對商鞅平生功業的評價。再次，劉歆指出商鞅對外背恩負義，故諸侯不親信；對內嚴刑峻法，故積仇如山。最後，劉歆對商鞅最終被車裂的結果表示異議，並指出了商鞅之道改進的路徑。《鹽鐵論·非鞅》篇主要是圍繞著商鞅治秦的實際效果、秦國滅亡的是否是商鞅變法造成的、國家擴張的度、商鞅的功業是否應該被肯定、對商鞅之死的評價這五個方面展開的，其中暗含的線索是如何處理國家與人民的矛盾問題。《尊道》《論勇》《刑德》《大論》諸篇所涉及的議題，實質上是法家理念與儒家理念之爭。應該說，《鹽鐵輪》時期是商鞅學說在西漢接受的轉折點。到了魏晉南北朝時期，劉晝注意到了商鞅之術有富國強兵的功效，但卻認為這是淺薄之術、刻削之法。唐人對商鞅思想的接受和當時的社會形勢是息息相關的。唐朝初期，魏徵等人肯定了《商君書》中的部分內容，並將其收入《群書治要》中。唐朝中期，時人總體上對商鞅思想持批判態度。安史之亂後，韓愈等人轉而肯定商鞅思想。唐代末期，時人以商鞅思

想為武器，針砭時弊，並抒發懷才不遇之情。宋代，以王安石為代表的變法派，對商鞅極力進行禮讚的同時，也對其他造成空談的各種思想進行攻訐。蘇軾對於商鞅在富國強兵方面的功績並未否定，但是認為其缺點是民眾只知道刑罰，而不見道德；只見利益而不見大義，故致使秦朝滅亡。後來蘇軾的門人張耒和陳師道等人都對商鞅進行評價，但基本不能出蘇軾論述之範疇，其中陳師道對商鞅的批判最為激烈，認為商鞅具有「亡秦」「賊民」「賊君」「亡身」四大罪狀。南宋時期基本上對商鞅都處於批判的狀態。

　　以上大概就是本文論述的主要問題和內容。總體而言，本文是對《商君書》及其相關問題的一次較為系統和詳細的梳理。當然，在這個過程中，既有對過往優秀成果和方法的繼承，也有許多創新的嘗試。例如在材料的搜集上，力求在論述的範圍內比前人搜集得更為詳細和全面。在方法視野上，也力求比前人更為開闊，如在商鞅思想淵源的考察上，更多地結合商鞅本人的具體人生歷程來考察，而非侷限於某位思想家的影響；在第五章中，又力求將文獻、歷史和思想的發展綜合起來考察，而非單純的範疇界定等等。在許多具體問題上，也力求在尊重歷史與邏輯的基礎的前提下作出更為合理的解釋，這種思想應該是貫穿本文全篇的。但是限於篇幅和時間，本文還有許多方面未來得及展開，比如對《商君書》思想淵源的考察，應該考慮得更為周詳；關於《商君書》思想對秦國社會的影響，也應該考察得更為系統；對《商君書》對法家學說、諸子學說的考察，也應該更為系統和深入；在學科視野的選擇上應該更為多維和綜合，等等。所有這些，只有等待筆者有充裕的時間或後來者來完成了。

參考文獻

一、與《商君書》直接相關的著作材料

唐

1. 魏徵，《商君子治要》，《群書治要》，唐貞觀五年。
2. 馬總，《商君書要語》，《意林》，唐貞元二年。

明

3. 鄭子龍，《商子批點》，《十二子》本。
4. 馮覲，《商子點評》，明刊本，明嘉靖三十八年。
5. 范欽，《商子訂正》，《奇書二十種》，明嘉靖年間。
6. 程榮，《商子校》，明刊本，明萬曆二十年。
7. 馮夢楨，《校商子》，《先秦子合編》，明萬曆三十年。
8. 歸有光，《商子評點》，《諸子匯函》，明天啟五年。
9. 顧起元，《商子評釋》，朝爽閣刊本，明天啟年。
10. 汪定國，《商子褒異》，明刊本，明天啟年間。

清

11. 陳夢雷，《商子匯考》，《古今圖書集成》，清雍正四年。
12. 嚴可均，《商君書新校正》，清刊本，清乾隆五十八年。
13. 孫星衍，《校商子》，《問經堂叢書》，清嘉慶七年。
14. 錢熙祚，《商子校訂》，錢氏刊《指海》，清道光十九年。
15. 孫星衍，《商子平議》，《諸子平議》，清同治九年。

16. 陶鴻慶，《讀商君書劄記》，《讀諸子扎記》，中華書局，1959 年。

17. 孫冶讓，《商子札迻》，《札迻》，清光緒年間。

18. 胡玉縉，《商君書校正》，見《子藏・法家類・商君書》。

19. 文廷式，《商君書枝語》，見《子藏・法家類・商君書》。

20. 王仁俊，《商君書表微》《商君書表微考證》，見《子藏・法家類・商君書》。

21. 姚煥，《商子解詁》，見《子藏・法家類・商君書》。

22. 于鬯，《商君書校書》《香草續校書》，見《子藏・法家類・商君書》。

近現代

23. 梁啟超主編，《中國六大政治家（第二編）》，廣智書局，1910 年版。

24. 王時潤，《商君書集解》，湖南南華法政學堂，1915 年版。

25. 王時潤，《商君書斠詮》，見《子藏・法家類・商君書》。

26. 麥夢華，《商君評傳》，《諸子集成》，見《子藏・法家類・商君書》。

27. 尹桐陽，《商子書新釋》，1918 年，見《子藏・法家類・商君書》。

28. 張之純，《評注商子菁華錄》，上海商務印書館，1918 年版。

29. 胡韞玉，《商君學說》，《國學彙編》，1923 年版。

30. 支偉成，《商君書之研究》，上海泰東圖書局 1927 年版。

31. 劉咸炘，《商鞅書疏》，《子疏》，1929 年版。

32. 陳啟天，《商鞅評傳》，上海商務印書館，1935 年版。

33. 陳啟天，《商君書校釋》，上海商務印書館，1935 年版。

34. 嚴萬里，《商君書》，上海商務印書館，1937 年版。

35. 朱師轍，《商君書解詁定本》，廣州國立中山大學，1948 年版。

36. 羅根澤，《商君書探源》，《諸子考索》，人民出版社，1958 年版。

37. 王心湛，《商君書集解》，上海廣益書局，見《子藏・法家類・商君書》。

38. 楊樹達，《讀商君書記》，《積微居讀書記》，中華書局，1962 年版。

39. 嚴可均，《商君書校》（《諸子集成》本），上海書店出版社 1986 年影印本

40. 嚴可均，《商君書新校正》，《續修四庫全書》影印本。

41. 蔣禮鴻，《商君書錐指》（《新編諸子集成》本），中華書局 1986 年版。

42. 陶鴻慶，《讀商君書劄記》，見《讀諸子扎記》，浙江人民出版社 1998 年版。

43. 蒙季甫，《商君書說民弱民為解說去強篇刊正記》（見《商君書錐指》附錄二）。

44. 王叔岷，《商君書斠補》，見《諸子斠補》，世界書局，2009 年版。

45. 楊寬，《商鞅變法》，上海人民出版社 1955 年版。

46. 簡書，《商君書箋正》，臺北廣文書局 1975 年版。

47. 楊鶴皋，《商鞅的法律思想》，群眾出版社 1987 年版。

48. 高亨，《商君書注譯》（含《商君書新箋》），中華書局 1974 年版。

49. 高亨，《商鞅與商君書的批判》（收入《文史述林》），中華書局 1980 年版。

50. 周勳初，《論商鞅》（收《韓非子扎記》內），江蘇人民出版社 1980 年版。

51. 章詩同，《商君書》，上海人民出版社 1974 年版。

52. 蔣禮鴻，《商君書錐指》，北京：中華書局，1986 年版。

53. 艾力農，《商鞅》，見辛冠傑編《中國古代著名哲學家評傳（一）》，齊魯書社 1980 年版。

54. 賀凌虛，《商君書今注今譯》，臺北：臺灣商務印書館，1987 年版。

55. 李存山，《商鞅評傳》，廣西教育出版社 1997 年。

56. 鄭良樹，《商鞅及其學派》，上海古籍出版社 1989 年版。

57. 鄭良樹，《商鞅評傳》，南京大學出版社 1998 年。

58. 容肇祖，《商君書考證》，見《容肇祖全集》，齊魯書社，2013 年。

59. 張祥林，《商君書的成書與思想研究》，人民出版社，2008 年。

60. 張覺，《商君書校疏》，知識產權出版社，2012 年。

61. 石磊，《商君書》，中華書局，2011 年。

62. 黃紹梅，《商鞅反人文觀研究》，臺北：花木蘭文化出版社，2010 年版。

63. 仝衛敏，《出土文獻與〈商君書〉綜合研究》，花木蘭文化出版社，2013 年。

64. 周立昇，《商子匯校匯注》，鳳凰出版社，2017 年 10 月第 1 版。

65. 周曉露，《商君書譯注》，上海：上海三聯書店，2014 年版。

66. 《子藏·法家類·商君書》（1～9），北京：國家圖書館出版社，2015 年版。

67. 饒宗頤主編、梁萬如導讀及譯注，《商君書》，北京：中信出版社，2017 年版。

二、其他相關的著作

1. 宋濂，《諸子辨》，樸社出版社 1926 年版。

2. 梁啟超，《古書真偽及其年代》，《梁啟超全集》，1927 年版。

3. 梁啟超，《漢書藝文志考釋》，《飲冰室專集》，中華書局 1936 年版。

4. 《二十五史補編》，上海：開明書店版，1937 年版。

5. 孫德謙，《漢書藝文志舉例》，《二十五史補編》第二冊，開明書店版 1937 年版。

6. 姚振宗，《漢書藝文志條理》，《二十五史補編》第二冊，開明書店版 1937 年版。

7. 蔣伯潛，《諸子學纂要》，正中書局，1947 年版。

8. 王叔岷，《諸子斠證‧商君書斠補》，北京：中華書局，1954 年版。

9. 楊寬，《商鞅變法》，上海：上海人民出版社，1955 年版。

10. 俞樾等，《古書疑義舉例五種》，北京：中華書局，1956 年版。

11. 張心澂，《偽書通考》，商務印書館，1957 年版。

12. 羅根澤，《諸子考索》，北京：人民出版社，1958 年版。

13. 黃雲眉，《古今偽書考補正》，濟南：山東人民出版社，1959 年版。

14. 永瑢等，《四庫全書總目》（卷 101），北京：中華書局，1960 年版。

15. 馮友蘭，《中國哲學史》，中華書局 1961 年版。

16. 班固，《漢書》，北京：中華書局，1962 年版。

17. 楊樹達，《積微居讀書記》，北京：中華書局，1962 年版。

18. 姚際恒，《古今偽書考》，《中國目錄學名著》（第一集第五冊），上海：世界書局，1967 年版。

19. 唐房玄齡等，《晉書》（五），北京：中華書局，1974 年版。

20. 魏收撰，《魏書》（八），北京：中華書局，1974 年版。

21. 翦伯贊，《中國史綱要》，北京：人民出版社，1979 年版第 75 頁。

22. 黃雲眉，《古今偽書考補正》，齊魯書社 1980 年版。

23. 楊寬，《戰國史》，上海：上海人民出版社，1980 年版第 193 頁。

24. 齊思和，《中國史探研》，中華書局 1981 年版。

25. 林劍鳴，《秦史稿》，上海人民出版社 1981 年版。

26. 許慎撰，清段玉裁注，《說文解字注》，上海：上海古籍出版社，1981 年版。

27. 林劍鳴，《秦史稿》，上海：上海人民出版社，1981 年版。

28. 魏徵，《群書治要》，《宛委別藏叢書》第 76 冊，臺灣商務印書館 1981 年版。

29. 楊伯峻，《春秋左傳注》（二），北京：中華書局，1981 年版。

30. 祝瑞開，《先秦社會和諸子思想新探》，福州：福建人民出版社，1981 年版。

31. 馬非百，《秦集史》，北京：中華書局，1982 年版。

32. 饒宗頤，《秦出土文獻編年》，三秦出版社，1983 年版。

33. 朱熹撰，《四書章句集注》，北京：中華書局，1983 年版。

34. 馮友蘭，《中國哲學史新編》（第一、二冊），人民出版社 1984 年版。

35. 鄭良樹，《續偽書通考》，學生書局，1984 年版。

36. 高似孫，《子略》，北京：中華書局 1985 年版。

37. 徐鍇，《說文解字繫傳》，中華書局 1985 年版。

38. 李鐘聲，《中華法系》，臺北：華欣文化事業中心，1986 年版。

39. 蒙文通，《古學甄微》，巴蜀書社 1987 年版。

40. 顧實，《漢書藝文志講疏》，上海古籍出版社 1987 年版。

41. 王先謙撰，沈嘯寰、王星賢點校，《荀子集解》（下），北京：中華書局，1988 年版。

42. 劉文典撰，馮逸、喬華點校，《淮南鴻烈集解》，北京：中華書局，1989 年版。

43. 何建章注釋，《戰國策注釋》，北京：中華書局，1990 年版。

44. 馬國翰，《玉函山房輯佚書》，上海古籍出版社，1990 年版。

45. 何建章，《戰國策注釋》北京：中華書局，1990 年版。

46. 馬總，《意林》，北京：中華書局 1991 年版。

47. 呂思勉，《先秦學術概論》，上海書店出版社，1992 年版。

48. 桓寬撰，王利器校注，《鹽鐵論校注》，北京：中華書局，1992 年版。

49. 王叔岷，《先秦道法思想講稿》，臺北：中央研究院中國文哲研究所，1992 年版。

50. 徐富昌，《睡虎地秦簡研究》，臺北：文史哲出版社，1995 年版。

51. 《四庫全書存目叢書‧子部（第一二六冊）‧諸子匯函》，齊魯書社，1995 年版。

52. 胡適，《中國哲學史大綱》，東方出版社，1996 年版。

53. 朱彬撰，饒欽農點校，《禮記訓纂》，北京：中華書局，1996 年版。

54. 《十三經注疏》（下），上海：上海古籍出版社，1997 年版。

55. 杜預，《春秋左傳集解·定公四年》，上海人民出版社，1977 年版。

56. 胡適，《中國哲學史大綱》，上海：上海古籍出版社，1997 年版。

57. 張烈主編，《漢書注譯·傳》（三），海口市：南方出版社，1997 年版。

58. 楊鴻烈，《中國法律思想史》，北京：商務印書館，1998 年版。

59. 白奚，《稷下學研究——中國古代的思想自由與百家爭鳴》，北京：生活·讀書·新知三聯書店，1998 年版。

60. 王先慎撰，鍾哲點校，《韓非子集解》，北京：中華書局，1998 年版。

61. 《新編諸子集成系列》，北京：中華書局，1999 年版。

62. 黃展岳，《先秦兩漢考古與文化》，允晨文化實業股份有限公司，1999 年版。

63. 張弘泓等，《全宋詩》（四），北京：北京大學出版社，1999 年版。

64. 周勳初，《周勳初文集》，江蘇古籍出版社，2000 年版。

65. 劉澤華，《中國的王權主義——傳統社會與思想特點考察》，上海：上海人民出版社，2000 年版。

66. 孫冶讓撰，孫啟治點校，《墨子閒詁》（上），北京：中華書局，2001 年版。

67. 胡適，《中國哲學史大綱》，河北教育出版社 2002 年版。

68. 羅永麟，《先秦諸子與民間文化》，黑龍江人民出版社，2003 年版。

69. 張舜徽，《漢書藝文志通釋》，華東師範大學出版社，2004 年版。

70. 許嘉璐等，《晉書》，漢語大詞典出版社，2004 年版。

71. 房喬，《晉書》，《百納本二十四史》第 5 冊，臺灣商務印書館 2014 年版。

72. 呂思勉，《先秦史》，上海古籍出版社，2005 年版。

73. 杜牧，《樊川集》，《文津閣四庫全書·集部·別集類》，商務印書館，2005 年版。

74. 杜牧，《文津閣四庫全書·集部·別集類·樊川集》，上海：商務印書館，2005 年版。

75. 韓愈，廖瑩中注，徐時泰編，《東雅堂昌黎集注》卷六，《文津閣四庫全書·集部·別集類》，商務印書館，2005 年版。

76. 洪邁，《容齋隨筆》，北京：中華書局，2005 年版。

77. 胡應麟，《少室山房筆叢》，《文津閣四庫全書·集部·別集類》，商務印書館 2005 年版。

78. 黃震，《黃氏日抄·卷五十五》，《文津閣四庫全書·子部·儒家類》，上海：商務印書館，2005 年版。

79. 李商隱，徐炯箋注，《李義山文集箋注》，《文津閣四庫全書‧集部‧別集類》，商務印書館 2005 年版。

80. 李學勤，《李學勤文集》，上海：上海辭書出版社，2005 年版。

81. 晁公武，姚應績編，《藝芸書舍本郡齋讀書志》，《宋元明清書目題跋叢刊》（二）中華書局 2006 年版。

82. 晁瑮，《晁氏寶文堂書目》，《宋元明清書目題跋叢刊》（四），中華書局 2006 年版。

83. 陳第，《世善堂藏書目錄》，《宋元明清書目題跋叢刊》（五），中華書局 2006 年版。

84. 陳騤等，趙士煒輯考，《中興館閣書目輯考》，《宋元明清書目題跋叢刊》（一），中華書局 2006 年。

85. 陳振孫，《直齋書錄解題》，《宋元明清書目題跋叢刊》（一），中華書局 2006 年版。

86. 丁丙，《善本書室藏書志》，《宋元明清書目題跋叢刊》（九），中華書局 2006 年版。

87. 焦竑撰，《國史經籍志》，《宋元明清書目題跋叢刊》（五），中華書局 2006 年版。

88. 陸心源，《皕宋樓藏書志》，《宋元明清書目題跋叢刊》（五），中華書局 2006 年版。

89. 馬端臨，《文獻通考》，《宋元明清書目題跋叢刊》（三），北京：中華書局，2006 年版。

90. 馬國翰，《玉函山房藏書簿錄》，《宋元明清書目題跋叢刊》（十五），中華書局 2006 年版。

91. 繆荃孫，《藝風藏書續記》，《宋元明清書目題跋叢刊》（十四），中華書局 2006 年版。

92. 祈承㸁，《澹生堂藏書目》，《宋元明清書目題跋叢刊》（五），中華書局 2006 年版。

93. 錢溥錄，《秘閣書目》，《宋元明清書目題跋叢刊》（四），中華書局 2006 年版。

94. 清馬國翰，《玉函山房藏書簿錄‧卷一二子編法家類》，《宋元明清書目題跋叢刊》（十八），北京：中華書局，2006 年版。

95. 瞿鏞，《鐵琴銅劍樓藏書目錄》，《宋元明清書目題跋叢刊》（十），中華書局 2006 年版。

96. 沈德壽，《抱經樓藏書志》，《宋元明清書目題跋叢刊》（十二），中華書局 2006 年版。

97. 王道口，《笠澤堂書目》，《宋元明清書目題跋叢刊》（五），中華書局 2006 年版。

98. 王堯臣等撰，錢東垣等輯釋，《崇文總目》，《宋元明清書目題跋叢刊》（一），中華書局 2006 年版。

99. 徐𤊹，《徐氏家藏書目》，《宋元明清書目題跋叢刊》（五），中華書局 2006 年版。

100. 楊士奇等，《文淵閣書目》，《宋元明清書目題跋叢刊》（四），中華書局 2006 年版。

101. 尤袤，《遂初堂書目》，《宋元明清書目題跋叢刊》（一），中華書局 2006 年版。

102. 趙琦美，《脈望館書目》，《宋元明清書目題跋叢刊》（四），中華書局 2006 年版。

103. 周中孚，《鄭堂讀書記補逸》《宋元明清書目題跋叢刊》（十五），中華書局 2006 年版。

104. 朱睦㮮，《萬卷堂書目》，《宋元明清書目題跋叢刊》（四），中華書局 2006 年版。

105. 陳煒舜，《歸有光編〈玉虛子〉辨偽》，《漢學研究》，2006 年第 24 卷第 2 期。

106. 羅焌，《諸子學述》，上海：華東師範大學出版社，2008 年版。

107. 李蓓，《增訂劉子校注》，成都：巴蜀書社，2008 年版。

108. 張林祥，《〈商君書〉的成書與思想研究》，北京：人民出版社，2008 年版。

109. 諸祖耿，《戰國策集注匯考》（上），南京：鳳凰出版社，2008 年版。

110. 林曉平，《先秦諸子與史學》，中國社會科學出版社，2009 年版。

111. 夏增民，《先秦秦漢政治價值觀研究》，北京：人民出版社，2019 年版。

112. 許維遹撰，梁運華整理，《呂氏春秋集釋》（上），北京：中華書局，2009 年版。

113. 《里約秦簡》，文物出版社，2010 年版。

114. 梁啟超，《先秦政治思想史》，嶽麓書社，2010 年版。

115. 韓愈撰，劉真倫、岳珍校注，《韓愈文集匯校箋注》（二），北京：中華書局，2010 年版。

116. 王承略，劉心明，《二十五史藝文經籍志考補萃編》，清華大學出版社，2011 年版。

117. 郭象注，唐成玄英疏，《莊子注疏》，北京：中華書局，2011 年版。

118. 漢司馬遷撰，《史記》，北京：中華書局，2011 年版。

119. 姜國柱，《中國思想通史（先秦卷）》，武漢：武漢大學出版社，2011 年版。

120. 王弼注，樓宇烈校釋，《老子道德經注》，北京：中華書局，2011 年版。

121. 陳澧，《東塾讀書記》，中西書局，2012 年版。

122. 郭沫若，《十批判書》，人民出版社，2012 年版。

123. 梁啟超，《梁啟超論中國法制史》，北京：商務印書館，2012 年版。

124. 李民，王健撰，《尚書譯注》，上海：上海古籍出版社，2012 年版。

125. 張覺，《商君書校疏》，北京：知識產權出版社，2012 年版。

126. 洪燕梅，《出土秦簡牘文化研究》，文津出版社，2013 年版。

127. 韓愈，朱熹考異，王伯大音釋，《朱文公校昌黎先生文集四十卷外集一卷傳一卷》，《原國立北平圖書館甲庫善本叢書》第 652 冊，國家圖書館出版社 2013 年版。

128. 仝衛敏，《出土文獻與〈商君書〉的綜合研究》，新北市：花木蘭文化出版社，2013 年版。

129. 王先謙，《荀子集解》，中華書局，2013 年版，第 656 頁。

130. 顧實，《重考古今偽書考》，陝西人民出版社，2014 年版。

131. 董英哲，《先秦名家四子研究》，上海古籍出版社，2014 年版。

132. 王輝，王偉編，《秦出土文獻編年補訂》，三秦出版社，2014 年版。

133. 陳壽，《三國志》，《百納本二十四史》第 4 冊，臺灣商務印書館 2014 年版。

134. 劉昫等，《舊唐書》，《百納本二十四史》第 16 冊，臺灣商務印書館 2014 年版。

135. 劉澤華，《中國政治思想史集》，北京：中國人民大學出版社，2014 年版。

136. 歐陽修等，《新唐書》，《百納本二十四史》第 17 冊，臺灣商務印書館 2014 年版。

137. 脫脫等，《宋史》，《百納本二十四史》第 20 冊，臺灣商務印書館，2014年版。

138. 魏徵，《百納本二十四史·隋書》（第 13 冊），臺北：臺灣商務印書館，2014 年版。

139. 魏徵等，《隋書》，《百納本二十四史》（第 13 冊），臺灣商務印書館，2014年版。

140. 蕭滌非主編，張忠綱終審統稿，《杜甫全集校注》（五），北京：人民文學出版社，2014 年版。

141. 楊伯峻，《春秋左傳注》，北京：中華書局，2015 年版。

142. 徐元浩，《國語集解》，北京：中華書局，2015 年版。

143. 洪邁，《容齋隨筆》，上海古籍出版社，2015 年版。

144. 郭齊勇，吳根友，《諸子學通論》，商務印書館，2015 年版。

145. 錢穆，《先秦諸子繫年》，北京，商務印書館，2015 年版。

146. 孫猛，《日本國見在書目詳考》（中），上海古籍出版社 2015 年版。

147. 《嬴秦溯源·秦文化特展》，故宮博物院，2016 年版。

148. 張師偉，《中國傳統政治哲學的邏輯演繹》，天津：天津人民出版社，2016年版。

149. 張維新，《中國古代法制史學史研究──以歷代古籍為中心》，天津：天津人民出版社，2016 年版。

150. 李平，《「法家」新識：道法、儒法與王法》，九州出版社，2017 年版。

151. 曹峰，《中國古代「名」的政治思想研究》，上海古籍出版社，2017 年版。

152. 劉向著，趙仲邑注，《新序詳注》，北京：中華書局，2017 年版。

153. 詹大和等撰，戎默、蘇賢整理，《王安石全集》，上海：復旦大學出版社，2017 年版。

154. 程翔評注，《說苑》，北京：商務印書館，2018 年版。

155. 黃雲眉，《古今偽書考補正》，商務印書館，2019 年版。

156. 劉汝霖，《周秦諸子考》，文化學社，1929 年版。

157. 汪中撰，《舊學蓄疑》，文海出版社，1983 年版。

158. 呂思勉，《先秦學術概論》，中國大百科全書出版社，1985 年版。

159. 蔣伯潛，《諸子通考》，杭州：浙江古籍出版社，1985 年版。

160. 蒙文通，《蒙文通文集·古學甄微》，成都：巴蜀書社，1987 年版。

161. 王叔岷，《先秦道法思想講稿》，北京：中華書局，1992 年版。

162. 呂思勉，《經子解題》，華東師大出版社，1995 年版。

163. 何寧撰，《淮南子集釋》，北京：中華書局，1998 年版。

164. 荊門博物館（編），《楚墓竹簡》，北京：文物出版社，1998 年版。

165. 勞思光，《新編中國哲學史》，北京：生活・讀書・新知三聯書店，2015 年。

166. 呂思勉，《呂思勉講歷史・先秦史》，北京：中國工人出版社，2015 年版。

三、論文類（按發表時間）

1. 羅根澤，《晚周諸子反古考》，《師大月刊》，第 22 期 1935 年 10 月

2. 蒙季甫，《商君書說民弱民篇為解說去強篇刊正記》，《圖書集刊》，1942 年 3 月第一輯。

3. 齊思和，《商鞅變法考》，《燕京學報》，1947 年第三十三期。

4. 熊公哲，《〈商君書〉真偽辨》，《政治大學學報》，1964 年 5 月。

5. 高亨，《〈商君書・墾令〉注譯》，《文史哲》，1974 年 3 月。

6. 詹秀惠，《釋〈商君書〉並論其真偽》，《淡江學報》，1974 年 12 月。

7. 齊新，《評商鞅的「開塞論」——讀〈商君書〉箚記》，《文史哲》，1975 年 3 月。

8. 牛致功，《試釋戰國時期的「山東」——讀〈商君書・徠民〉》，《陝西師大學報（哲學社會科學版)》，1975 年 12 月。

9. 楊春霖，《讀〈商君書〉箚記》，《西北大學學報（哲學社會科學版)》，1977 年 4 月。

10. 楊春霖，《讀〈商君書〉箚記（續完)》，《西北大學學報（哲學社會科學版)》，1977 年 12 月。

11. 彭鐸，《〈商君書〉箚記》，《西北師大學報（哲學社會科學版)》，1978 年 6 月。

12. 徐勇，《〈商君書・徠民〉篇的成書時代和作者蠡測》，《松遼學刊》（社會科學版)，1991 年第 2 期。

13. 施家珍，《儒法學說的比較——兼論商鞅變法中的鬥爭並非儒法鬥爭》，《孔子研究》，1993 年 4 月。

14. 晁福林，《商鞅史事考》，《中國史研究》，1994 年第 3 期。

15. 晁福林，《商鞅變法史事考》，《人文雜誌》，1994 年第 4 期。

16. 李存山，《〈商君書〉與漢代尊儒——兼論商鞅及其學派與儒學的衝突》，《中國社會科學院研究生院學報》，1998 年 1 月。

17. 張岱年，《張岱年先生談荊門郭店楚簡〈老子〉》，《道家文化研究》，1998 年，第十七輯。

18. 許杭生，《再讀郭店楚簡〈老子〉》，《中州學刊》，2000 年第 3 期。

19. 王健，《法家事功思想初探——以〈商君書〉〈韓非子〉為中心》，《史學月刊》，2001 年 12 月。

20. 李傑群，《〈商君書〉的人稱代詞》，《甘肅廣播電視大學學報》，2002 年 9 朋。

21. 李傑群，《〈商君書〉的時間副詞》，《湖南廣播電視大學學報》，2002 年 12 月。

22. 易江波，《法家式的「在數目字上的管理」——析〈商君書〉的「數」治的思想》，《理論月刊》，2003 年 3 月。

23. 杜麗榮，《〈商君書〉語詞雜考》，《山東大學學報》，2004 年 4 月。

24. 孟彥弘，《秦漢法典體系的演變》，《歷史研究》，2005 年第 3 期

25. 王丹，王國文，《試論〈商君書〉關於選任官吏的思想》，《樂山師範學院學報》，2005 年 4 月。

26. 杜麗榮，《〈商君書〉複音實詞研究續補》，《西南民族大學學報·人文社科版》，2005 年 12 月。

27. 張林祥，《20 世紀〈商君書〉研究述評》，《甘肅廣播電視大學學報》，2006 年 9 月。

28. 張林祥，《〈商君書·開塞篇〉發微》，《中國典籍與文化》，2006 年 12 月。

29. 李亞光，《〈呂氏春秋〉與〈商君書〉重農思想比較研究》，《長春師範學院學報（人文社會科學版）》，2007 年 11 月。

30. 張林祥，《〈商君書〉的成書與命名考辨》，《古籍整理學刊》，2007 年 3 月。

31. 歐陽鳳蓮，《〈商君書·徠民〉篇的移民思想及其實踐》，《史學月刊》，2008 年 6 月。

32. 仝衛敏，《〈商君書·徠民〉篇的移民思想及其實踐》，《史學史研究》，2008 年 3 月。

33. 黃文娟，《先秦法家法治思想的衍變——以〈管子〉〈商君書〉和〈韓非

子〉為中心》，《管子學刊》，2008 年 3 月。

34. 歐陽鳳蓮，《〈商君書〉戶籍管理思想與秦國戶籍管理制度》，《古代文明》，2009 年 4 月。

35. 孫向軍，《〈商君書〉的形成與流傳》，《安徽文學》，2010 年 3 月。

36. 仝衛敏，《〈商君書‧更法篇〉成書芻議》，《東北師大學報（哲學社會科學版）》，2010 年 5 月。

37. 劉豔菲，《〈商君書〉中的否定副詞「不」初探》，《語文學刊》，2010 年 9 月。

38. 趙玉卓，《改革開放以來〈商君書〉研究綜述》，《太原城市職業技術學院學報》，2010 年 1 月。

39. 黃玉順，《仁愛以制禮，正義以變法——從〈商君書〉看法家的儒家思想淵源及其變異》，《哲學動態》，2010 年 5 月。

40. 張錚，《荀子與商鞅學派研究》，《北方論叢》，2010 年 1 月。

41. 侯長安，《〈商君書〉君本位下的經濟攫取方略》，《浙江工商大學學報》，2010 年 3 月。

42. 仝衛敏，《〈商君書墾令〉篇發微》，《歷史文獻研究》，2011 年 6 月。

43. 葉鵬煌，《〈商君書〉中人的形象與人的規制》，《中山大學研究生學刊（社會科學版）》，2011 年 4 月。

44. 周懷宇，朱華，《論〈管子〉與〈商君書〉法治思想的異同》，《安徽省管子研究會 2011 年年會暨全國第六屆管子學術研討會交流論文集》，2011 年 5 月。

45. 馬騰，《論先秦儒法融通思想——以「轉關人物」為中心》，《大連海事大學學報（社會科學版）》，2011 年 4 月。

46. 劉錚，《商鞅厚賞重刑的法經濟學分析》，《大官週刊》，2011 年 5 月。

47. 張覺，《〈商君書〉明刻本考述》，《諸子學刊》，2012 年 10 月。

48. 高華平，《論先秦法家及楚國法家思想的歷史演變》，《中山大學學報（社會科學版）》2013 年第 6 期。

49. 曹勤，秦濤，《〈商君書‧墾令〉與秦簡比勘研究》，《法論（西南政法大學研究生學報）》，2015 年 1 月。

50. 曹峰，《作為一種政治思想的「形名」論、「正名」論、「名實」論》，《社會科學》，2015 年第 12 期。

51. 王中江，《早期道家「一」的思想的展開及其形態》，《哲學研究》，2017年第7期。

52. 張建會，王雲鵬，《〈商君書〉的「民本」思想體系》，《洛陽師範學院學報》，2017年9月。

53. 劉敏，《〈商君書・境內篇〉會注會疏考譯》，《秦漢研究》，2017年9月。

54. 曹興江，《禮法相養以為用——兼議荀子與商鞅、韓非的異同》，《南昌工程學院學報》，2017年10月。

55. 李銳，《再論商韓人性論》，《江淮論壇》，2017年3月。

56. 王威威，《從戰國子書看黃帝治道——以〈商君書〉〈管子〉〈莊子〉〈呂氏春秋〉為中心》，《國學學刊》，2018年1月。

57. 柴永昌，《商鞅的廉政思想及其悖論》，《廉政文化研究》，2018年2月。

58. 喻中，《經史之間：蒙文通對法家的闡釋》，《文史哲》，2018年4月。

59. 郭鵬飛，蔡挺，《讀俞樾〈諸子平議・商君書〉記》，《人文中國學報》，2018年6月。

60. 胡波，《〈商君書〉「誅而不怒」釋義》，《漢字文化》，2018年8月。

61. 夏毅輝，《商鞅的學術知識考辯——兼論雜家學術與秦國崛起的關係》，《貴州社會科學》，2018年7月。

62. 黃效，《再論〈中庸〉的成書及作者問題》，《先秦諸子研究論文集》，南京：鳳凰出版社，2018年版。

63. 林聰舜，《〈史記・商君列傳〉中的儒法糾葛》，《信陽師範學院學報（哲學社會科學版)》，2019年1月。

64. 胡波，《〈商君書〉疑義考釋兩則》，《漢字文化》，2019年1月。

65. 魏明康，萬高潮，《先秦儒家與法家比較三題》，《南昌師範學院學報（社會科學)》，2019年2月。

66. 高華平，《先秦〈老子〉文本的演變——由〈韓非子〉等戰國著作中的〈老子〉引文來考察》，《中州學刊》，2019年10月。

67. 高華平，《商鞅及早期法家的學術批評——以〈商君書〉與先秦諸子思想的關係為中心》，《暨南學報（哲學社會科學版)》，2020年第六期。

68. 黃效，《商君書源流考》，《暨南大學學報（哲學社會科學版)》，2020年第六期。

69. 賈馬燕，《商鞅思想來源探析》，《西安文理學院學報（社會科學版)》，2020

年 10 月。

70. 黃效,《商君書各篇的作者、寫作時間及其成書考》,《管子學刊》,2021
年第一期。

四、外文文獻

1. A. Ivanov. Materialy po kitajskoj, filosofii, vvedenie škola fa（1912）, p. XV.

2. H. Maspero. La Chine antique（1927）, pp. 520～1.

3. Jan J.-L. Duyvendak（戴聞達）.《The Book of Lord Shang: A Classic of the
Chinese School of Law》. London: Probsthain, 1928; 再版 Chicago:
University of Chicago Press, 1963.

4. 1969.Joseph J. Spengler.《Kauṭilya, Plato, Lord Shang: Comparative Political
Economy》. Proceedings of the American Philosophical Society, Vol. 113, No.
6 .Dec. 15, 1969.

5. Paul R. Goldin, Dao Companion to the Philosophy of Han Fei, Springer, 2013.

6. Herrlee G. Creel , Shen Pu-hai: A Chinese Political Philosopher of The Fourth
Century B.C. Harvard Journal of Asiatic Studies, Vol. 36（1976）, pp. 258～
269.

7. Yuri Pines, From Historical Evolution to the End of History: Past, Present and
Future from Shang Yang to the First Emperor, Dao Companion to the
Philosophy of Han Fei, Springer, 2013。

8. Yuri Pines, Alienating Rhetoric in the Book of Lord Shang and its Moderation,
Extrême-Orient, Extrême-Occident, 34-2012.

9. Don Handelman, Cultural Taxonomy and Bureaucracy in Ancient China: The
Book of Lord Shang, International Journal of Politics, Culture and Society,
VoL 9, No. 2, 1995.

10. 1981.Jean Lévi（樂唯）.《Le livre du prince Shang 》. Paris: Flammarion,
1981.

11. John C. H. Wu, The Struggle between Government of Laws and Government
of Men in the History of China, 5 China L. Rev. 53（1932）

12. ROGER BOESCHE, KAUTILYA'S "ARTHASHASTRA" AND THE
LEGALISM OF LORD SHANG, Journal of Asian History, Vol. 42, No. 1

（2008），pp. 64～90.

13. Joseph J. Spengler, Kauṭilya, Plato, Lord Shang: Comparative Political Economy, Proceedings of the American Philosophical Society, Vol. 113, No. 6 （Dec. 15, 1969），pp. 450～457.

14. Geoffrey MacCormack, Mythology and the Origin of Law in Early Chinese Thought, Journal of Asian-egal History, Volurnel, 2001.

15. Robin D. S. Yates, New Light on Ancient Chinese Military Texts: Notes on Their Nature and Evolution, and the Development of Military Specialization in Warring States China, T'oung Pao, Second Series, Vol. 74, Livr. 4 / 5 （1988），pp. 211～248.

16. Luke Glanville, Retaining the Mandate of Heaven: Sovereign Accountability in Ancient China, Millennium: Journal of International Studies 39（2） 323 ～343.

17. J. J.-L. DUYVENDAK, The book of Lord Shang, Éditions Arthur Probsthain, Londres, 1928, 346 pages.

18. de Grazia, Sebastian （1980） "The Dura Lex of Legalism and the First Empire, "Comparative Civilizations Review: Vol. 4 : No. 4 , Article.4.

19. LANNY B. FIELDS, THE LEGALISTS AND THE FALL OF CH'IN: HUMANISM AND TYRANNY, Journal of Asian History, Vol. 17（1983）, pp. 1～39.

20. Markus Fischer, The Book of Lord Shang Compared with Machiavelli and Hobbes, Published online: 18 April 2012, Springer Science+Business Media B.V. 2012.

21. Yuri Pines, DATING A PRE-IMPERIAL TEXT: THE CASE STUDY OF THE BOOK OF LORD SHANG, Early China（2016） vol 39 pp 145～184 doi： 10.1017 / eac.2016.3.

22. Leonard S. Perelomov（嵇遼拉）.《Книга правителя области Шан 》.Шан цзюнь шу, Moscow: Nauka, 1968；再版 Saint Pietersburg: Ladomir, 1993.

23. Yuri Pines（尤銳），《從「社會工程學」角度再論〈商君書〉的政治思想》，《國學學刊》，2016 年 12 月。

24. 馮樹勳，從《商君書》輯定年代看古籍整理的幾項要素，書目季刊，2004

年第 3 期。

25. 雅斯貝爾斯，《論歷史的起源與目標》，上海：華東師範大學出版社，2018
    年版。

26. 柯林武德，《歷史的觀念》，北京：北京大學出版社，2010 年版。

27. 好並隆司，《商君書研究》，Hiroshima: Keisuisha，1992 年版。

28. （加）卜正民主編，（美）陸威儀著，王興亮譯，《哈佛中國史（1）——
    早期中華帝國：秦與漢》，北京：中信出版社，2016 年版。

五、碩博論文（按年份）

1. 陳海華，《商君書》與《韓非子》思想同異論，西北大學碩士論文，2003
    年。

2. 杜麗榮，《商君書》實詞研究，四川大學碩士論文，2004 年。

3. 劉兆君，《商君書》複音詞研究，東北師範大學碩士論文，2005 年。

4. 張林祥，《商君書》研究，西北師範大學博士論文，2006 年。

5. 康瑞紅，《商君書》單音節實詞同義關係研究，河北師範大學碩士論文，
    2007 年。

6. 程海礁，《商君書》治道思想研究，首都師範大學博士論文，2007 年。

7. 陳欣，明清時期《商君書》校勘研究，南昌大學碩士論文，2007 年。

8. 趙捷，《商君書》單音節形容詞反義關係研究，河北師範大學碩士論文，
    2008 年。

9. 徐國允，《商君書》「以法治國」的治道觀論，重慶大學碩士論文，2008
    年。

10. 朱家有，論《商君書》的農戰思想，河南大學碩士論文，2008 年。

11. 賈佳，《商君書》法律詞語研究，河北師範大學碩士論文，2009 年。

12. 田海，《商君書》複音詞研究，華中科技大學碩士論文，2009 年。

13. 歐陽鳳蓮，《商君書》思想研究，東北師範大學博士論文，2009 年。

14. 劉相山，《商君書》校詁，曲阜師範大學碩士論文，2009 年。

15. 劉敏，《商君書》單音節形容詞同義關係研究，西南大學高師碩士論文，
    2010 年。

16. 仲麗娟，論《商君書》的一元化秩序觀，中國政法大學碩士論文，2010 年。

17. 王雪影，《商君書》詞彙與文化研究，山東師範大學碩士論文，2011 年。

18. 姚曉東，《商君書》句法研究，曲阜師範大學碩士論文，2011 年。

19. 郭霞，《商君書》定語研究，西南大學碩士論文，2012 年。

20. 邱端端，《商君書》法律思想研究，中南民族大學碩士論文，2012 年。

21. 葛洪春，高亨先生《商君書》研究述論，山東大學碩士論文，2012 年。

22. 魏文山，商鞅與《商君書》研究，南昌大學碩士論文，2013 年。

23. 夏海蘭，《商君書》經濟思想研究，哈爾濱商業大學，2016 年。

24. 耿爽，從《商君書》到《韓非子》法家思想的演變與秦政治，內蒙古大學碩士論文，2017 年。

25. 房璐明，《商君書》的法治思想，重慶大學碩士論文，2018 年。

26. 程灝，商鞅「利出一孔」思想的法治意涵，上海師範大學碩士論文，2018 年。

附錄 《商君書》與《老子》的對比研究

　　有關《商君書》與《老子》之間的關係問題，學界鮮有論及。王叔岷在《先秦道法思想講稿》一書中認為商鞅的思想似道而反道，在反辯慧、反忠孝上具有一致性，但對《老子》中提倡的「慈」和「玄妙」，則持反對態度。[註1] 然而可惜的是，王氏的著作對此只是簡單地列舉數條，沒有作進一步的深究。王氏之後，雖偶有學者對商鞅與道家思想的關係有所提及，但亦多是隻言片語。事實上，《商君書》與《老子》在許多方面都有相似的地方，它們之間的對立之處也非常明顯，兩者之間應該存在較為密切的關係。故有關《商君書》與《老子》之間的關係問題還有待進一步梳理。

第一節　《商君書》與《老子》在辯證思維上的同異

　　《商君書》與《老子》相似之處主要有以下兩個方面：一是兩者都注意在事物的對立統一中把握事物之間的關係，或促使其朝相反的方向轉化；二是在許多具體思想上，兩者具有較大的相似性。下面我們首先看第一個方面。辯證思維是《老子》思想的重要特徵之一，也是《商君書》的重要思想特徵之一，在兩書中都出現了大量的辯證詞語。《老子》：

　　　　有無；為與不為；同異；美醜；善惡；難易；長短；高下；前後；
　　去居；治亂；強弱；愚智；虛實；動靜；生死；開塞；雄雌；利害；
　　寵辱；上下；古今；清濁；有餘與不足；爭與不爭；昏察；畏與不畏；
　　信與不信；多少；曲直；新敝；明昧；逝反；輕重；躁靜；黑白；左

〔註1〕王叔岷，《先秦道法思想講稿》，北京：中華書局，1992 年，第 213～216 頁。

右；大小；張歙；興廢；奪予；剛柔；厚薄；德與不德；仁與不仁；
義與不義；奢樸；進退；損益；正奇；禍福；正反；陰陽；吉凶。

《商君書》：

智愚；貴賤；逸勞；公私；好惡；難易；賞罰；貧富；生殺；
強弱；貧富；生死；治亂；奸善；難易；榮辱；輕重；繁省；欲惡；
勇怯；行止；刑賞；大小；苦樂；開塞；本末；古今；上下；地勝
其民與民勝其地；民勝其政與政勝其民；以刑去刑；外內；禁使。

由上文可知，《商君書》中的辯證詞要比《老子》中的少，其涉及的領域
也較窄，但這並不表示《商君書》對辯證法不重視，因為事實上《商君書》中
的許多篇章都廣泛運用了辯證思維，如《去強》《開塞》《賞刑》《弱民》《禁使》
等篇。故雖然《老子》與《商君書》中都有反對言辭之說，但辯證思維的廣泛
應用卻是《商君書》和《老子》重要的相似點。而就其思考的對象和關係而言，
它們亦多有重合之處，如愚智、難易、榮辱、輕重、大小、強弱、開塞、生死、
古今、上下等。這些領域中的某些雖然也是當時許多思想家共同致思的對象，
但是《商君書》及《老子》與它們相比最大的不同就是，無論是《商君書》還
是《老子》，都十分重視從事物的對立面出發，運用逆向思維，促使事物朝符
合自己要求的方向發展。如《老子》謂：「將欲歙之，必故張之；將欲弱之，
必故強之；將欲廢之，必固興之；將欲奪之，必固與之。是謂微明。柔勝剛，
弱勝強。（三十六章）」〔註2〕在這裡《老子》巧妙地在張歙、強弱、興廢、與
奪、剛柔等各種對立的關係中把握了事物統一的一面，使其朝著符合其要求的
方向發展。而《商君書》中也有類似的論述：「治國之舉，貴令貧者富，富者
貧。貧者富——國強，富者貧——三官無虱。國久強而無虱者必王。」〔註3〕
在這裡，《商君書》欲在貧與富、國與民的對立統一關係中找到王道。故由上
可知，《老子》與《商君書》的辯證思維無論是在致思對象上，還是在基本思
路上都有一定的相似性。

值得注意的是，它們雖然同是辯證思維，但也各有特色。具體而言，《老
子》的辯證思維更為抽象，而《商君書》的辯證思維更為具體。比如《老子》
謂：「反者，道之動；弱者道之用。」〔註4〕在這裡，道是一種非常抽象的概

〔註2〕王弼注，樓宇烈校釋：《老子道德經注》，北京：中華書局，2011年，第93頁。
〔註3〕周立昇等：《商子匯校匯注》，南京：鳳凰出版社，2017年，第209～210頁。
〔註4〕王叔岷，《先秦道法思想講稿》，第113頁。

念，難以確指，故其進行的是形而上的邏輯思辨，而非某種具體而形象的思辨。這種思辨在《商君書》中基本沒有，《商君書》中更多的是和社會政治生活有緊密聯繫的具體而形象的思辨，如《弱民》篇謂：「政作民之所惡，民弱；政作民之所樂，民強。民弱國強；民強國羸。」〔註5〕便是將邏輯思辨與社會政治生活中可以確指的政、民、國相結合，因而是具體而形象的。在這裡需要說明的是，在商鞅之前，以往的思想家多提倡統治者要看民心所向，使民甘為其用，但事實上這種做法在現實政治中未必行得通。因為有些人在得到了好處以後，往往會要求更多的好處或認為統治者十分懦弱，故反而更加不服從統治。《商君書》的作者顯然覺察到了這點，故其提倡從相反的方向出發，「作民之所惡」，使民眾一方面害怕為政者，覺得為政者強大；另一方面，民眾事實上又渴望和必須從為政者那裡獲得好處和生存空間。而害怕就讓他們變得弱勢，渴望和需求就會讓他們甘為所用，這樣就從人性的相反方向出發，達到了弱民、用民的目的。故上述《老子》中的那種注意對立轉化和利用弱者的思維在這裡同樣得到體現，只是《商君書》更多是從社會實踐，特別是政治實踐的角度體現了這種辯證思維，這也是《老子》與《商君書》的辯證思維有所不同的地方。

此外，雖然《商君書》中的辯證詞組要比《老子》中少，但是其類別卻有在其之外者。《老子》中的辯證法一般會預設一個對立面或相反的方向，像「天下皆知美之為美，斯惡已；皆知善之為善，斯不善已。故有無相生，難易相成，長短相較，高下相傾，音聲相和，前後相隨」這段，就在美、善、有、難、長等概念之外都預設了一個對立面。但是，沒有明顯對立面的以自身來否定自身的自我否定思維卻很少見，而這種情況在《商君書》中便有，比如上文中的「以刑去刑」，就是用刑罰來消除刑罰自身。而類似於「以刑去刑」的表達方式，在《老子》中則沒有。因此，《商君書》中的辯證法相對《老子》而言，不僅在致思對象上將辯證法大幅應用於政治實踐領域，實現了思辨內容的擴大；而且在邏輯上也出現了新的自我否定的形式，實現了思辨思維的深化。

第二節　《商君書》與《老子》在具體思想上的同異

《商君書》與《老子》除了在辯證思維上具有相似性外，它們在許多具體

〔註5〕王叔岷，《先秦道法思想講稿》，第677頁。

的思想上也有相似性。

　　第一，在物與欲的關係上，《老子》與《商君書》都認為是物的出現，才導致了欲望的產生，但兩者在對待欲望的方式上存在極大的不同。

　　《老子》：

　　　　1. 不貴難得之貨，使民不盜。不見可欲，使心不亂。（三章）

　　　　2. 五色令人目盲；五音令人耳聾；五味令人口爽；馳騁田獵，令人心發狂；難得之貨，令人行妨。（十二章）

　　　　3. 人多利器，國家滋昏；人多伎巧，奇物滋起。（五十七章）

　　　　4. 是以聖人去甚，去奢，去泰。（二十九章）

　　　　5. 化而欲作，吾將鎮之以無名之樸。無名之樸，亦將不欲。不欲以靜，天下將自正。（三十七章）

《商君書》：

　　　　6. 聲服無通於百縣，則民行作不顧，休居不聽。休居不聽，則氣不淫；行作不顧，則意必壹。意壹而氣不淫，則草必墾矣。《墾令》

　　　　7. 愚心躁欲之民壹意，則農民必靜。農靜誅愚，則草必墾矣。《墾令》

　　　　8. 民之所欲萬，而利之所出一。民非一，則無以致欲，故作一。作一，則力摶；力摶，則強。強而用，重強。《說民》

　　在上述材料 1～3 中，《老子》認為正是這些「難得之貨」「五色」「五音」「五味」「田獵」「利器」「技巧」等奢、泰、甚之物才使得人心紊亂，國家昏庸。而材料 6 中，《商君書》顯然認為人心氣淫意亂也是由外界的事物導致的，故其要阻斷「聲服」在各地流行。而所謂的「聲服」者，是指各種聲音、彩飾之物，和《老子》中的「五音」「五色」「難得之貨」相對應，故《老子》與《商君書》在這些方面有一定的相似性，但《老子》所反對的範圍似乎更廣些。所以，在物與欲的關係上，《老子》和《商君書》都認為是由物起欲。而在如何去欲方面，《老子》主張「不貴」「不見」「去甚」「去奢」「去泰」，並鎮之以樸、靜，其本意落在返璞歸真上，而《商君書》則認為只需阻斷其流行讓人意志專一即可。但是由《商君書》的具體情況和材料 8 可知，《商君書》中的去欲並非如《老子》所追求的無知無欲一樣，而是為了將欲望集中、

聚焦到農戰上去,這也是其「壹意」的本意,故《商君書》中的去欲事實上是為了用欲,而非真正的去。

　　第二,在反賢智、言辯、仁義道德上,兩者具有一定的相似性。具體而言,兩者在反賢智、言辯、仁義道德的出發點和落腳點、程度和範圍上又各有差異。由於這幾種在《老子》和《商君書》往往是混合出現,難以區分,它們之間本身也有著千絲萬縷的聯繫,故在此將其合作一處論述。

《老子》	《商君書》
9. 不尚賢,使民不爭。(三章)	19. 民不貴學則愚,愚則無外交,無外交則勉農而不偷。《墾令》
10. 絕聖棄智,民利百倍。絕仁棄義,民復孝慈;絕巧棄利,盜賊無有。此三者,為文不足,故令有所屬:見素抱樸,少私寡欲。(十九章)	20. 國之大臣諸大夫,博聞、辯惠、遊居之事,皆無得為,無得居遊於百縣,則農民無所聞變見方。《墾令》
11. 古之善為道者,非以明人,將以愚之。民之難治,以其多智。以智治國,國之賊;不以智治國,國之福。(六十五章)	21. 今民求官爵,皆不以農戰,而以巧言虛道,此謂勞民。《農戰》
12. 絕學無憂。(二十章)	22. 善為國者,……國大、民眾,不淫於言。《農戰》
13. 大道廢,有仁義。智慧出,有大偽。六親不和,有孝慈。國家昏亂,有忠臣。(十八章)	23. 今境內之民及處官爵者,見朝廷之可以巧言辯說取官爵也,故官爵不可得而常也。《農戰》
14. 故失道而后德,失德而後仁,失仁而後義,失義而後禮。夫禮者,忠信之薄,而亂之首。(三十八章)	24. 國力摶者強,國好言談者削。故曰:農戰之民千人,而有《詩》、《書》辯慧者一人焉,千人者皆怠於農戰矣。《農戰》
15. 是以聖人處無為之事,行不言之教。(二章)	25. 今上論材能知慧而任之,則知慧之人希主好惡使官制物以適主心。是以官無常,國亂而不壹,辯說之人而無法也。……《詩》、《書》、禮、樂、善、修、仁、廉、辯、慧,國有十者,上無使守戰。《農戰》
16. 多言數窮,不如守中。(五章)	26. 是以其君眩於說,其官亂於言,其民惰而不農。故其境內之民,皆化而好辯、樂學,事商賈,為技藝,避農戰。如此,則(亡)不遠矣。《農戰》

17. 知者不言，言者不知。（五十六章）	27. 今世主皆憂其國之危而兵之弱也，而強聽說者。說者成伍，煩言飾辭，而無實用。主好其辯，不求其實。說者得意，道路曲辯，輩輩成群。民見其可以取王公大人也，而皆學之。夫人聚黨與，說議於國，紛紛焉，小民樂之，大人說之。……學者成俗，則民舍農從事於談說，高言偽議。捨農遊食而以言相高也，故民離上而不臣者成群。此貧國弱兵之教也。《農戰》
18. 信言不美，美言不信。善者不辯，辯者不善。知者不博，博者不知。（八十一章）	28. 國強而不戰，毒輸於內，禮樂虱官生，必削；國遂戰，毒輸於敵，國無禮樂虱官，必強。《去強》
	29. 國有禮、有樂、有《詩》、有《書》、有善、有修、有孝、有弟、有廉、有辯。國有十者，上無使戰，必削至亡；國無十者，上有使戰，必興至王。《去強》
	30. 國用《詩》、《書》、禮、樂、孝、弟、善、修治者，敵至，必削國；不至，必貧國。《去強》
	31. 國好力，曰以難攻；國好言，曰以易攻。《去強》
	32. 辯慧，亂之贊也；禮樂，淫佚之徵也；慈仁，過之母也；任譽，奸之鼠也。《說民》
	33. 夫治國舍勢而任說，則身修而功寡。故事《詩》、《書》談說之士，則民游而輕其君。《算地》
	34. 六虱——曰禮、樂；曰《詩》、《書》；曰修善，曰孝悌；曰誠信，曰貞廉；曰仁、義；曰非兵，曰羞戰。（《靳令》）
	35. 所謂壹教者，博聞、辯慧，信廉、禮樂、修行、群黨、任譽、清濁，不可以富貴，不可以評刑，不可獨立私議以陳其上。《刑賞》

　　由於上表中涉及的範圍很廣泛和複雜，故在這裡將分為三個方面論述。首先是反賢、反智、反學方面。在這方面，《老子》中有「不尚賢」「絕聖棄智」「將以愚之」「絕學無憂」「知者不博」等詞語（分別見於表中材料9、10、11、12、18），證明《老子》對「賢」「智」「學」這三者是持反對的態度。而其反對的理由是為了使國家易治、人民不爭、個人無憂。《商君書》對這三方面同樣是持反對態度，材料19、20、25、26、32、35中分別提到了對「學」「博聞」「智慧之人」「慧」的反對，其之所以反對是為了讓民眾一心農戰、

任官有常、政令暢通齊一等。由上述可知，在使國家治理的層面上，兩者有一致性。但《老子》反對這三者，也是為了使民眾返璞歸真，和《商君書》的使民眾一心農戰不同。

其次，是在反言辯方面。在這方面，《老子》謂「行不言之教」「多言數窮」「知者不言，言者不知」「信言不美，美言不信。善者不辯，辯者不善」。（分別見於表中材料 15、16、17、18）可見《老子》在語言多與少上是傾向少言的，在華與樸上是提倡樸素的，而且反對論辯。《商君書》對言辯行為的論述分別見於表中材料 21、23、24、25、26、27、29、31、33、35 條，由上可知，《商君書》對言辯也是持反對態度。而其之所以會反對言辯的理由是，言辯行為會造成勞民、使官爵失常、人民避開農戰、藐視法律、功寡無用等，故其著眼在實用、法制和農戰三個方面，這又與《老子》中反對「言辯」的目的不同。

最後是在仁義道德方面。這方面的情況較為複雜，本來按照表中材料 10、13、14 的說法，《老子》明確認為仁義道德都非「大道」，故要「絕仁棄義」的，但是近來由於《郭店楚簡》中出現了另一版本的《老子》，裏面並沒有這種表述，而是變成了「絕憍（偽）棄慮（詐），民復孝慈」[註6]，故許多學者認為《老子》不反仁義。如許抗生認為，根據簡本與今本「絕智棄辯」一章內容的比較可知，「春秋末年的老子，並沒有攻擊儒家仁義，並不帶有強烈的反儒思想。而帛書本與今本的『絕聖棄智』和『絕仁棄義』這樣強烈的語詞，很可能出自戰國時期互相攻訐的百家爭鳴之時。」[註7]但張岱年先生卻認為，雖然「『絕聖棄智』『絕仁棄義』是後人改動的。不過竹簡中也有『大道廢，有仁義』這句話。說明老子對仁義還是反對的。」[註8]李學勤先生認為《老子》甲組中的「絕憍棄慮」雖然存在種種不同的解讀，但「聖智、仁義以及巧利，在社會大眾以及儒學的標準中，無不是好的、寶貴的，《老子》則下一轉語，將它們講成相反的，從而顯示出不平凡的智慧。」[註9]筆者認為，雖然簡本《老子》中沒有「絕仁棄義」的說法，但《老子》所追求的

〔註6〕 荊門博物館（編）：《楚墓竹簡》，北京：文物出版社，1998 年，第 111 頁。
〔註7〕 許杭生：《再讀郭店楚簡〈老子〉》，《中州學刊》，2000 年第 3 期。
〔註8〕 張岱年：《張岱年先生談荊門郭店楚簡〈老子〉》，《道家文化研究》，1998 年，第十七輯。
〔註9〕 李學勤：《論郭店〈老子〉非〈老子〉本貌》，《李學勤文集》，上海：上海辭書出版社，2005 年，第 446 頁。

本來就是自然和大道，故其不可能對仁義持多大的支持態度。況且，即使就像許氏所說的簡本沒有了「絕仁棄義」這句話，那麼在戰國以後其也有了相關思想的發展，證明道家總體上對仁義是持反對態度的。而在《商君書》中，其對仁義的態度在總體上也是反對的，如表中的材料 25、32、34，將其稱為「過之母」「六虱」等。但是在《靳令》篇中我們同時也可以看到，《商君書》對「仁義」的理解和到達的途徑上可能有別於其他各派。其謂：「聖君知物之要，故其治民有至要，故執賞罰以壹輔仁者，必之續也，聖君之治人也，必得其心，故能用力。力生強，強生威，威生德，德生於力。聖君獨有之，故能述仁義於天下。」〔註10〕在這裡，《商君書》顯然要用嚴刑峻法等被一般人看來是「不仁」的手段來達到其所追求的「仁義」，就是國富民強、長治久安。這雖然名義上仍然要到達仁義，事實上也是反對儒家等一般人所理解的仁義觀念。故《老子》與《商君書》在反對一般意義上的「仁義」上具有相似性。

　　由上可知，兩者雖然都反對賢智、言辯、仁義等，但它們的出發點和落腳點是不同的。《老子》之所以反對這些是為了使民不爭不憂、少私寡欲，使國易治、言可信，復歸於大道，其指向基本都在純樸，功利性較弱。《商君書》之所以反對這些是為了農戰、實用、法度和治國的需要，其最終目的是為了富國強兵、克敵制勝，功利性明顯。除此之外，兩者在反智、反言辯、反道德的力度和範圍方面也不同。在反智方面，《老子》要比《商君書》更加激進。《老子》的反智，直接是「絕學無憂」，而《商君書》最終還是主張以吏為師、以法為學，雖然所學的內容僅限於吏法，但總比一點都沒有強。而在言辯和道德方面，《商君書》要比《老子》更為廣泛和深刻。《商君書》反言辯，並不侷限於《老子》的巧言、美言，而且反對虛言、高言，反對統治者好言、反對民眾學言、反對遊士以言作為晉升的資本等等，這應該和當時縱橫、名辨之術的興盛有關。而材料 35 中反對「私議」的論說則可能和秦朝不斷加強言論控制有關，《史記》謂商鞅變法：「行之十年，秦民大說，道不拾遺，山無盜賊，家給人足。民勇於公戰，怯於私鬥，鄉邑大治。秦民初言令不便者有來言令便者，衛鞅曰：『此皆亂化之民也』，盡遷之於邊城。其後民莫敢議令。」〔註11〕故此處所說，反映的就是那時的狀態，或後學者據此立說。在道德方面，《老子》反孝，但不反慈：「我有三寶，持而保之。一曰慈，二曰

〔註10〕周立昇等：《商子匯校匯注》，南京：鳳凰出版社，2017 年，第 436～438 頁。
〔註11〕（西漢）司馬遷，《史記》，北京：中華書局，2014 年，第 2712 頁。

儉，三曰不敢為天下先。慈故能勇；儉故能廣；不敢為天下先，故能成器長。今捨慈且勇；捨儉且廣；捨後且先；死矣！夫慈以戰則勝，以守則固。天將救之，以慈衛之。」[2] P176 但《商君書》連慈也一起反，故其範圍更廣。

第三，它們都對「一」較為重視，但《老子》中的「一」更像是一種純樸的道，其內涵要比《商君書》中的「壹」或「一」更為廣泛和深刻。《商君書》中的「壹」和「一」更多的是一種愚民和統治的手段。《老子》：

36. 載營魄抱一，能無離？專氣致柔，能嬰兒？（十章）

37. 是以聖人抱一為天下式。（二十二章）

38. 昔之得一者：天得一以清，地得一以寧，神得一以靈，谷得一以盈，萬物得一以生，侯王得一以為天下正。其致之天無以清，將恐裂；地無以寧，將恐發；神無以靈，將恐歇；穀無以盈，將恐竭；侯王無以貴高，將恐蹶。（三十九章）

《商君書》：

39. 訾粟而稅，則上壹而民平。上壹則信，信則官不敢為邪。《墾令》

40. 民樸壹，則官爵不可巧而取也。《農戰》

41. 上作壹，故民不偷營，則國力摶。國力摶者強，國好言談者削。《農戰》

42. 常官則國治，壹務則國富。國富而治，王之道也。故曰：王道作外，身作壹而已矣。《農戰》

43. 凡治國者，患民之散而不可摶也，是以聖人作壹，摶之也。國作壹一歲者，十歲強；作壹十歲者，百歲強；作壹百歲者，千歲強；千歲強者王。君修賞罰以輔壹教，是以其教有所常，而政有成也。《農戰》

44. 國作壹一歲，十歲強；作壹十歲，百歲強，作壹百歲，千歲強。《農戰》

45. 民之所欲萬，而利之所出一。民非一，則無以致欲，故作一。作一，則力摶；力摶，則強。《說民》

46. 故聖人之治也，多禁以止能，任力以窮詐。兩者偏用，則境

內之民壹；民壹，則農；農，則樸；樸，則安居而惡出。《算地》

47. 聖人之為國也，壹賞，壹刑，壹教。壹賞則兵無敵，壹刑則令行，壹教則下聽上。《賞刑》

由材料 36～38 可知，《老子》十分注重「一」，並認為「一」可以作為「天下式」，天地神靈，山川王侯都需要得「一」，否則就不能正常運轉。這裡的「一」更似是一種「道」。《商君書》有關「壹」的材料遠不止上文中列舉這些，其中還有一篇《壹言》的篇章，但由於篇幅過大，其意也不出以上列舉範疇者，故將其省略。《商君書》中還出現了兩種一，其內涵各不相同。一種作「壹」，其有專心致志和齊一兩種意思，像上文中出現的「壹意」和「壹務」；另一種作「一」，更多地表示只有一個選項、一種標準，像上文中提到的「利之所出一」，其就謂獲利只能從「農戰」這一種標準出。故在此，雖然《老子》和《商君書》中都重視「一」，《老子》書中的「一」也有「專心致志」的意思和始終貫徹的要求，但兩者也存在較大的差異。因為《老子》中的「一」更像是一種純樸的道，歸於無為；而《商君書》中的「壹」和「一」更多的是一種愚民和統治的手段，其目的在於意志力的聚焦和評價標準的整齊劃一，以便更好地有所作為。

第四，其他相似的地方和對立的部分。《老子》和《商君書》思想上較為相似的地方，除了以上提到的這三個方面外，還有一些地方也較為相似。比如在「信」和「時」方面，《老子》強調「言善信……動善時」，而《商君書》也強調信，相傳商鞅即有徒木立法、取信於民的故事，《畫策》篇更是強調「聖人有必信之性，又有使天下不得不信之法」，至於「時」的方面，《商君書》有「禮、法以時而定」「制度時」「當時而立法」等強調「時」的語句。而在「常」的方面，《老子》強調「不知常，妄作，凶」「知常曰明」，《商君書》即有「常官則治」「五官分而無常，則亂」。在居安思危、重視細微方面，《老子》謂「其安易持，其未兆易謀，其脆易破，其微易散。為之於未有，治之於未亂」，《商君書》即有「故行刑，重其輕者，輕者不生，則重者無從至矣，此謂治之於其治者」，重視輕微之罪，預防發生大罪。其他方面如《老子》謂：「上德不德，是以有德。下德不失德，是以無德。」《商君書·畫策》：「故善治者，刑不善而不賞善，故不刑而民善。不刑而民善，刑重也。刑重者，民不敢犯。故無刑也，而民莫敢為非，是一國皆善也。故不賞善而民善。賞善之不可也，猶賞不盜。故善治者，使跖可信，而況伯夷乎？」採用嚴刑峻法，本為不德，但可以

致治，故有德。民遵紀守法，自屬本分，僅算不失德而已，無賞無罰，亦是無德。《商君書》此處論刑罰的思想和《老子》中論德的思路基本一致。

但是，除了上述的相似之處以外，我們還應該看到，《老子》與《商君書》的對立也是非常明顯的。比如《老子》由於探索的是抽象的世界起源和運行的規律，所以經常把思想引向不可知的微妙玄通中去，所謂的「玄之又玄，眾妙之門」「古之善為道者，微妙玄通，深不可識」就是這種思想的表達，但《商君書·定分》篇對這種思想表示明確的反對：「夫微妙意志之言，上知之所難也。故夫知者而後能知之，不可以為法，民不盡知。賢者而後知之，不可以為法，民不盡賢。故聖人為法，必使明白易知。」除此之外，在法與兵的思想上，《老子》與《商君書》也不同。對於法和兵，《老子》是持消極看法的，「法令滋彰，盜賊多有」「以道佐人主者，不以兵強天下」「夫兵者，不祥之器，物或惡之，故有道者不處」「兵者不祥之器，非君子之器，不得已而用之，恬淡為上」。但是在《商君書》中，法和兵都是它的核心思想，是除了農耕以外最重要的思想。所以，儘管《商君書》與《老子》有許多相似的地方，但其不同的地方也非常的突出。

第三節　由兩者的異同看法道思想的區別與聯繫

由上文的分析可知，《商君書》與《老子》無論是在思維方式，還是在一些具體的思想上都是同中有異，異中有同，但它們實質上又不同。那麼它們之所以會相同或差異的原因又是什麼呢？

首先，是差異方面的原因。我們知道《老子》思想屬道家思想的範疇，郭沫若在論述道家思想的社會史根源時說：「春秋末年，一部分的有產者或士，已經有了飽食暖衣的機會，但不願案牘勞形，或苦於壽命有限，不夠滿足，而想長生久視，故爾採取一種避世的辦法以『全生葆真』；而他們的宇宙一體觀和所謂『衛生之經』等便是替這種態度找理論依據。」〔註12〕在這裡，郭氏說道家思想是一些「飽食暖衣」的人搞出來的恐怕有待商榷，但他說道家思想是一種消極避世的思想卻是十分恰切，所謂道家的「避世」，其實質就是想避開世俗的各種條條框框，讓自己恢復自然本性中積極的一部分，以實現身心之自由或長生。在這個追求和目的之下，人世中一切的欲望、道德、

〔註12〕郭沫若，《十批判書》，北京：人民出版社，2012 年，第 124 頁。

法律、知識、戰爭等等都是累贅，只有玄妙之道才是唯一需要體悟的東西。《老子》之學，其要在於返璞歸真，在於清淡無為，故是出世的思想無疑。但《商君書》卻是一本完完全全有關入世的書，《商君書》要達到的境界，正在於最大化地將人世間一切的資源都納入到某種人設定的標準之中，以最大可能地達成自己的目標，故其對欲望、道德、法律、知識、戰爭等，能用則用，只有不能用或威脅到自己目標實現的東西才會被拋棄。故《老子》著眼於去，《商君書》著眼於用，這也體現在上文中它們對待欲望的態度上，一個要化去，另一個要聚焦、利用。故或許正是由於兩者的最終目的不同，所以它們的相似之處也往往同中有異，而且在許多重要問題，諸如兵、法等觀念上的看法也不盡一致。

其次，是相同方面的原因。我們在上面提到，《老子》等道家學說其本質上是一種體道、悟道之學，故道外無物。但是，體道的主體作為一個塵世間的人，其不可能沒有一般人所擁有的欲望，也不得不面對人類社會的日常倫理、知識體系、社會活動等等，於是如何處理和面對這些影響自己體道的事物，就成為了道家不得不面對和思考的難題。由於其避世消極的本性，其實質上也不可能採取世俗中積極的措施，故他們就不得不學會站在對立面去消極地思考和面對。而且值得注意的是，道家所要體的那個道，並不從屬於人類建構起來的世界或某個個體，它居於人類世界之上，而且對一切都具有徹底的普遍性。在這個道之下，人的個性必須要融入到道的普遍性之中，與道構成一體，才能實現圓滿和其追求的身心自由，故要無為，要化去道外的一切東西，包括欲望、知識、道德等。而在以上的種種之中，《商君書》所要面對的許多問題也與之相似。《商君書》作為一部帝王之術的書，它首先要考慮的便是如何把世間的一切納入到自己的統治體系之下，在這個納入的過程中，國家和集體成了最為重要的東西，個體的個性需要融入到國家和集體之中才能允許存在，也需要在這個體系之下才能獲得自由，個人的價值也需要以國家和集體的價值作為唯一的尺度。對於這種個人與集體的關係，以色列學者 Don Handelman 曾有過相關的論述，他認為《商君書》中：「宏觀體系的極權約束和個人的整體自由是相輔相成的。」〔註13〕這和道家中道對個體的

〔註13〕 Don Handelman, "Cultural Taxonomy and Bureaucracy in AncientChina: The Book of Lord Shang", International Journal of Politics, Culture and Society, VoL 9, No. 2, 1995.

約束與個體在這個道之下實現身心自由的關係一樣。因此，道家的體道思想和法家的國家主義在這方面便有了異曲同工之妙。而且，《商君書》的作者同樣要把自己放在被統治者的對立面，猶如體道時要把自己置於世俗的對立面一樣。而為了社會活動效益的最大化，它同樣需要思考人的欲望、知識、倫理體系對統治的影響等問題，對於那些威脅到這個統治體系的東西，其實無非是加強利用和果斷拋棄兩個選項而已。這也是為什麼《商君書》和《老子》會相似的原因。

　　而由上述異同的原因，我們其實也可以略窺法道思想的區別與聯繫。法道思想本為兩種完全對立的思想，他們之間的終極關懷有著天壤之別，道家是為了避世體道，以實現身心的充分自由與長生久視；法家則是為了入世行道，以實現富國強兵和克敵制勝。但是它們在到達各自最終的目的之前，又不得不面對一些共同的問題，比如人性慾望、知識倫理等。正是這些共同的挑戰，使得它們在路徑和方法上的借鑒成為可能，但它們畢竟是不同方向的思想，所以即使是在交叉的部分，細究起來也會有諸多的不同，《商君書》與《老子》的同異特點便生動地體現了這點。所以，它們之間的區別在目的，聯繫在方法途徑上，而實質又是互相反對。

小　結

　　綜上所述，雖然《老子》與《商君書》中都有反對言辯之說，但辯證思維的廣泛應用卻是《商君書》和《老子》重要的相似點。而就其思考的對象和關係而言，它們亦多有重合之處，也都十分重視從事物的對立面出發，運用逆向思維，促使事物朝符合自己要求的方向發展。但《商君書》中的辯證法相對《老子》而言，不僅在致思對象上將辯證法大幅應用於政治實踐領域，實現了思辨內容的擴大；而且在邏輯上也出現了新的自我否定的形式，實現了思辨思維的深化。而具體到一些思想上，《老子》與《商君書》都認為是物的出現，才導致了欲望的產生，但兩者在對待欲望的態度上又存在極大的不同，《老子》是要淡化、化去人的欲望，以返璞歸真，而《商君書》事實上是要引導欲望，讓其專注於欲望中的某一點，其根本在於利用欲望，而非化去。在反賢智、言辯、仁義道德上，兩者又具有某些一致性。但具體而言，兩者反賢智、言辯、仁義道德的出發點和落腳點、程度和範圍上又各有差異。在

反智方面，《老子》要比《商君書》更加激進，而在反言辯和道德方面，《商君書》要比《老子》更為廣泛和深刻。它們對「一」都較為重視，但《老子》中的「一」更像是一種純樸的道，其內涵要比《商君書》中的「壹」或「一」更為廣泛和深刻。《商君書》中的「壹」和「一」更多的是一種愚民和統治的手段。除此之外，它們在「信」「時」「常」等思想上也較為相似，《老子》中論德的思想也被《商君書》借鑒來論刑罰，但它們在法兵和微妙玄通的態度上又截然相反。而對於以上這些異同產生原因，其根本在於道法思想之間的目的不同但面臨的一些問題相似，故它們在途徑和方法上存在相互借鑒的可能。由此，我們也略窺了法道思想之間的區別與聯繫。

最後需要指出的是，雖然在上文中我們指出了它們之間存在許多相似的地方，它們之間存在聯繫也是必然的，但是我們卻無法確指到底是誰影響了誰，誰借鑒了誰。因為從一般的觀點而言，《老子》出現的時間要比《商君書》早得多，按理說應該是《商君書》受了《老子》的影響，但是隨著郭店楚簡《老子》的出土，越來越多學者相信現存五千言《老子》的成書是一個漫長的歷時的過程。今本《老子》中的許多篇章語句不見於郭簡本，其中的用字也有較大的差異。所以《老子》的文本也是一個不斷發展的過程，在這個過程中，其是否會受《商君書》影響，則不得而知，但卻是一件可能的事。《商君書》各篇的成書時間同樣眾說紛紜，而且值得注意的是，《商君書》各篇與《老子》的相似程度是非常不同的，有些篇章如《墾令》《農戰》《去強》《說民》等受道家思想較為明顯，而有些篇章基本看不出道家思想的痕跡，這或許也反過來說明《商君書》也非成於一時一人之手。所以，正是由於文獻出現的時間存在極大的不確定性，我們也不敢貿然下結論說到底是誰受了誰的影響，但按照筆者的推理，應該是《商君書》受《老子》的影響多一些。

本文曾在《中華老學》2020 年第一期上發表，有刪改。

後　記

文章千古事，得失寸心知。

在拙作即將付梓之時，我的心情頗為複雜。一方面，看著過往辛苦探索的成果將要與讀者見面，心裏難免竊喜，畢竟這是自己的用心之作；另一方面，一種莫名的恐懼又油然而生，因為無論如何，拙作的成書都略顯倉促，文中還有許多應說未說、應論未論的地方，受制於本人知識和視野的侷限，一些結論也未必客觀、正確。

但回過頭來一想，人生不就是一直在路上麼？不就是一個不斷探索的過程麼？我們在探索中前行，也在前行中完善。我們要追求完美，卻不能拘於完美。畢竟，完美的著作和完美的人生一樣，都極難到達。我們終究要學會在「應然」與「實然」間做抉擇。

先秦典籍《周易》的最後一卦為「未濟」，對此，清人龔自珍有詩云：「未濟終焉心縹緲，百事翻從缺陷好。吟到夕陽山外山，古今誰免餘情繞？」是啊，自古及今，誰又能避免遺憾呢？如果注定無法避免，那麼讓一些遺憾成為其中的點綴又何妨？

「人生到處知何似，應似飛鴻踏雪泥。泥上偶然留指爪，鴻飛那復計東西。」雖然時空有時如無限的虛無，但回首過往，也足以讓人百感交集，感慨非常。

我出生在一個小山村，家境並不寬裕，但仍然通過自身的努力，獲得了博士學位，其中的艱苦，非親身經歷者不能體會。在我兒時的記憶中，父母每天起早貪黑，日復一日，從未停歇。讀書於我，有時只是溫飽之外的奢侈。幸好有國家、父母和師友的鼎力支持，讓我走出了大山、觸及了學術。

　　凡是過往，皆為序章。但每次當我回過頭來重新審視自己的求學經歷時，我總能感受到來自歲月和心靈深處的迴響。我們都是時間的注腳，同時又不是孤立的存在，我們是生活在一個有著千千萬萬個他者的世界。我們人生價值的實現，有賴於服務這個世界，也有賴於這個世界給予我們的幫助。因此，在前進的道路上，我們要永遠心懷感恩和力求有所貢獻。謝謝一切關懷過和支持過我的人們！

2023 年 3 月 3 日於中山